MW01224065

LIBRAIRIE LAS AMÉRICAS INC.
10 RUE ST-NORBERT
MONTRÉAL, QUÉ. H2X 1G3
TÉL:(514)844-5994 FAX:(514)844-5290
E-mail:librairie@lasamericas.ca
www.lasamericas.ca

Las noches de Carmen Miranda

Lucía Guerra

LAS NOCHES DE CARMEN MIRANDA

Editorial Sudamericana NARRATIVAS

Diseño de colección
Compañía de diseño / Jordi Lascorz
Fotografías de interiores
extraídas de libro *Carmen Miranda*, de Cassio Emmanuel Barsante,
Elfos Editora, Río de Janeiro, 1994
Diagramación
Andros S.A.

IMPRESO EN LA ARGENTINA

© 2002, Lucía Guerra
© 2002, Editorial Sudamericana, una empresa Random House Mondadori S.A.
Monjitas 392, of. 1101, Santiago de Chile
Teléfono: 782 8200 / Fax: 782 8210
e-mail: editorial@randomhouse-mondadori.cl
ISBN Nº 950-07-2294-1
Inscripción en el Registro de Propiedad Intelectual Nº 127.781
Queda hecho el depósito que previene la ley 11.723
Primera edición en la Argentina: diciembre de 2002
www.edsudamericana.com.ar

Mujer de turbante y tacones altos, de pulseras y collares que tintinean al son de su ritmo contrapunteado por los vuelos de su falda y el cimbrear de sus caderas. Mujer que eligió por nombre el de Carmen Miranda y desató la samba en todos los rincones del mundo. De Río de Janeiro a Nueva York, de Nueva York a Hollywood y desde allí, se dispersaron sus imágenes y sus sílabas exóticas entre cámaras, tramoyas y escenarios efímeros. Sin saber qué significaban sus palabras, doctos y profanos entonaban sus canciones en una mímica jocosa: "Mamãe eu quero, mamãe eu quero, mamãeee eu quero mamar, dã-me a chupeta, dã-me a chupeta...". Allá y a otros lugares de la tierra, llegó su imagen, mas nunca nadie supo de su vida, de esos días y de esas noches en aquel ámbito íntimo en el cual se enhebraban el dolor y la alegría, la ilusión y la desesperanza. Y en ese país del norte, propulsor de guerras y tantas otras fantasías huecas, nunca a nadie le importó.

I

No era verde mi valle

Como todos los días, Carmen cruzó rápidamente el umbral de aquella habitación donde se guardaban los sombreros recién confeccionados. Anchos alones veraniegos y cintas de diversos tonos impregnaban el aire de almidón, y los velos que caían sobre el tafetán y el terciopelo creando pequeñas grutas transparentes, daban al entorno una atmósfera de escenario litúrgico. Allí se escapaba todos los días para ser otra, muchas otras, y encontrarse a sí misma, zafarse de las amarras de la pobreza y vivir su propio ser entre docenas de sombreros que, a través del milagro de su imaginación, se convertían en hileras de espectadores. De pie frente al espejo, esta tarde, como tantas otras, Carmen da inicio a su ritual sumiéndose en el deleite de su propio cuerpo, joven, hermoso y exuberante, como si hubiera sido esculpido por un artista que infundió en la perfección de esas líneas, pasión y erotismo. Sonríe levemente mientras su mirada se hunde en las esferas coloreadas de sus ojos, dos trozos de ámbar refulgiendo, aunque baste un ligero cambio de luz, ella bien lo sabe, para que se transformen en dos retazos del verdor intenso de los bosques. Se mira a los ojos y todas las fronteras entre ella y su imagen se difuminan… Desde este territorio simultáneo del ser, empieza entonces a contemplar cada una de sus facciones solazándose en la tersura de su piel color mate. Todo su rostro le parece una orquídea que florece con el alba y, exhalando un suspiro, entreabre los labios sensuales para beber de la lluvia tropical. Lentamente desliza la vista por su cuello de gaviota para posarse en el nacimiento de sus senos turgentes y con una sensación de intensa placidez, los acaricia sobre la tela ya gastada de ese vestido rojo, el cual durante los últimos dos años, se ha visto obligada a renovar agregándole un vuelo al ruedo de la falda, un bolsillo a crochet, una flor de seda al escote. Voluptuosa, cierra el inicio de su ritual palpando sin premura sus caderas y sus muslos consistentes y tersos como frutas a punto de madurar.

Consciente ahora de la mirada de sus espectadores inmóviles sobre el mesón, se alista para entrar en escena. Gira sobre sus talones, se dirige rápidamente hacia la derecha y se pone un sombrero de tafetán celeste con una cinta blanca que culmina en una rosa. De reojo mira la pequeña multitud ubicada a lo largo de los tres mesones, sus cabezas reflejándose en el espejo. Frente a ella, se transforma en una elegante viajera de pie en la cubierta de un moderno transatlántico mientras los embates del viento hacen flamear las alas de su sombrero. Viaja de Liverpool a Nueva York para casarse con uno de los herederos del famoso millonario Astor y la sortija de compromiso que le entregara su novio entre risas y besos es un pequeño lucero que relumbra cada vez que sostiene entre sus manos una fina copa de cristal… Con un suspiro, echa la cabeza hacia atrás para recibir sobre su rostro los últimos resplandores del atardecer y empieza a pasearse haciendo un aristocrático saludo a los otros pasajeros mientras esboza una sonrisa que le permite mostrar sus dientes tan blancos como un nardo bajo la luna…

Avanza hasta la esquina de uno de los mesones y con la mano izquierda devuelve el sombrero celeste a su lugar mientras con la derecha se pone uno de copa. Su andar asume ahora un ligero ritmo militar y vuelve a acercarse al espejo dándole volteretas a un bastón imaginario. Sonríe satisfecha, es una flamante bailarina hollywoodense que deslumbra con su frac de raso oscuro y sus zapatos plateados. "Un, dos, tres", susurra marcando el tiempo de un taconeo insinuante que se prolonga por unos segundos hasta que empieza a deslizarse de izquierda a derecha, de derecha a izquierda, suspendiendo una pierna en el aire al final de cada movimiento, enseguida da una media vuelta, se inclina hacia el suelo y con gesto provocativo levanta las levas del frac mientras cimbrea las caderas... Gira de nuevo admirando su figura reflejada en las aguas quietas del espejo, esboza una sonrisa deslumbradora, y con ambas manos se apoya en el bastón antes de hacer un saludo con el sombrero a la par de que imagina el batir de platillos y timbales.

Por el espejo divisa a sus espaldas un sombrero negro que posee como único adorno un velo tenuemente cubierto de motas brillantes... Hace una reverencia que incita los aplausos y con la rapidez de una actriz avezada, con dos segundos exactos para cambiarse de atuendo, deja el sombrero de copa y a prisa se pone el otro. Con movimientos dramáticos llega hasta el espejo para contemplar su rostro ahora velado hasta la línea de los pómulos y tornando la cabeza hacia el público exhibe un semblante atormentado por la pasión; es una mujer casada que se ha escapado de su lujosa mansión para encontrarse furtivamente con su amante. Todo su cuerpo invadido por el deseo emite una energía misteriosa que sobrecoge a los espectadores, y ella, al entrar en la recámara del hombre que la espera, incitante, suelta los botones de su vestido y deja al descubierto los senos, su cintura breve, el nacimiento de los muslos...

—¡Caaarmen! —llama la señora Figueira desde la tienda—. Nos han llegado clientas... Ven a atenderlas, por favor.

—¡Ya voy! —responde sacándose el sombrero y ajustándose el vestido ofuscada por el apuro.

Antes de salir de la habitación, levanta la mano en un ademán de despedida y les sonríe dejando ese recinto que le permite ser otra, infinitas otras, frente a la mirada de ella misma y de tantos otros.

Allá, en la tienda de sombreros, Carmen no tiene más alternativa que repartir sonrisas vacías, brindar elogios a la señora Salazar aunque sepa que el nuevo modelo con visera le queda pésimo. Pero la señora tiene dinero suficiente como para comprarse todos los sombreros de la tienda, si así lo deseara, y Carmen, quien acaba de cumplir los quince años, ha sabido desde hace mucho tiempo que el dinero es el único motor de ese otro mundo, mientras la pobreza no es otra cosa que una implacable camisa de fuerza.

¡Y por Dios que aprieta la pobreza! Es una cincha de acero que se incrusta aquí, en el estómago, en la frente, en el corazón... Fui pobre desde la cuna y desde muchísimos años antes porque mis abuelos, mis bisabuelos y mis tatarabuelos nacieron bajo el peso de los escudos de la miseria. Fue la pobreza la que marcó mis orígenes y únicamente por ella me convertí en brasileña, a pesar de haber nacido en tierra portuguesa. Mi padre, como tantos aldeanos muertos de hambre y sedientos de futuro, emigró a esta ladera del mundo donde decían que el oro tanto abundaba...

Su padre, José María Pinto da Cunha, llegó al Brasil con una maleta destartalada y la mente llena de sueños. "¡Aquí sí que seré un hombre como Dios manda!", se repitió varias veces mientras el barco entraba por la bahía de Guanabara preñando el aire de la madrugada con sus roncos pitazos. Con ojos brillantes y una insólita excitación, aquel hombre de veinticuatro años sentía que en su vida todos los horizontes empezaban a abrirse como un abanico luminoso en esas tierras que sí sabían premiar a quienes tenían buenos brazos para trabajar. Atrás quedaba la vida dura y mezquina de Marco de Canavezes, sus atardeceres aburridos y aquella tristeza adherida a la piel por la ausencia de metas y oportunidades...

"El hombre es el proveedor del pan y por eso en su casa debe ser considerado un émulo de Dios", decía siempre el cura en la iglesia. "Y porque da el pan y protege a su familia de todo mal, merece también veneración", agregaba ese padre sin hijos quien desconocía las penurias de todos aquellos hombres del pueblo por cuyas frentes corría copiosamente el bíblico sudor, sin jamás lograr para sus familias un verdadero bienestar. Y era por eso, pensaba José María, que todos llevaban en sus espaldas un leño cargado de frustraciones. Cómo pesaba el bulto de lo que no podían hacer, de todo aquello que postergaban y no los dejaba convertirse en hombres cabales. Los salarios miserables, un no poder ser, no obstante las duras faenas de cada día. Y aunque los hijos y la mujer eran la única fuente de alegría, esa frustración acerba los hacía adustos y violentos porque dar un grito o pegar un golpe era una manera de desquitar en la familia la impotencia de no ser lo que el mismo Dios había ordenado.

Desde niño, José María sintió que el sonido de la palabra Brasil traía el sortilegio de una utopía. Y el que la pronunciaba, cual mago y demiurgo convertía esos entornos de pobreza en visiones esplendorosas, opulencias deslumbrantes, sinónimo también de vidas plenas. "Nos casaremos, ahorraremos cada centavo que nos sea posible y un día no lejano, nos iremos al Brasil", le dijo una tarde a María Emilia y en los ojos de ella brilló el fulgor de la esperanza. "Sí, José María, trabajaremos mucho, nos romperemos el lomo trabajando hasta reunir suficiente para el pasaje y llegando allá todo será tan fácil…", respondió ella con una determinación que iluminaba su semblante. A pesar de que estaban a plena luz, él la abrazó y le dio un beso largo y apasionado con el cual sellaba el pacto de aquel futuro que construirían juntos, siempre juntos.

No tenía otro oficio que el de barbero en ese pueblo de un puñado de casas y, desde el primer día de casados, se impusieron un estricto presupuesto que los obligaba a contentarse con un trozo de pan en la mañana, un par de sardinas a mediodía y una sopa espesa de verduras a la hora de la cena. María Emilia trabajaba en el telar y sentada frente a él, pasó los nueve meses de su primer embarazo. Cuando llegaron los dolores del parto, ella, respirando hondo después de aquel vendaval de dagas en las entrañas, sacaba fuerzas para hablar y le insistía a su marido que no olvidara dónde estaban los ahorros. "Ya lo sé, mujer. No te preocupes", le replicó él un tanto molesto porque se lo había repetido más de cinco veces. "Pero es que si me muero, José María, igual tienes que irte al Brasil", protestó en un quejido. "¡No te morirás! Tú eres la vida misma y nuestro hijo nacerá sano y con mucho vigor para emprender tan largo viaje", exclamó enternecido. Dos horas después, cuando la partera le mostró a Olinda envuelta en una tenue mantilla que María Emilia había hecho con los restos de hilo que le quedaban de sus tejidos, le pareció ver en aquel rostro aduraznado un ángel con un enorme manojo de promesas que vaticinaban la felicidad más plena cuando los tres estuvieran allá, en ese lugar de América donde Dios había puesto tantas riquezas.

Un año después, en 1909, había nacido María do Carmo y sólo unos meses después del bautizo en la Capilla de San Martín de Aliviada decidieron que, con los ahorros celosamente guardados debajo del jergón en una caja de madera, José María debía viajar solo a Brasil. "Será cuestión de un par de meses, no más, para encontrar una casa y mandarlas a buscar. Allá pagan en monedas de oro y el dinero cunde… ", afirmó él, y María Emilia con mucha fe exclamó: "¡San Martín te protegerá en alta mar y apresurará el momento en que los cuatro volveremos a estar juntos para ya nunca más volver a separarnos!".

Desde ese momento, los días corrieron como un torbellino… En una maleta vieja que les prestó una tía, puso la partida de nacimiento, una barra de jabón, sus tres únicas camisas, el pantalón que se había comprado para la boda y cuatro suéteres de lana regalados por sus amigos y parientes para que no pasara frío durante travesía tan prolongada. A pesar de la tristeza que le causó decir adiós a María Emilia y a sus dos hijas, la ilusión lo hacía sentir a punto de volver a nacer. Ante sus ojos pasaron campos verdes y lomas quemadas por el sol, villorrios que a veces no tenían siquiera una capilla y José María se iba despidiendo en silencio mientras los cascos de los caballos y el chirrido de las ruedas de la carreta le anunciaban un mundo mejor.

Dos días enteros pasó en el camino rural que paulatinamente empezó a hacerse más ancho. A lo lejos, divisó un gran caserío de tejas rojas el cual iba a dar a las orillas mismas del mar, y cerca de la línea de la costa, se elevaban torres y cúpulas de un majestuoso porte. "Lisboa. Estamos ya en Lisboa", anunció don João dando un rápido latigazo a sus caballos. Y una hora después se internaron por calles cubiertas de adoquines. ¡Nunca en su vida había visto tanta gente junta! Ni siquiera en las festividades de San Bartolomé… Don João lo dejó en las puertas del consulado. Antes de despedirse, echó una ojeada a la larga fila de hombres y mujeres de aspecto desaliñado y con una sonrisa paternal le deseó buena fortuna. José María durmió allí para no perder su puesto y luego siguió a la multitud correctamente formada por pasillos y dos o tres mesones en los cuales funcionarios de mal humor les hacían preguntas, antes de llenar formularios y estampar muchos timbres. Siempre caminando con los demás, llegó al puerto donde esperaba otra multitud recostada sobre sus bultos amontonados en el suelo. Aspirando aquel aire con olor a orines y agua de mar, se quedó con la vista fija en el barco y se forzó a no dormir temeroso de que fuera a partir sin él.

Aún no salía el sol cuando seis marineros los hicieron ponerse en orden para que fueran cruzando la pasarela y, apiñados como un rebaño, esperar hasta que el barco, después de largas horas levantara sus anclas ruidosas y finalmente zarpara de la bahía. Lisboa se fue esfumando y sus torres y cúpulas se convirtieron en minúsculos parches frente al cielo. "¡Adiós, Basílica de la Estrella, Torres de Sé y San Vicente!", empezó a gritar un grupo y así José María supo que aquellas construcciones imponentes poseían nombre. "¡Adiós, Lisboa ingrata, quédate en la mierda!", masculló un joven a su lado quien dirigiéndose a él, agregó: "Todo Portugal está hundido en la mierda, ¿no cree?". José María asintió tímidamente con la cabeza… "Mucho gusto, me llamo Afonso", le dijo el muchacho estrechándole la mano, y fue el único con quien conversó durante ese largo viaje en el cual pasaron naúseas y un hambre que los aletargaba. Muchos de los que estaban allí provenían de otros países y hablaban lenguas extranjeras que resonaban en los oídos de José María como insultos y blasfemias, y algunas mujeres jóvenes, polacas, según le había dicho Afonso, por un par de monedas ofrecían su cuerpo en esa bodega regada de vómitos e impregnada de un hedor insoportable. Pero José María, anestesiado por la ilusión, cada atardecer contemplaba la puesta de sol imaginando feliz que, tras ese disco de oro, perdiéndose en el horizonte, estaban las tierras prodigiosas del Brasil.

Iluminado por las expectativas de un nuevo futuro, ahora a sólo pocos metros de la tierra, bajó del barco con Afonso quien avanzaba respirando hondo y sin despegar la vista de un ajado mapa.

—Como te conté, voy a buscar trabajo en una mina, aquí sobran por todas partes y este paisano amigo de mi familia, ya tiene todo arreglado… Te lo juro, a la vuelta de dos años, compái, estaré construyéndome un palacete que nada tendrá que envidiarle a las mansiones de Lisboa… Vente conmigo, es lo que más te conviene.

Pero, como muchas otras veces ante la misma propuesta, José María volvió a pensar en sus dos hijas y en los peligros que ocultaban siempre las minas.

—Yo sé, Afonso, que así es mucho más rápido hacer dinero, pero la verdad es que prefiero seguir siendo barbero, después de todo, en una ciudad tan grande como ésta nunca faltará una buena clientela —le dijo con una mirada agradecida porque Afonso le había brindado una amistad tan generosa. No sólo lo había protegido a brazo partido de las burlas de la gente de Lisboa por ser pueblerino, sino que también lo había acompañado, día y noche, cuando se enfermó tanto del estómago por una mazamorra añeja que les dieron de merienda.

Afonso se detuvo y pasándole el brazo por los hombros, le dijo:

—Entonces, lo que te conviene es irte derecho por esta calle hasta el centro… Y en todas las peluquerías que encuentres a tu paso, ofrece tus servicios… De todo corazón, te deseo la mejor de las venturas, hermano —dijo dándole un abrazo de despedida.

Y José María, con su maleta destartalada y sin comer nada, caminó durante horas hasta encontrar trabajo en el Salón Sacadura en la calle Misericordia.

A los tres meses de su partida, María Emilia empezó a llenarse de inquietud porque, pese a que en una carta José María le contaba que tenía trabajo y una pieza donde dormir, sólo decía que debían esperar un tiempo más para reunir el dinero necesario para los pasajes. "Mucho verde hay en este lugar, tonalidades de verde nunca vistas y de los árboles crecen grandes hojas y flores de colores muy intensos", agregaba al final. María Emilia leía y releía aquella frase sin saber porqué esas palabras la llenaban de temor a perder a quien, ni una sola noche desde que estaban casados, había dejado de hacerle el amor, aun en el último mes de sus embarazos cuando la recostaba acomodándola para poder refregar fervorosamente su miembro en ella sin penetrarla.

Un día pasó por la casa doña Ana, la única en el pueblo con dinero suficiente para encargarle el tejido de un mantel grande.

—¿Cuándo piensas emprender tu viaje? —le preguntó.

—José María aún tiene que juntar la plata para los pasajes —contestó con aflicción. Aunque estoy pensando, señora Ana, vender lo poco que nos queda y partir nomás, aunque sea en un barco de carga.

—Haces bien. El señor cura estuvo en mi casa el otro día y comentó que en esas tierras del Brasil salen del agua mujeres encantadas…

—¿Cómo encantadas? —inquirió María Emilia sintiendo un fuerte vuelco en el corazón.

—Porque el demonio les ha dado gran belleza y poder para seducir a los hombres… "Por algo al río grande que lo cruza le dieron por nombre el río de las amazonas", así dijo el cura y nos contó que desde tiempos inmemoriales han existido estas malas hechiceras que vencen a los hombres… que los hacen perder el alma y les encadenan el corazón.

Sin pensarlo dos veces, María Emilia vendió todo lo que tenía, aun los zarcillos y el rosario que le dejara su bisabuela y, como ya nadie disponía de una maleta, empacó sus escasas prendas en un saco harinero. Poco vio el mar, afanada en cuidar a las niñas de temperamentos tan diferentes. Olinda, contemplativa, parecía haber nacido con temple de santa, paciente y austera, mientras María do Carmo, Carminha, como había empezado a llamarla por tener un carácter muy inquieto, parloteaba hasta en sueños en su media lengua y todo el día quería gatear entre los demás pasajeros sin darle un solo minuto de respiro.

A pesar de la alegría del encuentro, notó a su marido desanimado y en la pieza arrendada de una casa grande con paredes despintadas, él, cabizbajo, le contó que en Brasil no pagaban con monedas de oro, que todavía no había visto oro de verdad…

—Todo eso que decían allá en Marco de Canavezes es una fabulación, María Emilia, una mentira, aquí no hay montañas de oro refulgiendo al sol y tampoco puertas con picaportes de oro puro ni de baja ley. En este país —agregó desolado— hay muchísimos más pobres que ricos.

–Y así será entonces en todos los lugares del mundo, José María… Pero hay trabajo, lo que es mucho decir –afirmó ella rehusando sentirse abatida.

–Es cierto –dijo él tomando en brazos a Carminha, quien se había puesto a dar saltos en la cama. Ya estamos aquí y mientras yo tenga salud para trabajar, lograré, lo juro por Dios, darte a ti y a las niñas un buen pasar.

Pero José María no sabía que seguirían naciendo hijos: Mario, el primer varón, llegó en 1911 dos años después, Cecilia, seguida por Aurora en 1915 y Óscar en 1916. El sueldo de cada mes apenas alcanzaba para el arriendo y con las propinas María Emilia hacía malabarismos para alimentar a los seis hijos sanos y de buen apetito. "Tanta boca que alimentar", se decía José María, "y a medida que vayan creciendo, será peor". La rueda del trabajo en esa ciudad de Río de Janeiro, cada día más insoportable con su bullicio y su gente salvajemente extrovertida, empezó a parecerle una celda, un laberinto perversamente sencillo y sin ninguna salida. El circuito de su existencia no dejaba de tener un itinerario fijo: de la casa al trabajo, del trabajo a la casa, todos los días, incluidos los domingos, y él estaba definitivamente estancado en ese ciclo monótono y asfixiante sin poder avanzar siquiera una pulgada.

Una noche, después de pasar todo el día parado atendiendo clientes, José María al llegar a su casa había puesto los pies en un lavatorio con agua caliente. Se sentía de mal humor y le había dado una buena zurra a Mario por haberlo saludado con las manos sucias. Taciturno, dejó de prestar atención a María Emilia, quien estaba haciendo rezar a los niños antes de mandarlos a acostar, y su mente se transportó a Marco de Canavezes, a la misa dominical y a los sermones del cura que tanto insistía en que los hombres eran un reflejo de Dios por proveer a la familia de comida y bienestar… "Si Tú también eres padre, Dios, no entiendo por qué no haces tu deber conmigo dándome bienestar cuando yo no dejo ni un solo minuto de cumplir con el mío", dijo en silencio y el reclamo lo acompañó durante muchos años.

Desde muy niña y por esto de que una necesita darle un rostro a la realidad para poder soportarla, imaginé la pobreza como una mujer magra y de cabellos muy largos, en los puros huesos y con una mueca triste en las mandíbulas. Al igual que esas momias horrendas que aparecen a veces en los periódicos, su cuerpo estaba atado por vendas que le cruzaban los pechos exiguos, el vientre sumido y las canillas recubiertas de un pellejo amarillento. Lo que más me sobrecogía de esta imagen eran los ojos de párpados pesados, como tapiados por una espesa capa de greda. Toda la cavidad estaba clausurada por el barro cocido, con excepción de una pequeña ranura para ver el mundo de los que no conocen el hambre y así, entre lianas y cercas, yo, como todos los pobres, vivía también el tormento de presenciar la existencia de aquellos que gozan la bendición de la abundancia y del buen pan.

No me pregunten qué edad tenía cuando empecé a imaginarme la pobreza de aquella manera, no me acuerdo... lo único que ha quedado en mi memoria es que esa representación encarnaba todo lo que las palabras no pueden decir. (¡Y qué poco pueden decir!, ¿verdad?)

Nosotros vivíamos en un mísero barrio de Río de Janeiro y albergábamos todas las penurias como si fuéramos esa momia, atisbando siempre el mundo de los ricos. La plata no alcanzaba para nada y debajo de tanta venda y tanto barro latía una rabia soterrada, un largo rosario de frustraciones. En esos días, se hablaba de Brasil como del país más acaudalado de todo el orbe y nosotros comíamos arroz y frijoles negros día y noche, año tras año. Decían también que Brasil era un Gigante Dormido sobre abundantes minerales y piedras preciosas, lo que me hacía imaginarlo como un enorme tesoro de piratas, refulgente, tocándonos a nosotros sólo las meriendas opacas.

Arroz y frijoles negros en uno de los tantos rincones miserables de Río y ¡vaya si había rincones miserables!, muchísimos más que las famosas piedras preciosas sobre las que descansaba el "gigante dormido"... No estoy exagerando, créanme, cuando digo que todos en la casa teníamos el paladar atrofiado y adormecido de tanto arroz y frijoles negros corriendo a la par de los calendarios. De la carne únicamente recibíamos el olor, los huesos y la grasa... y ¡para qué hablar del pescado!... nos llegaban las puras cabezas y aletas sobrantes porque las mejores presas eran para los pensionistas. Tenía yo quince años, fíjense, y todo lo que había comido hasta entonces eran puras sobras y despojos, con el sempiterno arroz y los sempiternos frijoles negros... Muy poco dinero ganaba mi padre como barbero y mamá, sin otro recurso que dar pensión, pasaba el día entero de pie en la cocina preparando lo que ella llamaba "guisos decentes y económicos" para obtener apenas alguna ganancia. En cada guiso, como en la vida misma, mi pobre madre puso mucho trabajo e infinitas esperanzas, ella fue siempre así, y nunca olvidaré con cuánto esmero cortaba las verduras, freía las carnes y revolvía guisos en ollas y sartenes poniéndose muy seria al añadir los aliños y los condimentos. Y cuando estaba por servir los platos, con un leve brillo en la mirada, los adornaba cubriéndolos de torrejas de huevo duro, perejil o un puñado de farofa* para mantener contentos a los clientes porque perder uno solo significaba para ella un verdadero desastre.

"Ya el próximo mes habrá que comprarle zapatos a Óscar", exclamaba todo el tiempo preocupada por las cosas que hacían falta... yo no sé qué martirio debe haber sido para ella andar pensando en comprar cuando apenas si alcanzaba para comer... "¡Dios quiera que no se nos vaya ningún pensionista!", clamaba entornando los ojos hacia el cielo mientras con los dedos de la mano sacaba cuentas.

Cómo olvidarse, aunque hayan pasado tantos años, de aquellos momentos en que desplegando una sonrisa amable, llevaba los platos a la mesa para sus pensionistas... Nosotros desde el dormitorio y con el hambre galopándonos en el estómago, veíamos desfilar los guisos humeantes y contundentes... Para colmo, el aroma nos abría todavía más el apetito y nos empezaban a sonar las tripas. "¡Pucha vida!", decíamos una y otra vez mientras vivíamos la tortura, ¡la verdadera tortura!, porque ustedes no se imaginan lo que es eso de ver a los pensionistas comiendo a cuatro manos, untando el pan en el jugo del bistec o echándose un delicioso bocado de papas impregnadas en aceite y cebolla... Lo peor es que nada sabíamos de ellos, eran siempre gente de paso, pese a los esfuerzos de mamá. ¡Y cómo no!, si de un día para otro perdían el trabajo o decidían emigrar a la voz de una nueva fábrica que acababa de abrirse en el norte. Ellos, sin tomarnos en cuenta para nada, comían entre risas y conversaciones mientras nosotros esperábamos que se fueran pronto para que, por fin, nos tocara nuestro turno. Comían y comían dejando los platos

* Harina de mandioca.

vacíos y después del postre, como poniendo punto final a una ceremonia muy importante, doblaban la servilleta parsimoniosamente y, justo cuando estaban por irse, ¡carajo!, a alguno se le ocurría prender un cigarrillo y pedir otro café... ¡Y ahí nomás se nos venían nuestras esperanzas al suelo!... Siempre poníamos a Mario de espía, era el único que sabía mirar disimuladamente por el rabillo del ojo. "¡Ya están por irse!", indicaba a media voz y nosotros, sentados en la cama de nuestros padres, nos levantábamos de un salto, haciéndosenos agua la boca... "No, esperen...", decía haciendo un gesto con la palma de la mano, "¡el bigotudo está sacando un cigarro y el gordo con cara de luna llena se ha vuelto a sentar! ¡Va pa' largo el asunto!..." Era entonces cuando nos tomábamos de la mano y cerrando los ojos recitábamos mentalmente la plegaria de las visitas repudiadas. ("Vete, vete, de esta casa / viajero mal venido / si en dos minutos no te has ido/ todas las alimañas dejarán su nido / para caerte encima y no abandonarte jamás".) Lo terrible es que el hambre nos ponía furiosos, como si el estómago vacío se nos hubiera transformado en una caverna llena de alacranes y, cuando ya habíamos repetido la plegaria trece veces y los pensionistas seguían conversando, a mí me entraban unas ganas tremendas de salir al comedor y gritarles en la cara que se fueran. Para empeorar las cosas y sin motivo alguno, Óscar empezaba a tirarle el pelo a Aurora, yo la defendía y terminábamos todos a puñetes y patadas. Era el hambre lo que nos ponía violentos, llenos de impotencia, y ningún conjuro ni plegaria parecía servir. Por mi cuenta nomás, había andado averiguando con los niños del barrio sobre alguna brujería para que se fueran de la casa ni bien terminaran de almorzar. Dora que se creía tan sabionda me había dicho que pusiera una escoba detrás de la puerta y no sirvió para nada... después, Maysa me aconsejó poner una pizca de ají en los asientos porque, según su mamá, una mulata gorda que se pasaba haciendo sahumerios, a las visitas no bienvenidas les entraba ardor en el trasero y como no podían rascarse en público no tenían más remedio que irse... pero tampoco funcionó porque la verdad es que los pensionistas se apoderaban de la casa y no volvían a la calle de donde habían venido hasta que a ellos les daba la real gana. "¡Qué rabia, por la mierda!", me decía yo en silencio, para que mis hermanos chicos no me oyeran decir una mala palabra y le fueran con el cuento a la mamá... Y era entonces cuando se me aparecía la imagen de la momia con los ojos enlodados y aquella ranura por donde veía la satisfacción de los otros mientras su propio cuerpo se debatía en el hambre y la pobreza.

Cuando por fin, ¡por fin!, se iban los pensionistas, mi madre, después de secarse la frente y el cuello con un pañuelo blanco que siempre llevaba en el escote, enjuagaba el cucharón y nos llamaba.

—¡A la mesa que voy a servir! —anunciaba y a sus palabras seguía el estruendo de las sillas y los aplausos. Yo, ansiosa, corría a la cocina para acarrear los platos y me paraba, como perro centinela, mientras ella servía con precisión, como si tuviera un cómputo exacto, los huesos de puerco, los trozos de grasa o aletas de pescado que nos correspondía a cada uno.

¡Pobrecita mi mamá! Durante todos esos años, no dejó nunca de oler a humo, a sopas y guisos baratos... Siempre de delantal y con el cabello recogido en un moño por temor, como decía ella, de que cayera un pelo en la comida y los pensionistas corrieran la voz dándole mala fama. Sólo el día domingo se quitaba el delantal para ir a misa y prolijamente se pintaba los labios frente al pequeño espejo de su polvera con incrustaciones de nácar estropeadas por el paso de los años que había pertenecido a una tía abuela allá en Portugal... No sé exactamente, pero debo haber tenido unos diez años cuando empecé a presentir que yo iba a terminar igual que ella... parada en la cocina y pendiente todo el tiempo de la plata que no alcanzaba nunca para nada... La verdad es que me entró una especie de pavor, es la única palabra que se me ocurre decir, fíjense, y a las tres o cuatro de la mañana despertaba y encogiéndome en la cama me decía, "¡Dios mío, haz algo! No permitas que mi vida sea como la de ella..."

—Mamá —le pregunté una tarde en que estaba secando la budinera de greda—, ¿por qué tienes que estar siempre preparando comida para otra gente?

Me miró sorprendida, se quedó en silencio unos segundos y me respondió agitando las manos en un gesto de protesta.

—Porque los pobres, hija mía, tenemos que desollarnos vivos para poder ganarnos el pan. A los ricachones, a ésos, la plata les llega por todas partes, pero nosotros tenemos que sudar muy duro por cada centavo... Ya ves tú, el sueldo de tu padre no alcanza para vestir y alimentar a los seis hijos que tenemos... Quizás por qué Dios siempre les da más hijos a los pobres... eso nunca lo he logrado entender.

Me dolía tanto verla cocinando para forasteros, hombres y mujeres que se instalaban en mi casa, como si fuera la propia, mientras nosotros allá en el dormitorio rondábamos como aves hambrientas en un páramo. Y allá en la Calle de la Misericordia, mi papá también pasaba de pie todo el día, con hisopo y navaja en mano rasurando las mejillas de hombres totalmente ajenos a nuestras vidas. En 1910, cuando yo aún no tenía un año, él había emigrado de Portugal con la esperanza de aniquilar la miseria y en Río seguía acarreando la cruz de los pobres, sólo que ahora también llevaba la cruz de los trasplantados. Ni un solo minuto dejó de sentir nostalgia por Marco de Canavezes, su pequeña aldea natal en la región de Porto. A pesar de que era un hombre fuerte y autoritario, nunca dejé de sentir lástima por él, me daba pena porque en Brasil lo trataban como extranjero a causa de la manera en que pronunciaba las palabras y tampoco le convenía en absoluto regresar a su pueblo natal tan miserable... Sin pertenecer ya ni al aquí ni al allá, papá seguía con el corazón ligado a su tierra de viñedos y con la lengua atada a su patria portuguesa, a las voces bajas, como susurro de peces en el fondo del mar, en un Río de Janeiro que siempre le pareció un cuartel de gritos y ritmos discordantes. "Bárbaros. Macumbeiros. Andan siempre con el mandinga en la espalda", exclamaba a menudo con una expresión de tristeza y desaprobación.

A mi padre le habían hecho creer que Brasil era la tierra del oro, y aferrado a esa mentira porque no tenía a qué más aferrarse, el pobre se subió a un buque de carga que lo trajo a Río y a una pieza allá en la calle Candelaria con Bragança donde siguió aumentando la familia. Así, los primeros años de nuestra vida los vivimos todos apiñados, durmiendo de a dos o tres en una cama y él, sin ganar suficiente como para poder arrendar una casa. Allí en esa pieza, el mundo se reducía a unos cuantos metros que servían de cocina, comedor y dormitorio, ¡imagínense!... A mí se me ocurría que vivíamos en el rincón de una pajarera, siempre rodeados de ruidos de ollas, lavatorios y bacinicas, de carcajadas, comentarios a viva voz y disputas a medianoche entre los otros arrendatarios de esa casona vieja. "Papá, dile a todos esos pájaros infames que cierren el pico de una vez", protesté una noche. "¿Qué pájaros? ¿De qué estás hablando, menina?", me preguntó. "Quiere decir los vecinos, José María... Ya está otra vez esta niña cambiando la realidad, todo lo transforma en otra cosa", comentó mi madre y él enojadísimo replicó: "¡Qué joda! Si uno le pide a estos salvajes brasileños que se callen, adrede meten más barullo... Duérmete, Carminha, por Dios" y refunfuñando pegó un puñete a la almohada.

Hasta que un día, cuando yo tenía seis años, papá llegó con la noticia de la posibilidad de arrendar una casa en el distrito de Lapa.

—Apretándonos un poco con el dinero de la comida, podríamos vivir allí —dijo mirando con rencor las paredes de la pieza.

—Pero, José María, ése es un barrio de marineros y mujeres de la calle —respondió mi madre alarmada.

—¡No tenemos para más! —replicó enojado—. Un padre pobre sólo puede darle a su familia una casa cerca del puerto, con putas y marineros, con marineros y con putas, ¡nada más!

—Las niñitas están escuchando, no digas esa palabra —lo reprendió mi madre.

—Y eso es lo que son, putas... —dijo con una cierta amargura y luego mirando a mi madre a los ojos, agregó:

—María Emilia, nuestros hijos están creciendo y se van a empezar a dar cuenta de muchas cosas... tú y yo necesitamos tener un dormitorio aparte.

—Y un comedor... entonces yo podría dar pensión y de ahí ganar algo —dijo mi madre de manera entusiasta.

—Tal vez. Ya empiezas con tus famosas ilusiones... En fin, ¡está decidido! —afirmó haciendo un gesto definitivo con las manos. En vez de seguir hablando de este asunto, más vale que te pongas a empacar lo poco que tenemos porque nos mudamos dentro de quince días.

Después nos miró a todos con ceño autoritario y declaró alzando la voz:

—En cuanto a esas mujeres, queda estrictamente prohibido mirarlas y ¡ya está!

Y así fue como nos criamos en un barrio que no tenía nada de santo ni bendito. La mayoría de los vecinos eran trabajadores del puerto que llegaban a sus casas con escándalo después de emborracharse en algún bar, y cuando se divisaba un barco a punto de atracar, la calle se llenaba de mujeres pintarrajeadas, con ropa ajustada y prontas para la caza de los marineros, rubios macizos o negros monumentales, que mascullaban palabras extrañas y haciendo gestos obscenos lanzaban grandes risotadas.

Muchos años después leí una novela donde el protagonista definía su niñez exclamando lleno de emoción y de nostalgia "¡qué verde era mi valle!, ¡qué verde!"... "harto diferente al valle mío", me dije, porque mi experiencia y la de mis hermanos estuvo bastante lejos de las praderas pródigas y los paraísos inocentes... Allá, en el barrio de Lapa, las sirenas de los barcos y las rencillas de los marineros nos despertaban a medianoche y aunque no entendíamos muy bien por qué las prostitutas eran pecadoras, intuíamos en la mirada y en las voces de esas mujeres algo oscuro y morboso. No mirarlas fue una de las regulaciones más severas que nos impuso mi padre y a nosotros bien poco nos importaba en realidad, porque todas eran feas y ordinarias, torpes y gritonas, siempre listas a lanzar una blasfemia, como si arrastraran con ruido su resentimiento contra el mundo... Excepto Arminda... Ella era la magia hecha cuerpo de mujer y al verla venir por la calle, yo bajaba los ojos, como nos había ordenado papá, y cuando sentía que estaba a unos pocos pasos de mí, empezaba a subir la vista lentamente para contemplarla toda entera. ¡Era tan bella!... Siempre usaba zapatos con tiras, tacos altos y la hebilla justo en la porción más angosta de los tobillos, como umbral de sus pantorrillas bien torneadas que navegaban entre el vuelo de sus faldas apenas godé... lo juro, ninguna otra de esas mujeres que rondaban la calle sabía dar a la tela ese corte preciso que se ajustaba a los glúteos como un guante moldeando las caderas para luego derramarse unos centímetros, sólo unos cuantos centímetros, en un ruedo que el viento levantaba para mostrar sus rodillas y después volver a cubrirlas en un soplo que, para mí, semejaba la respiración de la selva. Arminda caminaba siempre con cadencia de samba, sus piernas de piel morena avanzaban por la acera impregnando el pavimento de un ritmo quedo, tan suave como el latido del corazón de un cachorro recién nacido y, de pronto, en forma siempre inesperada, sus pasos se aceleraban evocando el eco de tambores en la lejanía... sorpresivamente se detenía y, entonces, giraba levantando los hombros levemente y retomaba su andar al compás del revuelo de su falda, en un deambular lento y rápido, de sincronías impredecibles, sólo marcadas por sus manos en movimiento que a mí me parecían golondrinas jugueteando en el firmamento. Samba, eso era ella. Una ninfa morena creada por los dioses en festín de luces y manjares increíbles. Melusina. Albergue del sol y de la luna. Fervor de vida hecha ritmo y caderas, aguas de un río deslizándose entre rocas y arena. Brío de fuego y cimbrear de palmeras... La cintura, un remanso estrecho y quieto, era el breve preámbulo de sus pechos, grandes, redondeados y fragantes como guayabas. El escote de sus blusas dejaba apenas asomar el nacimiento de los senos en un candor provocativo, garboso y la piel tersa de su garganta y hombros relucientes contrastaba con la pesada trenza de ébano que caía sobre el costado izquierdo de su pecho. Como si despreciara las melenas, los rizos pegados a la nuca y las partiduras en boga, Arminda mantenía el cabello libre de todo artificio urbano y lo trenzaba como las mujeres del interior del Brasil con las puntas tomadas con macramé. Cuando estaba contenta, y esto ocurría a menudo, enganchaba una flor en su trenza y en esos días no cobraba porque, según ella, Dios había sido dadivoso y ella debía devolverle su generosidad con la ofrenda de su cuerpo. "Y mi alegría va a cruzar los mares y mi cuerpo sin precio alguno permanecerá en la memoria de los navegantes...", exclamaba, según contó una vez en la carnicería doña Flor, la única vecina que conversaba con las prostitutas. Arminda nunca dejó de sonreírme cuando nos cruzábamos en la calle, sus labios carnosos y sensuales se entreabrían con ternura y en sus ojos de aguas muy profundas, brillaba un destello maternal. Sin hablar ni hacer guiños como las otras mujeres, se mantenía siempre callada, como una diosa sublime y una sola vez la escuché: "Cuidado, menina, que te vas a caer", me dijo su voz de pantera en trino una tarde en que por mirarla, trastabillé... Después siguió caminando con el desplante de la mujer que sabe que basta mostrar su cuerpo para ser deseada...

Si las monjitas de la Escuela Santa Teresa hubieran sabido que yo me convertía en Arminda cada vez que cantaba en el coro, me habrían expulsado de inmediato por estar cometiendo un pecado mortal y quizás nunca habría aprendido a leer y escribir. Allá en el barrio, eran las únicas quienes, dedicadas a hacer una obra de caridad, mantenían una escuela para que los niños, como decían ellas mismas, estuvieran alejados de los vicios de la calle. Cada vez que la

Madre María de Jesús, después de decir muy bajito "un, dos... tres", con fuerza elevaba sus manos regordetas para indicarnos que debíamos empezar a cantar, de inmediato me imaginaba que yo era Arminda balanceando su samba por la calle antes de darle su ofrenda a Dios.

Como era la más pequeña del grupo, me hacían parar en la primera fila, frente a la puerta que daba al patio de la fuente. Desde allí seguía las instrucciones de la Madre María de Jesús contemplando de reojo el vitral de la puerta entornada, las flores del jardín, los arbustos y el agua... De pie y con las manos en la espalda erguida porque la Madre nos pegaba con una regla si no manteníamos la posición firme de un impecable soldado, me convertía en Arminda y me veía cruzando los cristales de la puerta con zapatos de tiras y tacos muy altos. Entonces, como por encanto, fíjense, los vidrios azules, rojos y verdes que representaban a la Virgen María en la Anunciación, se astillaban a mi paso creando una catarata que refulgía al sol y se volvía un arco iris que se quedaba brillando como un marco para mi silueta. Al impulso de mi voz, empezaba entonces a alejarme por el jardín en un ritmo de samba que creaba un contrapunto con la melodía lenta y repetitiva del coro y que yo mantenía siguiendo los gestos de las manos de la Madre mientras, simultáneamente, me desviaba de su comarca. Haciendo un alto entre las flores, lentamente empezaba a destrenzar mi cabello que me llegaba hasta las rodillas y moviendo la cintura, ahora acariciada por mi frondosa mata de pelo, me encaminaba hacia la fuente... a la orden de un forte, con un salto de gacela me sumergía en el agua y eufórica movía brazos y piernas creando una multitud de crisoles... "¡Alto, alto!", gritaba la Madre María de Jesús enfadada porque alguna niña había desentonado y entonces yo permanecía muy quieta flotando de espalda mientras el agua, como un dios generoso, me acariciaba toda la piel sumergiéndome en un letargo sensual... "¡Atención, niñitas, mucha atención!", decía ella, "vamos a repetir la tercera estrofa y esta vez ninguna, ¿me está escuchando, Rosa?, ninguna va a dejar de cantar 'santo amooo', bajando el tono en 'moor' hasta la última nota de la escala" y tan pronto como mi garganta empezaba a entonar "venimos", me desperezaba rápidamente y salía del agua contoneando mi cuerpo hermoso para volver a internarme en el jardín y salirle al encuentro a un marinero que me esperaba entre los arbustos.

Por eso me gustaba tanto cantar. Convertida en Arminda, me sentía bella, plena y feliz... El patio de la escuela era todo mío, el cielo, el sol y el agua también me pertenecían por entero y olvidaba, como en un milagro fugaz, las paredes agrietadas de la casa, el olor del petróleo quemado que mi madre ponía en las tablas del piso para que no se vieran tan desvaídas, el mal humor de papá, la ropa y los zapatos gastándose siempre, como si un ratón minúsculo a media-noche se dedicara a roerlos.

Y eso era el canto para ella, región de la inocencia y la imaginación, comarca del agua donde habitaba la sensualidad pura, no contaminada todavía por leyes ni despechos. Carmen nada sabía en ese entonces de la pasión, de las truculentas historias de amor... Hasta que un día su padre, después de varios meses economizando parte de sus propinas, compró una radio, aquella novedad que hacía dos años había llegado a la ciudad. Con alborozo lo instaló sobre un cajón en una esquina del comedor y en las noches se sentaba a escuchar un programa que se llamaba "Por la bella Iberia" en el que transmitían canciones portuguesas y españolas... eran esas melodías las que lo hacían hablar, a él, siempre tan parco con las palabras, y su esposa y sus hijos lo escuchaban respetuosamente en silencio.

"¡Ah, Portugal! Tierra mía. La tierra de tantos navegantes gloriosos que hicieron largas travesías por aguas incógnitas y lugares nunca vistos... ¡Dieron la vuelta al mundo entero conquistando territorios para el reino! Y nuestros monarcas, no lo olviden ustedes nunca, eran poderosos, poderosísimos y vivían en enormes y espléndidos palacios... Fue en uno de esos palacios, el Pazo de Sintra, donde Don Juan I recibió las noticias del descubrimiento del Brasil y de la ruta marítima hacia la India... ¡Nada menos!, ¿se dan cuenta? Ahí, en ese palacio, hay una sala con el techo pintado de cornejas que representan a las damas de Doña Felipa, cornejas, fíjense ustedes, niñas, por chismosas y habladoras, por andar contándole a la reina que habían visto a Don Juan besando a una señora de la corte... Los navegantes traían oro y marfil, el más fino ébano que jamás se hubie-

30

se visto, lozas del Japón, pedrerías preciosas… esmeraldas y rubíes que ahora adornaban el cuello de las nobles portuguesas… y los reyes hacían levantar arcos triunfales con la esfinge de ellos grabada en filigranas de oro y plata… Nosotros nunca vimos toda esa riqueza, ¿no es así, María Emilia?, pero en el pueblo, don Laurindo, quien había pasado muchos años en Lisboa y otras ciudades, se quedaba hasta tarde los días domingos contándonos tanta maravilla hasta que dejaba vacías las dos garrafas de vino que se había traído de la viña donde era cuidador… Mientras más tomaba, más maravillas nos contaba el buen don Laurindo que ya debe haber fallecido porque en esa época pasaba de los sesenta. Y usaba unas palabras muy hermosas que se me han quedado en la memoria, pese a que ya han pasado tantos años… 'minaretes blancos', 'azulejos y blasones de mármol', 'lápidas esculpidas en bronce', 'pórtico de columnas', 'rosetas de amatista'… Suena lindo, ¿eh?… pero nosotros no veríamos jamás nada de eso… 'Portugal se convirtió en una gloriosa catedral inconclusa', decía siempre don Laurindo, 'las riquezas que trajeron los navegantes se hicieron sal y agua y a nosotros, los campesinos y aldeanos, no nos tocó ni una mísera migaja'. Y don Laurindo estaba diciendo la más santísima verdad… 'Un hombre que trabaja nunca se muere de hambre, si Dios fuese servido y le diese salud', así decía el proverbio que mi padre repetía a menudo y Dios, Él mejor que nadie, lo sabía, era servido porque lo respetábamos y le rezábamos todas las noches y Él nos daba salud, pero no estaba en sus manos otorgarnos la posibilidad de trabajar bien y ganar dinero, no… ¡eso le correspondía a nuestra patria! Lo más triste es que éramos jóvenes y sanos en un país ya sin horizontes porque habían dejado de existir los navegantes y sus barcos llenos de riquezas… 'No hay más que salir a buscar el pan a otra parte', decían todos en Marco de Canavezes… 'Allá en el Brasil, el dinero es fuerte y dura para todo', corría la voz en el pueblo, 'oro, hay mucho oro, tanto que dicen que no es raro encontrarse con cerros de oro en la mismísima ciudad'… Ya antes de casarnos habíamos decidido con vuestra madre privarnos de todo para ahorrar y venirnos aquí, al lugar donde decían que el oro brotaba por todas partes… Cuando por fin logramos juntar suficiente para que yo hiciera el viaje, los familiares y amigos me hicieron una modesta fiesta, me regalaron ropa de lana porque haría frío en alta mar y brindaban para que me acompañara la estrella de la buena fortuna… ¿Qué habrá sido de todos ellos, María Emilia?… Pero a pesar de todas mis ilusiones, yo también estaba muy triste, ahí se quedaban mi mujer y mis dos hijas esperando a que les enviara la plata para poder reunirse conmigo en el Brasil… y vuestra madre también estaba muy triste… ¡Por Dios cómo llorabas cuando estaba por partir!… '¡Basta de lloraderas! Ni que el mundo se fuese a acabar…', así te dije, ¿recuerdas?, haciéndome el hombre fuerte… pero tu llanto se me quedó resonando en los oídos y en la mente se me aparecían las caritas de mis dos meninas… Sacando vigor, mucho vigor, trataba de imaginarme la tierra del Brasil, llena de gente feliz en un mundo nuevo que tenía alimento y dinero para todos… en esa época, claro, no sabía que nada es perfecto, que también existían los navegantes fracasados quienes terminaban tropezándose con tierras paupérrimas… 'Allá sí que saben apreciar y remunerar el trabajo de un hombre', empecé a repetirme día y noche en ese buque de carga lleno de vómitos y de pobres… ¡Ah! Si yo contara todas las penurias que tuve que pasar en ese viaje… Para empezar…"

Carmen dejaba de prestarle atención… No le interesaban los italianos, ni los sirios, ni los rumanos que iban a São Paulo para seguir viaje hasta la Argentina, ni siquiera las polacas que negociaban con su cuerpo. Tampoco quería oír hablar de piojos, chinches y enfermedades, de golpes y colaciones miserables… Entonces, se dedicaba a escuchar la letra de las canciones que salían del parlante de la radio llenando su corazón de historias apasionadas… La voz del padre empezaba a esfumarse para dar paso a una voz de mujer que decía: "No me llames Dolores, llámame Lola, que ese nombre en tus labios, sabe a amapola"… Contaba que era una noche de mayo cuando un mozo había parado su caballo frente a la puerta de su casa y le había pedido candela. "¡De mí tómala en mis labios y yo fuego te daré!", le había respondido y él con sus ojos verdes, verdes como la albahaca, como el trigo verde y el verde limón se habían quedado anclados en su corazón. Al sonar el alba y despertar el día, él dejó su abrazo cuando amanecía, "serrana, pa'un vestío yo te quiero regalar", le había dicho y ella que en su boca aún tenía un gusto de menta y canela, había replicado con dignidad y orgullo: "estás cumplío, ¡no me tienes que dar ná!"...

¡Cómo la conmovía la historia de aquella sevillana que había cruzado montes y praderas en busca del hombre amado! Con su cabellera al viento y el corazón henchido de amor, era una solitaria peregrina guiada por la luz que habían dejado en su memoria los ojos de aquel mancebo, fuerte y viril, el único que había sabido tejer para ella el más dulce de los lechos... Briosa y gallarda galopaba en su caballo bajo el sol y la luna, sin cesar en su empeño de verlo una vez más, de echarle los brazos al cuello para recibir sus besos de fuego y aquella marea ardiente de caricias que le trillaban la piel.

Entre el leve chirrido de la aguja girando sobre los discos que transmitía la emisora radial, surgían mujeres fuertes y altaneras, de fuerza y poderío, capaces de sufrir y hacer cualquier cosa por una pasión... La Lirio con sus sienes moradas de tanto dolor, Paca la Serrana viviendo su locura negra y secreta y la Lola Puñales, rosa flamenca que a los hombres envolvía igual que los vendavales... Los despreciaba a todos, hasta a don Pedro el marqués, matando de amores a los mejores y más cabales; "sin saber cómo ni cuándo, tú te vas a enamorar, con el fuego estás jugando y te tienes que quemar", le había dicho una vez aquel gitano cuyos ojos la fueron matando... y cuando Lola ya estaba perdidamente enamorada de él, ese mismo hombre moreno que había arrancado la rosa de sus rosales la deja para irse con otra mujer... una noche, Lola corre como loca buscando la reja de la casa en donde de la otra los besos bebía, y con celo enloquecido hunde su cuchillo en aquel cuerpo que había alumbrado sus noches y entonces se oyó en la calleja un grito de muerte y ella se quedó contemplando los ojos sin vida de aquel gitano que tan vilmente había traicionado su amor. "Vayan los jueces pasando, vayan firmando que está esperando Lola Puñales", gritaba en la calle con voz desafiante, porque no le importaba la pena ni el castigo que pudiera darle la ley... "Lo maté y a sangre fría por hacer burla de mí y otra vez lo mataría si volviera a revivir", pregonaba en un acento valiente…Y con las manos en las caderas, exigía se inscribiera la sentencia que la condenaría a prisión porque había hecho justicia por su propia mano despreciando las leyes de los hombres. Por eso quería que todos supieran que "por jurar cariño en vano, ¡sin siquiera temblarle la mano, lo mató Looola Puñales!".

Así quería ser ella cuando fuera grande, mujer de pecho erguido y mirada desafiante, mujer con un torrente de palabras propias para referirse al mundo y a sí misma. Provocadora del orden y de la autoridad, capaz de enfrentar al hombre y detener la mano a punto de infligir un golpe en su cuerpo de mujer… Porque aunque su madre era fuerte y entera, no tenía otra alternativa que bajar la cabeza y callar cuando su padre inesperadamente se ponía violento y, lanzando un par de gritos, le pegaba un puñetazo en la cara o en las costillas. Durante varios días, él llegaba a la casa y casi no hablaba porque era parco en palabras y le bastaba el silencio para imponer su autoridad, pero de pronto y por cualquier motivo, estallaba en violencia y hacía resonar las paredes con sus insultos a viva voz.

Carmen llena de pavor ante la ira abrupta de su padre y el llanto de sus hermanos, temblando se ponía la mano en el corazón y sentía que hasta las vigas de la casa se habían transformado en cuchillos a punto de caerle encima. Y momentos después, al ver en la cara de su madre la huella enrojecida de una cachetada, Carmen evocaba a la Lola Puñales, mujer de corazón prendido a guitarras y castañuelas, a dagas de acero que vengaban cualquier afrenta.

Sepan ustedes que Arminda y Lola Puñales fueron las únicas mujeres que inspiraron en mí una verdadera admiración… Para mis ojos de niña, todas las otras, incluida mi madre (Dios me perdone), no tenían ninguna gracia… Mi mamá y las vecinas del barrio andaban siempre mal vestidas y de delantal, ¡si parecía que nunca se cambiaran su ropa de trajín!, día tras día, con el mismo vestido y afanadas en los quehaceres de la casa que les ponían la cara muy seria o gritándoles a los niños… y quejándose todo el tiempo, eso era lo único que hacían. Y cuando andaban de mejor ánimo, se ponían a hablar de puras sonseras, que fulanito había tenido diarrea a medianoche, que el marido había prometido no tomar más, que lo mejor para el dolor de cabeza era ponerse en las sienes dos torrejas de papa, que el español de la esquina había vuelto a subir el precio del café. Y a mí me parecían ¡mujeres tan aburridas!... Les faltaba color, sustancia, salero, pasión ¡por la mierda!, siempre atadas a la casa y pendientes del marido... ¡presas!... ¡encadenadas! Porque yo pensaba y aún pienso que ni siquiera se les ocurría imaginar viajes, amantes o cualquier cosa interesante que las salvara, aunque fuera a través de la pura fantasía, de esa vida tan opaca... ¡tan limitada, por la puta!... Sin matices ni color. Y por eso desde muy, pero muy chica, tuve la impresión de que las rodeaba una mortaja horrendamente gris... ¡Para qué hablar de las monjas!... las pobres , tan buenas ellas, pero ¡taaan aburridas también! Se lo pasaban rezando en los recreos, paseando por el patio con sus rosarios y sus hábitos negros y cuando se reían fuerte por algo divertido, lo hacían como si estuvieran cometiendo un pecado... para mí que las pobres creían que debían sonreír apenas, igual que las santas de las estampitas que nos regalaban cuando sacábamos una buena nota, con la mirada elevada hacia el cielo y el asomo de una sonrisa... Y en cuanto a las putas del barrio que sí siempre andaban vestidas con colores vistosos, yo sentía que en el fondo acarreaban un cadáver sangrante y maloliente... no sé por qué se me formó esa imagen en la mente, no me pregunten por qué, pero desde el primer día que las vi, tuve esa impresión. No voy a negar, claro, que me impactaron las caras llenas de polvos y coloretes, los ojos renegridos y los labios repintados, pero en ellas latía, por decirlo de alguna manera, algo trágico con olor a muerte... y después, cuando las oí hablar, aunque a los seis años poco sabía de blasfemias y groserías, el puro tono de sus voces me sonó sucio y pestilente.

Arminda, Lola... Ellas marcaron mi ruta, esta ruta tan cierta del cuerpo, tan clara y sin error alguno... pero el cuerpo es apenas un umbral, eso lo sabemos todas... más allá está el camino inseguro e incierto de vivir sufriendo los embates de ser mujer... porque este mundo, aunque nadie se atreva a decirlo, está hecho a la medida y únicamente a la medida de los hombres.

De un anochecer a otro, Carmen empezó a ser mujer. Rumores nocturnos desanudaban corrientes ocultas, meandros de humedad desconocida. Una noche, cuando estaba a punto de sumergirse en el sueño, sintió un leve escozor debajo del brazo izquierdo y al palparse la axila, notó los vellos que estaban naciendo allí. Recordó, entonces, aquella mata oscura de las axilas de su madre cuando hacía demasiado calor y se ponía blusas sin mangas debajo del delantal. Y sin saber por qué, no despertó a Aurora para contárselo y se quedó muy quieta en la cama rozando en secreto aquella novedad de su cuerpo. Durante el día, a escondidas levantaba los brazos frente al espejo y descubría que la piel lentamente se iba poblando de otros vellos sombríos y sedosos. Y a oscuras empezó a tocar su cuerpo con una curiosidad ansiosa que le aceleraba la respiración. Las tetillas diminutas fueron abultándose como pistilos, como pequeños frutos suaves y vigorosos, blandos y firmes cuando los tomaba entre sus manos. Las caderas también empezaron a abultarse y por eso se le ocurrió que todo su cuerpo era el aposento de una luna que no cesaba de hincharse. El monte liso del pubis floreció en una maraña que se espesaba hasta convertirse en una comarca de lana tibia. Mientras Aurora dormía plácidamente a su lado, ella vivía el rumor de su sangre, de las hormonas peregrinando por todo el cuerpo. Ella no sabía que los ovarios, dos esferas del tamaño de una ciruela pequeña cubiertas por una túnica, yacían en el útero; y que en ellos se cobijaba el óvulo con su corona radiata a punto de romperse y descender por su ruta teñida de rojo radiante. Más allá, en otro recodo de su cuerpo, otras glándulas, no más grandes que una arveja, desde los dos costados de la vagina, secretarían su materia lechosa. Y un día cualquiera aparecieron manchas blancas en su calzón como pétalos de una camelia en miniatura. Presintió entonces la llegada de aquella sangre que la convertiría en mujer, la misma sangre que Olinda, su hermana mayor, restregaba con jabón de los pedazos de toalla guardados bajo el colchón. "Ya está por bajar", se dijo contenta, y cuando una tarde descubrió su orina enrojecida, permaneció un largo rato sentada en el inodoro para contemplar aquellas gotas que, sin aviso alguno, se expandían lentamente en el agua hasta perder su color. "Es la ley", se dijo, "es la ley del rostro femenino de Dios." Y, poniéndose de pie, se miró entera y los contornos redondeados de su cuerpo le parecieron ahora hechos para el amor.

Se cumplía el decreto sagrado. Era mujer. Era mujer de útero y pechos generosos para nutrir a los recién nacidos y a los por nacer en el único reino de este mundo: el de las germinaciones incesantes (de yerbas y arbustos tocados por las abejas, de cachorros mamando leche bajo el sol y la luna, de minúsculas amebas latiendo en el fondo del mar).

¡Ay si supieran cómo me gustaban los tangos en aquella época! "Mama, yo quiero un novio / que sea milonguero / guapo y compadrón", cantaba a viva voz antes de salir a la calle a entregar las viandas que mamá preparaba para los pensionistas de afuera. "Hombre, yo no sé por qué te quiero", entonaba bajito en el tranvía, "y te tengo amor sincero"... Es que sentía que el tango, y a lo mejor esto les va a parecer extraño, era mi cuerpo hecho canción, mi cuerpo que hablaba a través de tantos deseos e ilusiones. De sueños que compartía con Aurora, quien me escuchaba muy seria asintiendo, confirmándome que lo más hermoso que podía existir en el mundo era el amor.

Con Olinda, sin embargo, nunca me atreví a hablar de esas cosas... Ella siempre tuvo para mí una aureola de seriedad y muchas veces, mientras estaba costureando, se quedaba con la aguja en alto y la mirada perdida como si no perteneciera a este mundo. Tal vez, muy dentro de su alma presentía su destino... Olinda era la más bella de todas nosotras y al verla desdoblando las telas que le traían sus clientas, me parecía una virgen a punto de ponerse el manto que daría a su rostro resplandores celestiales. Todos los días, después de almuerzo, se dedicaba a diseñar los modelos en papel mantequilla y sobre la mesa del comedor cortaba faldas y pretinas, blusas de escote redondo y en punta, mangas y vuelos, que luego se ponía a hilvanar antes de sentarse frente a la máquina de coser. Olinda era una verdadera artista y le bastaba echar sólo una ojeada a un vestido en una revista para confeccionar una réplica perfecta aprovechando cada centímetro de la tela. Y a mí me fascinaba ese mundo de hilos y lentejuelas multicolores, de alfileres brillando como minúsculos soles de plata en las almohadillas de terciopelo negro de sedas y percalas que ella convertía en ropa flamante. Cuidadosamente prendía el corte de género a los patrones de papel que hacían de la mesa un boceto siempre diferente. Tijera en mano, era una misteriosa demiurga pronta a iniciar su creación... Mordiéndose el labio inferior, daba el primer corte que resonaba en la cubierta de la mesa, hacía una breve pausa y seguía haciendo funcionar las hojas de acero ahora convertidas en un relámpago que atravesaba curvas y líneas rectas a ritmo veloz. "Ya está", decía con una sonrisa satisfecha y con un gesto de alegre complicidad me daba los retazos de la tela para que yo confeccionara rosas y cinturones, pañuelos pequeños para adornar algún bolsillo, botones redondos o cuadrados que servían de nuevos ojos para alguna estampa pegada en la pared. Y si por casualidad sobraban pedazos más grandes, los guardaba con la esperanza de que en febrero mi papá anduviera de buen ánimo y nos diera permiso para disfrazarnos en el próximo carnaval. "¡Por Dios, no te enfades!", Olinda me reprendió una tarde cuando no lograba rematar una punta de género con la cruceta doble. "Cada tela tiene su propia energía y uno debe avenirse a ella y tratarla con cariño", agregó como una sabia maestra. Y eso era ella en el fondo para mí, una maestra dulce por quien sentía respeto y admiración.

En cambio Aurora, con sus ojos muy grandes y su cuerpo menudo, era una prolongación de mí misma, como si en las entrañas de mamá hubiera quedado una partícula mía que volvió a gestarse seis años después. Hablarle era como hacerlo conmigo misma y teníamos sensaciones muy semejantes frente a todo lo que oíamos y veíamos. Tomadas de la mano en la oscuridad del cinematógrafo que quedaba a ocho cuadras de la casa, gritábamos juntas cuando los policías, garrote en mano, corrían tras los ladrones que acababan de asaltar un banco o Hoot Gibson y William Farnum, los fabulosos cowboys del oeste, cruzaban a todo galope por un desfiladero donde se escondían agazapados los indios con múltiples flechas... y literalmente nos quedábamos con el alma en un hilo cuando subiendo por las escaleras de un barco a medianoche aparecía el conde Drácula, ¡qué horrooor!, pálido y ojeroso bajo los acordes tenebrosos de la pianista, una señora de grandes ojos verdes que entraba al teatro en silencio cuando la película estaba por empezar e iba poniendo desde abajo del telón el sonido preciso para cada escena muda. Juntas descubrimos que entre un hombre y una mujer podía surgir una electrizante atracción que hacía que ambos se miraran a los ojos por largo rato, como si estuvieran absorbiéndose poco a poco. Ella en un diván, con una larga boquilla en la mano elevaba los ojos hacia él, quien lentamente se inclinaba sin dejar de mirarla hasta quedar a unos escasos centímetros de su rostro y con un movimiento viril le quitaba la boquilla, la arrojaba al suelo, y tomándola de la nuca la besaba en la boca... entonces quedaban prendidos de los labios como si el tiempo se hubiera detenido y nosotras sofocábamos un suspiro hasta que el ecrán empezaba a oscurecerse.

Y fue el tango el que nos hizo darnos cuenta de que un amor apasionado también podía pertenecer a la realidad. Una tarde, de vuelta de la matiné, pasamos al centro a comprarnos un helado y para hacer un recorrido diferente tomamos uno de los callejones que corrían al costado de la estación. De lejos se oía la música de un bandoneón como un río profundo que crecía a medida que nos acercábamos a un restaurante llamado Cafetín de Buenos Aires en el cual se anunciaban bailes y música en vivo desde las cinco de la tarde. Curiosas miramos por la ventana y vimos a una pareja que bailaba en la pista. Él se mantenía quieto enlazándola firmemente por la cintura mientras ella hacía culebrear las piernas hacia atrás y hacia adelante como incitándolo a un juego febril; entonces, ante el resuello largo del bandoneón, la bailarina se detuvo anhelante y él, tras un breve taconeo y sin dejar de sostenerla, giró por la pista a la velocidad de un abejorro enloquecido y la elevó para dejarla resbalar por su torso y muslos, como una serpiente que desciende por un tronco; para después, brioso, volverla a tomar por la cintura, guiarla a la derecha con pasos arrastrados e inclinarla hacia atrás quedando la mujer con una pierna en el aire y recibiendo en su rostro el aliento de él, ahora doblado sobre ella mientras el ala del sombrero arrojaba una sombra sobre sus mejillas.

Fue en ese instante cuando nos vio uno de los mozos y enfadado nos indicó con las manos que nos fuéramos.

—Justo cuando se iban a dar un beso, ¿verdad Carmen? —dijo Aurora.

—Sí y ¡quizás cuántas cosas más! —repliqué porque a través de los años, con frases sueltas escuchadas en la casa y en la calle, había ido armando los retazos de una historia que para algunos parecía tener visos de pecado mientras que para otros era motivo de chiste o el milagro del nacimiento de los hijos.

Pero era su propio cuerpo el que le enviaba pistas para completar esa historia. Antes de quedarse dormida se imaginaba abrazada al cuello de un hombre que la sostenía firme por la cintura y le daba un largo beso, y llena de una emoción que le aligeraba el corazón, Carmen apoyaba los labios en la almohada y sentía un sordo clamor en la vagina que ella acallaba con la palma de la mano hasta caer en un dulce letargo. Una noche soñó que cabalgaba en un brioso caballo blanco, veloz cruzaba una inmensa pradera y mientras el viento le azotaba los cabellos, ella se aferraba con sus muslos al animal y una corriente imprecisa la recorría entera. Despertó con una sensación de gozo nunca antes experimentada. "¡Ah!", se dijo, "los hijos son también frutos del placer", y sonrió feliz. Ahora el amor adquiría un significado profundo unido a la alegría de cantar y reír, de hundir la mirada en el follaje espeso de los árboles presintiendo la energía oculta del agua y la tierra. Con la esperanza de que ese día encontraría el amor, Carmen se vestía con esmero eligiendo el cinturón que realzara las curvas de su cuerpo, rebajando un poco el escote, ajustando levemente la falda en las caderas… Con una cuchara de té de bordes afilados por los muchos años de uso, se encrespaba las pestañas y después de extender con la esponja una capa de polvos faciales por la cara y la garganta, se delineaba las cejas con un lápiz negro y cuidadosamente se pintaba los labios rojo fresa resistiendo la tentación de dibujarse un lunar cerca de la boca para parecerse a Zelda, la amazona de la película, porque según sus padres eran sólo las mujeres escandalosas las que andaban luciendo lunares… entonces lo hacía a escondidas en el paradero del tranvía.

"Eeera… en el barrio malevo una flor", entonaba en un susurro mientras ayudaba a las clientas a probarse sombreros y ellas, regocijadas por su voz, le pedían que cantara más fuerte. "¡Qué menina con talento! Tiene la garganta del más puro manantial… Tú, niña, deberías ser artista", le decían en el tono típico de las mujeres ricas cuando le hablan a una criada sin otro futuro que serlo toda la vida. Y ella entonces evocaba el cuarto de los sombreros, aquel resquicio que le permitía ser artista delante de un público imaginario, formado por una hilera de sombreros sobre la cabeza sin rostro de los maniquíes.

"¡Es que nunca va a haber plata en esta casa!", seguía reclamando el padre malhumorado y su madre sabiamente respondía: "Así es, José María, a medida que crecen los hijos, van creciendo los gastos…"

A los pensionistas ahora se agregaban las clientas de Olinda, un tropel de mujeres que impregnaba la casa de olor a colonia y transpiración cuando se quedaban en enaguas para que ella les probara la ropa. No paraban de hablar mientras Olinda, con una hilera de alfileres entre los labios, medía ruedos, recortaba cizas y pegaba faldones. Pero, pese a que se quedaba hasta la medianoche haciendo sus costuras, el presupuesto seguía siendo mínimo y el sueldo de Carmen en la tienda de sombreros apenas le alcanzaba para sus gastos que incluían, como un verdadero lujo, las entradas para el cine del domingo.

Una tarde, la otra vendedora mencionó de paso que se iba a abrir una tienda de corbatas dos cuadras más allá y ella, sin pensarlo dos veces, pasó a solicitar trabajo en cuanto se inauguró. El dueño le ofreció cincuenta centavos más por hora y ella rápidamente los multiplicó por cuarenta calculando que su sueldo semanal subiría de manera considerable.

−¡Perfecto! −exclamó entusiasmada.

−¿Cuándo desea que empiece a trabajar? −inquirió enseguida en un tono dulce y brindándole la mejor de sus sonrisas.

−El lunes próximo −respondió el dueño. Y mirándola detenidamente agregó−: A esta tienda, claro, vienen más que nada hombres y usted es muy joven y atractiva… Sépalo, desde este preciso minuto, este trabajo requiere la mayor seriedad sin dejar nunca de ser amable, por supuesto. Así es que le prohíbo estrictamente hacer caso a los piropos de los clientes.

Allí, entre lunares, triángulos y listas entretejidas en el raso y la seda, tuvo por primera vez la experiencia de sentirse deseada. Los clientes que llegaban a la tienda eran todos hombres elegantes que la elogiaban con el recato de la gente bien. "Yo vendría todos los días a comprar una nueva corbata, nada más que por verla a usted, señorita", le había dicho el primero a quien le tocó atender; era un señor de edad, alto y distinguido, y al verlo salir apoyado en su fino bastón, pensó en Arminda. Después de que había desaparecido del barrio, durante mucho tiempo había corrido la voz de que el capitán de un barco muy lujoso se había enamorado perdidamente de ella y se la había llevado a Estocolmo donde ahora era una gran dama, otros decían que la última vez se la había visto caminando al lado de un joven de piel oscura y grandes ojos verdes con quien había viajado a Roma, donde ella dirigía, como una verdadera reina, el prostíbulo más elegante de toda la ciudad en un palacete rodeado de jardines en que florecían grandes camelias de rojo encendido y que cuando Arminda salía a caminar entre los arbustos al caer la tarde, la gente se detenía para contemplarla desde la distancia... "Y aunque ninguno se enamore de mí, basta con que me miren", reflexionó al cumplir una semana en su nuevo trabajo pues los ojos de todos esos hombres se habían convertido en un nuevo y valioso aval que le producía una alegría inusitada. Mientras desplegaba una media docena de corbatas sobre el mostrador, Carmen sentía la mirada sutilmente fogosa de ellos sobre su rostro y hombros, sobre la línea perfecta de la boca y, muchas veces notó que algún cliente, en vez de mirar la mercadería que ella le estaba ofreciendo, echaba una rápida y punzante ojeada a sus pechos. Es más, al darse vuelta para sacar otras corbatas, intuía la fuerza de esos ojos en los contornos armoniosos de la espalda, en su cintura breve y en las caderas. Entonces, a propósito se demoraba, especialmente si había tenido que usar el piso de tres escaños porque la deleitaba que en su cuerpo resonara la energía del deseo. Y ahora frente al espejo ya no estaba sola; su imagen, en vez de fundirse con ella misma, había adquirido las dimensiones de un ícono que Carmen miraba como si la estuviesen viendo otros, todos aquellos hombres jóvenes y viejos que pasarían por la tienda.

Fue a través de ellos que tomó conciencia de su poder de seducción e imitando a las actrices del cine, empezó a caminar con un contoneo cadencioso que la hacía apoyar todo el peso del cuerpo en los tacones y como las tantas vampiresas vistas en el único biógrafo de su barrio, Carmen enarcaba una ceja o hacía un breve guiño mirando a los clientes a los ojos al sugerirles una corbata y cuando le decían un piropo, reía en un bajo gorjeo coqueto para que don Fernando sentado en la caja no percibiera lo que estaba pasando.

Aquella mañana, el dueño la había dejado a cargo de todo para salir a hacer unas diligencias en el banco. Estaba a punto de sacar la merienda que traía de casa cuando un poco ofuscado por el calor, entró un hombre joven de ojos muy negros y figura atlética.

–Señorita, ¿me muestra la corbata azul con lunares blancos que tiene en vitrina, por favor?

–¡Encantada! –le respondió–. Ese modelo también viene con lunares rojos, lunares verdes y lunares amarillos. ¿Se los muestro todos?

–No. Azul con amarillo o con verde es una combinación más bien fea –comentó mirándola por primera vez e instantáneamente se le iluminó la cara con una sonrisa, titubeó sin dejar de mirarla y haciendo un gesto gracioso con las manos, exclamó–: ¡Bueno! Muéstreme todos los modelos que tenga en ese estilo.

–¡Qué rápido cambia de parecer! –dijo Carmen riendo.

–Y así somos los hombres cuando encontramos a una muchacha tan hermosa –replicó él haciéndole una pequeña venia.

Su cuerpo era fuerte y musculoso, pero irradiaba gentileza y en su voz había algo dulce y envolvente que a ella le evocó el sabor de la miel de palma y el melao de caña. Al tomar una de las corbatas, involuntariamente rozó su mano y Carmen sintió que un revolotear de mariposas recorría todo su cuerpo y le producía un rápido vuelco en el corazón. Nerviosa sonrió y él mirándola a los ojos le hizo saber, sin palabras, que aquella sensación había sido mutua. Carraspeó y no prestando atención ya a las corbatas, le preguntó su nombre y dónde vivía, inquirió acerca de su familia y de paso hizo comentarios sobre la suya; con entusiasmo, le contó que su equipo había sido campeón en el último torneo de regatas y después de prolongar la conversación refiriéndose al tiempo, el tráfico y el nuevo edificio que estaban construyendo a dos cuadras de allí, se acercó un poco por encima del mostrador y le dijo casi en un susurro:

–¿Le gustaría ir al cine conmigo? La puedo invitar, ¿sí?

–¡Claro que sí! –respondió ella con cierto desplante porque aquel muchacho tan fuerte y tan buenmozo le transmitía seguridad–. Para mí y Aurora ir al cine los domingos es como ir a misa, o sea, un sagrado deber —agregó sonriendo y los ojos de él se volvieron a iluminar.

—Ustedes van al Cervantes, claro, que es el que les queda más cerca de la casa. ¿Qué le parece que nos juntemos a las dos de la tarde? Así nos da tiempo para pasar por la confitería y comprar algunos bombones para su hermanita menor... Bueno, ahora tengo que irme porque estoy muy, pero muy atrasado... Nos vemos el domingo —dijo despidiéndose.

—¿Y no va a comprar ninguna corbata? —Carmen le preguntó cuando él ya iba cruzando la puerta.

—¡Verdad! ¡Se me había olvidado! —exclamó sorprendido—. Y la necesito para mañana... Usted elíjame una y así la llevaré siempre conmigo...

Para no atrasarlo más, le entregó la corbata en un empaque sencillo, sin el papel de colores y la cinta blanca, y él salió tan apresurado que casi tropezó con el letrero que anunciaba las ofertas del mes.

Carmen se quedó pensativa por unos minutos y de pronto la inundó un vendaval de dicha y de ventura que jamás había sentido, como si Mario la hubiera hecho entrar a otra constelación desde la cual el mundo entero se transformaba en los resplandores de una alborada. (Eso y mucho, muchísimo más... ¡es muy poco lo que pueden decir las palabras!, sobre todo cuando se trata del primer amor.) Las paredes de la tienda, las cajas de las corbatas y hasta el adusto don Fernando adquirieron una mágica aureola de felicidad y mientras se encaminaba hasta la esquina para tomar el tranvía, le pareció que todos los transeúntes andaban alegres, como si milagrosamente el fulgor del sol poniéndose en el horizonte les estuviera arrebolando el alma... (Sí. Pero, ¿cómo se pueden describir tantas otras cosas que me estaban pasando? Aquí en el pecho, el corazón latía como si fuera a desbordarse, como si una fuerza inaudita lo estuviera haciendo crecer y ya no me cupiera en el cuerpo... o tal vez, esa sensación de ansiedad no tuviera nada que ver con el corazón sino con ese nuevo modo de respirar, rápido y agitado mientras sin saber por qué de repente bajaba un largo suspiro... ¡Qué sé yo!... Nada de lo que uno vive cuando aparece el amor cabe en ningún decir, ni siquiera en el de los poetas...)

Tres noches seguidas le repitió a Aurora cada detalle de su encuentro con Mario y el día sábado doña María Emilia, molesta por tanta risa secreta, las reprendió:

—¡Basta ya de cuchicheos, niñas! ¡Me tienen harta! Carmen, apúrate con la limpieza y tú, Aurora, déjate de rondar a tu hermana y ponte a ordenar aquel dormitorio... Yo no sé qué les pasa, pero andan como encandiladas... parecen polillas volando alrededor de una ampolleta encendida.

Aquella tarde, sentada entre Mario y Aurora, apenas prestó atención a la película. Ante sus ojos distraídos, veía pasar a Chaplin de tongo y chaqueta corta enarbolando un bastón que de poco le servía cuando, dando un traspié, caía de espaldas en el suelo. Una muchacha ciega vendía flores en una esquina frente a una majestuosa mansión y por sus mejillas corrían gruesas lágrimas al mostrar dos míseras monedas en la palma de la mano. Aurora miraba a Carmen de reojo y disimuladamente le hacía un gesto con los cinco dedos en alto indicándole que Mario, en la clave que habían compartido desde pequeñas, era óptimo y arrebatador. De manera casi imperceptible, los brazos de ambos se fueron acercando y ella se sumergió en una sensación de ardor y bienestar desconocida. (Sí, porque era otro tipo de cercanía que me apaciguaba y encendía al mismo tiempo.)

Como todos los domingos, después del cine fueron a dar un paseo por el parque y Mario las acompañó. Aurora, feliz con esta nueva complicidad de hermanas, se adelantaba para dejarlos conversar solos y, de vez en cuando, se daba vuelta y les sonreía con un aire de picardía.

Cuando llegó la hora de despedirse, Mario le retuvo la mano y muy serio le hizo prometer que se volverían a juntar en la puerta del Cervantes el domingo próximo y a la misma hora.

No habían caminado más de una cuadra cuando oyeron que alguien se acercaba corriendo. Era Mario quien, tratando de recuperar el aliento y haciéndola retirarse un poco hacia la pared, le habló ansioso:

—Carmen... Carmen... Necesito decirte algo —dijo agitado.

Aurora, haciéndose la desentendida, se puso a abrochar un zapato mientras canturreaba en voz baja y los miraba por el rabillo del ojo.

—Quiero ser tu novio —declaró con un tono firme.

—Pero si apenas nos conocemos...

—Para amar no se necesita conocer nada, Carminha mía —afirmó acariciándole el mentón.

—Es que mi papá es terrible —replicó ella con miedo al recordar esa ola de violencia que lo hacía gritar y dar golpes furibundos sobre los muebles o algún miembro de la familia.

—No te preocupes. Yo hablaré con él y le pediré permiso —le aseguró Mario infundiendo a sus palabras un acento de formalidad.

—¡No! ¡Te va a decir que no y va a crear un escándalo! —protestó ella.

—¡Qué va! No podrá oponerse porque ya vas a cumplir los diecisiete años y todo lo que está ocurriendo entre tú y yo es natural. Así nos hizo Dios y tu padre lo sabe...

En cuanto encontró un momento oportuno, le contó todo a doña María Emilia, quien la escuchó con un dejo tierno en la mirada.

—Parece un buen muchacho —declaró ella— y si se dedica a los deportes, eso significa que no tiene vicios... No te preocupes, hijita. De a poco iré preparando a tu padre. Dile a ese enamorado tuyo que venga en unas tres semanas más... Este hombre siempre ha sido demasiado protector de sus hijas y va a tomar tiempo convencerlo. Mientras tanto, no vayas, por ningún motivo, a cometer una indiscreción. Carmen, ya sé lo voluntariosa que eres, siempre te gusta salir con la tuya... Pueden seguir viéndose los domingos con la compañía de Aurora, por supuesto, pero en cuanto se acabe la película, se despiden ahí en la puerta del biógrafo y ¡ya está!, hasta el otro domingo... si no, ¡te puede ver una vecina y le va a venir con el cuento a tu padre, quien es capaz de matarte a correazos!

Pero el amor de ellos era una fuerza acuciante que los impulsaba a verse todos los días. (Verse aunque fuera por unos minutos para seguir viviendo, eso sentíamos... Porque en el entramado del amor, la persona amada es también el pan y la luz... ¡todo lo que nos nutre y alimenta!) A mediodía, Mario salía corriendo de su trabajo, a empellones lograba subirse en el único trolley que pasaba a esa hora y llegaba anhelante hasta la tienda. Tenía cinco minutos exactos para quedarse frente a la vitrina y desde allí ver a Carmen quien, pendiente de que don Fernando no se diera cuenta de nada, fingía echar un distraído vistazo a la calle. (Sinceramente, no hay palabra alguna que pueda describir la felicidad que sentía al verlo aparecer... era una excitación que me agitaba de pies a cabeza y, al mismo tiempo, entraba en una muelle sensación de armonía porque ni el mundo ni yo estábamos completos hasta que mis ojos no vieran su figura tan apuesta, sus ojos que me contemplaban con embeleso.) Y a las siete de la tarde, la esperaba dos esquinas más allá de la tienda para viajar con ella en el tranvía. (Entre tantos pasajeros, vivíamos la liturgia ardorosa de tomarnos de la mano manteniendo nuestros hombros muy juntos. En el largo trayecto, siempre alguien corpulento pedía permiso para pasar y Mario se ponía detrás de mí y apoyaba todo su cuerpo cubriéndome entera y entre mis muslos latía una bocanada de fuego. ¡Eso era, una bocanada de fuego!) Carmen se bajaba sola y él seguía hasta el próximo paradero para salir corriendo tras el tranvía en dirección contraria.

Cuando finalmente Mario pudo visitar la casa, don José María adoptó una actitud solemne, saboreando secretamente su posición de poder. Escuchó muy serio las palabras de Mario, enseguida le hizo una serie de preguntas acerca de su familia y su futuro y después de una larga pausa, estipuló:

—Tiene mi permiso y autorización. Se ve que usted es un muchacho decente y con buenas intenciones. Tendrán sí que seguir mis órdenes al pie de la letra... Puede venir a verla y conversar con ella en la puerta de la casa, pero a las diez de la noche en punto, deben despedirse. Ni un solo minuto más, joven, recuérdelo bien.

Desde ese día la puerta de la casa fue el silencioso escenario de palabras, risas y miradas mientras pasaba la gente y bastaba un minuto en que la calle se quedara desierta para que él, abrazándola, la llenara de besos. (Aún hoy, esa puerta aparece en mis sueños, tenía las molduras gastadas y alrededor de la manilla, las vetas de la madera se habían oscurecido. Esa puerta era el albergue de nuestras caricias y también algo así como el espía de papá porque... ¡Cada vez que Mario me daba besos impetuosos, la aldaba de bronce empezaba a hacer ruido!... Allí, contra esa puerta se apoyaba mi cuerpo cuando él me besaba y aún hoy, en este ahora tan lleno de otras noches, resuena ese breve tintineo en mis oídos, como las olas de un mar quieto que inesperadamente hacen sonar las columnas de algún malecón bajo la luna... Así me lo imagino y poco a poco me voy hundiendo en el sueño.

Otros hombres vinieron después, otros, pero fue Mario quien me hizo, sí, me hizo con sus ojos y sus manos. Nunca dejó de mirarme con un fervor que a mí me hacía sentir bella y segura frente al mundo y sus manos eran como insectos celestiales que transformaban mi cuerpo en un órgano de resonancias y bemoles increíbles... ésa era la única imagen que venía a mi mente cuando, ya acostada, me regocijaba recordando cada detalle de lo que habíamos hecho y nos habíamos dicho... en las misas de Domingo de Gloria, allá en el barrio de Lapa, siempre el organista tocaba una música exaltada, tierna y alegre para celebrar la resurrección de Jesucristo y para mí los clamores de mi cuerpo sólo podían compararse con esos acordes.)

—Cántame, mi vida. Cántame aquí cerquita de mi oído —le pedía Mario y ella, entre una multitud de besos, entonaba un tango.

(Igual que en la letra de "Milonguera", un tango que cantaba Carlos Gardel, Mario fue en mi vida el novio enamorado que luchaba por darme un buen hogar y nunca dejó de tenerme en un santo altar... aunque nuestros cuerpos se oponían vigorosos a los absurdos cánones de la virginidad. Noche a noche, nuestra pasión se acrecentaba y vivíamos la tortura de tener que reprimirnos, como si fuéramos una tropa de caballos maniatados. "Casémonos", lo urgía yo cuando abrazándome recio y entre hondos suspiros, apoyaba su miembro erecto en mí y nos dábamos besos largos y húmedos mientras nos enredábamos en un torbellino de roces y ardientes balanceos... Pero él, después de apartarse, se pasaba la mano por el pelo despeinado y decía en un tono triste, "Aún no podemos, mi amor. Tenemos que tener paciencia y seguir juntando el poco de plata que nos queda cada mes".)

Para casarse pronto con Mario, empezó a confeccionar sombreros en sus ratos libres y, en menos de tres meses, ya tenía una flamante clientela. Sus dedos expertos creaban originales y bellos diseños y Carmen, con energía inusitada, enhebraba ilusiones junto con las puntadas prolijas a las cintas, rosetas, velos y tules.

—¡Podríamos ganar tanto si tú y yo pusiéramos una tienda en el centro! —le repetía constantemente a su hermana. ¡Tú, la ropa, y yo, los sombreros! Allá se pueden cobrar mejores precios que nos dejarían... ¡unas ganancias estupendas!

Olinda la miraba en silencio, como si estuviera hablando de las quimeras de otro mundo.

—¡Dime tú que no! —insistía Carmen tratando de entusiasmarla. Ahí sí que nos llenaríamos los bolsillos de tostones,* toneladas de tostones para construir un imperio de reales... Y nosotras dos nos convertiríamos en verdaderas emperatrices —agregaba desplegando teatralmente una ufana reverencia.

Mas Olinda se limitaba a sonreír con un rictus de tristeza.

—¡No seas tan escéptica! ¡Tan esceptiquísima! —protestaba—. ¡Por Dios, hermana! ¡Plata es lo que necesitamos! Y escucha bien, la plata es el único sinónimo que existe en este mundo para la libertad.

Esto último lo decía a propósito porque Olinda, siempre tan obediente y sumisa, aceptaba con un dolor punzante la estricta orden de su padre de no ver a Andrés, un muchacho del barrio. "Esa pobre ave tiene sangre de negro en sus venas y a mi familia no entra ninguna ralea infamante", había dicho dando un vigoroso golpe sobre la mesa que hizo saltar platos y cucharas. "Para colmo es pobre como una rata y adicto al alcohol. ¡Va a terminar su vida como un borracho miserable tirado en la calle!"

Doña María Emilia compartía plenamente la opinión de su marido y no dejaba un solo instante de vigilar los pasos de su hija mayor.

—Lo estamos haciendo por tu bien, Olinda. Ese tipo no te conviene —le repetía haciéndole cariño—. El tiempo todo lo cura y a ti

* Moneda portuguesa de plata.

con el tiempo se te va a pasar este amor tan grande que te ha entrado por ese muchachón.

Sin embargo, el paso del tiempo intensificaba aún más su amor hacia Andrés, de quien recibía notas amorosas que le entregaba en secreto y entre las páginas de una revista doña Paula, una señora gorda y jovial que pasaba todas las semanas por la casa con el pretexto de venir a mostrarle los modelos más recientes. Las mejillas de Olinda empezaron a palidecer y a la hora de la cena, esbozando una sonrisa de tímida disculpa, dejaba gran parte de la comida en el plato y se levantaba de la mesa para dirigirse a su máquina de coser. Con la espalda inclinada sobre la costura o la mirada opaca en el vacío, su hermana ahora le parecía a Carmen una virgen en pleno martirio.

(¡Mi pobre hermana y ese designio de infortunio que nunca la abandonó! En su vida el dolor fue una grieta que cruzó todos los caminos porque así es el destino, creo yo, una vía trazada sobre múltiples senderos paralelos, divergentes, entrecruzados... Red y laberinto, eso es la vida y en el momento más inesperado empieza a abrirse la grieta, esa línea que con la fuerza de un huracán nos arrastra para que cumplamos nuestro destino. Lo juro, nunca pensé que el mío estaba en el canto... a las clientas y a la gente del barrio les gustaba cómo cantaba y muchas veces me invitaban a las fiestas para que las animara con unas cuatro o cinco canciones... Fue en una de ellas, ¡y por pura casualidad, claro!, donde me conoció don Aníbal Duarte, un diputado de Bahía a quien un día se le ocurrió organizar un festival en el Instituto Nacional de Música para recaudar fondos y hacer obras de caridad. A cargo de la parte artística puso a Josué de Barros, guitarrista y compositor... fue por mano suya que se delineó el umbral de mi verdadero destino.)

—Josué, conozco a una muchacha que canta muy bien y me gustaría que la escucharas —comentó una tarde don Aníbal—. A lo mejor podría actuar en el festival...

—Dígale que vaya el viernes a las ocho de la noche a la relojería allá en los bajos de la Galería Cruzeiro y la estaré esperando con mi guitarra —contestó entusiasmado porque en su tan querido oficio de la música, siempre se vivía la expectativa de un nuevo talento.

("Y ahí en la puerta de la relojería, vi aparecer a esta muchacha de porte pequeño que me saludó un poco tímida. Afiné la guitarra por unos minutos y al darle la señal, se puso a cantar un tango... Me acuerdo de que el segundo tango que cantó era ése que dice 'Garufa, ¡pucha que sos divertido!' y tomando confianza sonreía y movía las manos con mucha gracia... 'Cante ahora algo brasileño', le pedí, porque en su voz y sus manos, en su sonrisa y ese pequeño lucero que se le ponía en los ojos, intuí la samba... Ella entonces empezó a cantar 'Llora, guitarra' que ya había grabado Araci Cortez, pero esta muchachita que aún no había cumplido los veinte años, hacía una versión tan diferente, tan peculiarmente diferente, que me emocionó... 'Señor, es maravilloso como usted me ha acompañado con su guitarra', me dijo cuando terminé con la última nota, 'realmente maravilloso'. Y yo mirándola con la cara llena de risa, le respondí: '¡Y cómo no! ¿No sabe que quien escribió la letra y la música de esa canción fui yo?'.")

Juntos estallaron en una carcajada y se sintieron amigos desde siempre.

—Tu voz, niña, es un diamante y de los finos, pero necesita pulirse —le dijo Josué muy serio. Si quieres, yo te puedo enseñar algunas cosas importantes.

Durante cinco meses, él le impartió lecciones sin abandonar jamás su tono dulce de hermano mayor. Le enseñó cómo impostar la voz y regular la respiración desde el diafragma haciéndola repetir una y otra vez ejercicios que llenaban la relojería de trinos y bordoneos y después, minucioso, la instruyó para que aprendiera en qué momentos debía insertar breves pausas o acelerar el ritmo manejando diferentes tonos.

—¡Ya estás lista! —exclamó un día. ¡Ahora a grabar!

Y en un estudio pequeño grabó "No va Simbora" y "Si la samba es moda", pendiente de la cara de Josué, quien le hacía gestos de aprobación mientras la acompañaba con su guitarra.

—¿Cuál dijo que era su nombre? —le preguntó el director.

—María do Carmo Miranda da Cunha —respondió como cuando las monjitas de Santa Teresa la hacían recitar su nombre completo.

—¡Demasiado largo para la etiqueta de un disco! —exclamó él. Y fue recién en ese momento cuando Carmen se dio cuenta de que su nombre circularía por tiendas y emisoras radiales.

—María do Carmo da Cunha quedaría bien —sugirió el ayudante.

—¡No! —se apresuró ella a decir. Mi papá se enteraría y él considera que las cantantes son mujeres de la vida... Póngame Carmen, Carmen Miranda.

Cuando a las dos semanas pasó por el estudio para escuchar la grabación, Carmen tuvo la sensación de estar viviendo un milagro. (¡Caramba! Esto sí que no lo podría explicar... nunca en mi vida he podido definirlo... Primero, ansiosa, uno espera que los técnicos terminen de hacer el disco y cuando por fin avisan que está listo, entra miedo, un miedo terrible... se llega al estudio tensa, preocupada porque, a pesar de haber ensayado tanto, puede haber desafinado en una nota o simplemente no haber creado el ímpetu, la emoción o la atmósfera que uno quería infundir en esa interpretación... Cuando la aguja, después de unos segundos que se hacen larguísimos, da a luz esa voz que ya no es propia sino del público, surge un alborozo, pero más que nada, y aquí faltan las palabras, una especie de orgullo, por así decirlo, aunque no es exactamente orgullo, pero en fin, un orgullo mezclado con alegría... y tampoco es alegría, no... más bien felicidad en el sentido más pleno que ustedes se puedan imaginar... la felicidad, creo yo, que debe haber experimentado Jehová cuando hizo el universo... les parecerá una exageración, yo sé, pero es lo único que se compara con ese momento único cuando en silencio y para uno misma exclama '¡Está fabuloso!... ¡y lo hice yo!'. Por eso pienso que los pintores siguen pintando aunque se mueran de hambre.")

Desde los surcos de aquella esfera negra que giraba lentamente, emergía su voz como el prodigio de un mago y Mario, con los ojos humedecidos por la emoción, le apretaba la mano mientras susurraba bajito, "Carminha, Carminha mía...".

Con el sueldo que le pagaron por grabar, compró una victrola y le explicó a don José María que se la habían vendido de ocasión. Y cuando él no estaba en la casa, su madre y el resto de la familia, llenos de regocijo y exclamaciones entrecortadas, se dedicaban a escuchar ese disco y el otro que muy pronto grabó.

—No podemos seguir ocultándole esto a tu padre —aseveró un día doña María Emilia. No está bien… Esta noche, cuando vuelva del trabajo, ponemos el disco donde grabaste "Doña Balbina", a él le va a gustar mucho esa canción y cuando termine el disco, entre todos le decimos que la que canta eres tú.

Iracundo, don José María se levantó de la mesa.

—¡Tú de cantora! ¡De mujer buscona y más encima cantando música de negros! ¡Pero qué disparate es éste! —gritó escandalizado y acercándose a Carmen le dirigió un puñete recio y vigoroso. Rápidamente doña María Emilia se interpuso y recibió el golpe en la cara. Aplacando el dolor con la palma de la mano y sacando una voz vigorosa, como nunca antes lo había hecho, exclamó:

—¡Óyelo bien, hombre! La voz de Carmen es un regalo de Dios, un don que Él le envía desde las alturas. Por eso es que está impregnada de tantos ángeles. ¡Escúchame bien! Oponerse a que cante es una afrenta a Dios… ¡Una verdadera afrenta a Diooos!

Atónito y sin poder creer que su mujer fuera capaz de hablarle con tanta autoridad, don José María se quedó mirándola con la boca abierta.

—Papá —dijo Carmen en un tono apaciguador. Me pagan doscientos reales por grabar una canción y ayer en la RCA me dieron un contrato escrito para grabar seis canciones más…

En silencio, don José María bajó la cabeza porque necesitaba reflexionar… ¿Era posible que Carmen en tres minutos ganara lo que él al término de dos semanas completas en las cuales había tenido que pasar de pie durante todo el santo día?… Le parecía increíble que su hija tan pequeña de estatura y tan parlanchina como un arroyo corriendo entre las peñas fuera capaz de tal hazaña, de traer riqueza a la casa igual que los navegantes cuando desembarcaban sus fabulosos tesoros en los puertos de Portugal…

II

"La samba es el destello que enciende el corazón"

En el impulso infatigable de un saber que también era codicia, los hombres aprendieron a descifrar el movimiento de las aguas, del viento y de las estrellas. Brújulas y astrolabios determinaron horizontes y distancias mientras la escuadra y el compás guiaron la mano del cartógrafo obstinado en dibujar la relación siempre caprichosa de la tierra y el mar que se abrazan y desabrazan formando estrechos y penínsulas, playas extensas y peligrosos canales.

"Los portugueses somos de Occidente y vamos buscando las tierras de Oriente", cantaban los navegantes cuando surcaban los mares con sus voces y quimeras. En la proa de sus sueños flameaban los rubíes de Ceylán y las telas de Bengala, los diamantes de Narsinga y las especias de Java. Cuando en Occidente aún no había corrido la noticia de que la tierra era redonda, ellos dieron una vuelta completa al Cabo de Bojador y descubrieron las islas de Cabo Verde y Santo Tomé. Así llegaron a las costas de África, a los reinos del Congo y de Benim. Y sólo cinco años después de que Colón pusiera pie en América, el glorioso Vasco de Gama navegó por el Cabo de Buena Esperanza y con su timón abrió la ambicionada ruta para la explotación del oro y del marfil.

Los intrépidos argonautas ignoraban en ese entonces que la mercancía más lucrativa no sería ni el oro ni las piedras preciosas sino aquellos nativos de piel oscura que salían en sus canoas para recibirlos con gestos amistosos y una sonrisa llena de candor.

Se iniciaba el siglo de los descubrimientos, expediciones y conquistas... Al paso de clérigos y soldados, se abrían las tierras americanas pródigas en metales, maderas, tabaco y azúcar... A millares morían los indígenas bajo la artillería de los invasores y de las pestes traídas desde Europa, viruelas, látigos y horcas que diezmaron los brazos para extraer tantas nuevas riquezas. Fue así como se inició la novel empresa del tráfico de esclavos cuyo monopolio perteneció en los primeros años a los portugueses y luego fue encarnizadamente disputado por españoles, ingleses, holandeses y franceses.

Empujados por los vientos de otoño y primavera avanzaban naos y urcas, carabelas y filibotes portando hacia las costas de África armas y bebidas alcohólicas, sebo, quincallería y cuentas de vidrio que se entregaban en trueque por aquellos hombres y mujeres, quienes ahora constituían la codiciada mercancía de la trata negrera.

En Europa, monarcas, banqueros y mercaderes se enriquecían gracias al tráfico de los cuerpos y en las costas africanas, el jefe o sova vendía prisioneros de guerra y a los que habían contraído deudas tan altas que ya eran impagables; y para obtener el mayor lucro posible, obligaba a sus mujeres a cometer adulterio para apresar a sus amantes y aumentar así el botín que vendería a los tangomaus y pombeiros, intermediarios que desplegaban una habilidad inusitada en las transacciones realizadas con aquellos hombres blancos de rostros cuarteados por la brisa marina.

Atados en una larga fila, los cuerpos comprados entraban en la factoría y allí permanecían durante meses hasta que se completara el número comercialmente estipulado para que la cargazón diera una ganancia que triplicara el capital invertido en las travesías. Presintiendo que los golpes y las cuerdas serían su único destino, muchos lloraban, otros enfurecidos o aterrados lanzaban alaridos forcejeando para liberarse hasta que los azotes de los guardias los dejaban exhaustos. Era entonces cuando de la multitud encadenada surgía un murmullo sagrado, aleteo de dioses que venían a darles consuelo y ellos entonces, al unísono, elevaban un largo canto. Haciendo chasquear la lengua, producían ritmos que semejaban la sinfonía sincopada de los bosques y los arroyos, y sus pies desnudos daban breves golpes sobre la tierra. Samba. Oración y súplica. Refrán que Eshu* se encargaría de llevar a los otros dioses en el firmamento. Samba...

En las bodegas y bajo la cubierta de las fragatas de carga, iban de seis en seis con argollas en los cuellos y de dos en dos enlazados por fuertes grillos en los tobillos, sin poder ver ni el sol ni la luna, hacinados entre vómitos y excrementos. Oscuridad peor que la muerte rondando con sus gérmenes virulentos allí en ese vientre pestilente que era el infierno mismo. Las pieles se cubrían de sudor, pus y sangre, las bocas se abrían en estertores y los ojos humedecidos por las lágrimas o iluminados por el fulgor de la ira convertían a la multitud prisionera en un solo cuerpo distorsionado por el desgarro y el dolor. De él surgían gemidos, interjecciones y suspiros que lograban alcanzar los reinos del sol y de la luna y, desde allí, descendía hasta ellos toda la energía del cosmos enviada por sus dioses... uno de los cautivos daba entonces un golpe seco en la madera, otro, desde un rincón, replicaba con otros tres que se iban reengendrando en todo aquel espacio de hedor y de sombras y la voz de una mujer trocaba el sufrimiento en una melodía punteada por el ritmo en la madera y el frotar cadencioso de los cuerpos. Samba, son que derrotaba a la muerte.

El periplo infamante se prolongaba por noventa o cien días cuando la navegación no enfrentaba situaciones imprevistas, corsarios y tempestades que hacían dilatar la travesía poniendo en peligro la vida de todos los tripulantes, sin distinción de raza o jerarquía.

Cuando la tierra empezaba a delinearse en el horizonte, a los esclavos se los alimentaba con dobles raciones de pescado salado y mijo crudo porque se había iniciado el período del engorde y era entonces cuando los hacían salir a cubierta para que ejercitaran los músculos adormecidos. De pie entre el cielo y el mar, hombres y mujeres agradecían a sus dioses el simple hecho de estar vivos aunque tan cruelmente hubieran sido despojados de su terruño, de sus familiares y hasta de sus mismos nombres. Ellos, en el territorio desolado de la no identidad, ignoraban que en los nuevos saberes desarrollados por los traficantes, cada uno poseía su etiqueta correspon-

* Figura central del Olimpo Yoruba.

diente a partir de la cual fluctuarían precios y contratos. Mulequillos, muleques y mulecones,* según la edad; clasificados de acuerdo a diversas castas que les permitían a los negreros determinar oficios, tachas y virtudes según el origen geográfico. De aquella multitud de cuerpos aprehendidos, los traficantes habían hecho un minucioso inventario de mercadería distribuida en diversos rubros: gelofes, berbesíes y biáfaras para los que provenían de Guinea; zapes y minas para los capturados en Sierra Leona; bantúes y dahomeyanos, angolas y manicongos, loandas, benguelas, mandingos y yorubas.

Al desembarcar, un séquito de burócratas establecía la legitimidad del arribo y de la carga haciendo primero un palmeo que determinaba la estatura de cada pieza de Indias y después se procedía a realizar la carimba, pequeña marca con hierro al rojo vivo en la espalda, el pecho o los muslos… Como si fueran un rebaño, los hacían amontonarse en los barrancones y el día antes de trasladarlos bajo la amenaza del látigo hasta el mercado, se les lustraba la piel con aceite de palma y ásperas raíces astringentes eran usadas para frotar sus dentaduras porque, al igual que con los caballos, dientes y encías eran indicios de buena salud, de brazos fuertes para realizar las faenas que los blancos despreciaban.

Vendidos. Comprados. Traídos y llevados por campos y montes hasta llegar a la plantación de tabaco o algodón, al trapiche del ingenio azucarero o a los socavones de la mina para trabajar como bestias. Pero los cuerpos, libres al fin de toda travesía, empezaron a hacer suyos los árboles y los arbustos, las aguas corrientes o en reposo y las rocas en el gesto inmutable de la eternidad. Hasta allí llegaba el aliento de sus dioses que los unía en una nueva identidad, a pesar de los castigos infringidos por aquellos hombres, quienes mascullaban palabras extranjeras, tan absurdas a los oídos. Y aunque el nombre dado por el amo era también extraño, los entornos que empezaban a hacerse familiares daban a ellos una sensación de pertenencia, de volver a ser. Resurgió así la risa y la amistad, el malembo que los

* Muleque era el nombre que se daba al esclavo africano de siete a diez años de edad.

60

enlazaba y hacía de ellos una comunidad. "Ai bumba meu boi", cantaba una voz de cara al sol y haciendo eco, un coro le respondía mientras desde otros sitios de la cañada se elevaban los ritmos de instrumentos improvisados con guijarros, maderos y herraduras oxidadas. Samba. En minas y plantaciones, los capataces muy pronto se dieron cuenta de que cuando los esclavos cantaban, el rendimiento crecía considerablemente, como si dedos y músculos se multiplicaran... Era buen negocio permitirles cantar y ellos cantaban. "Samba, minha samba".

Y bajo la luz de la luna, como un altar ahora se erigía la tambora. A su alrededor todos ellos formaban un círculo, un hombre y una mujer caminaban hasta el centro, frente a frente se miraban a los ojos y enhebraban sus pasos al ritmo de los cueros y las palabras cantadas por el grupo. Bailaban hacia atrás y hacia adelante en un asedio amoroso que culminaba en la umbigada, aquel momento en que se acercaban uniendo y frotando sus ombligos para celebrar el punto de origen de todo nacimiento. Samba.

"Ololó ololá, eh eh la lá"... Por las calles de la república que hacía años había abolido la esclavitud avanzaban cantantes, instrumentistas y bailarines en una coreografía de pasos y medios pasos, ligeramente inclinados, como pájaros pensativos... la fila de hombres que hacían sonar el pandero, el chocalho, el reco-reco y el catacá iba hacia adelante saludando la tarde con sus caderas que no paraban de cimbrear mientras la fila de los bailarines retrocedía, levantaba los brazos con los puños cerrados y giraba sobre sí misma siguiendo el diseño rítmico presidido por el golpe fuerte del tambor en la segunda mitad del segundo tiempo de un compás, o cada dos compases, o en una batida rápida como una cascada golpeando las hojas de un árbol infinito... Samba... Siempre hacia atrás y hacia adelante, los cantantes, bailarines e instrumentistas formaban una marea ordenada y cadenciosa de voces y ritmos que daban el toque ancestral a una ciudad llena de edificios y amplias avenidas.

Por muchas décadas, la samba perteneció a la calle y a los desposeídos: hombres, mujeres y niños salidos de los suburbios para celebrar el carnaval. Desde sus balcones, observaban los herederos de los amos y los nuevos ricos con una mirada displicente. Aquel baile, "entretención de negros", era a sus ojos sinónimo de lo vulgar, de gestos escandalosos que insinuaban los preámbulos del acto sexual. Ellos que habían seguido paso a paso los pormenores de la Primera Guerra Mundial, preferían las melodías importadas desde Europa y los Estados Unidos, las voces de Dixie Lee y los Mills Brothers en baladas que hablaban de Susie y Tiger Rag. Simulando los grandes estrenos de Hollywood, la aristocracia carioca y los estadistas de todo el país se habían reunido en el Teatro Cassino, al lado del Palacio Monroe, para asistir al lanzamiento de gala de *Una dama divina* con la extraordinaria Corine Griffith y de *Follies 1929*, primera comedia musical que, gracias a los avances milagrosos de la cinematografía, presentaba a los actores hablando y cantando desde el mismo écran, como si estuvieran vivos y muy cerca de ellos.

"Nuestro país precisa de sus raíces propias, de su marca que lo identifique ante el mundo entero", denunciaban los intelectuales en una retórica que intentaba definir la esencia de la nación brasileña, de ese "gigante dormido" que era también una red intrincada de razas y geografías. Samba... De pronto la samba se convirtió en el fetiche de lo autóctono. Discos y más discos giraban en las emisoras radiales bajo el rótulo de "nuestra música", los estudios de grabación imprimían cientos de etiquetas que rotaban en los gramófonos de tiendas, salones y cuartos hogareños. ¡La samba vendía!... Dando vueltas y vueltas por el vasto territorio de la patria brasileña, los discos de samba eran la mercancía nacional que, en un nuevo torbellino de inversiones, se exportaría a los países del norte, sedientos de una nota exótica para su insípido transcurrir.

Y Carmen con su voz entró en ese torbellino, giró en él convirtiéndose en el eje de la vorágine cadenciosa y colorida de la samba.

¡Ese torbellino y taaantos otros!... Ese vendaval maravilloso que se me plantó aquí en el corazón porque el éxito y la plata empezaron a rodar como una avalancha cada día más grande y voluminosa y yo ahí, en medio del vértigo, sintiéndome intensamente feliz... eso, más que eso, pero las palabras siempre faltan y uno tiene que recurrir al consabido "intensamente feliz"... La verdad es que los discos fueron sólo el principio, la punta de la madeja, como habría dicho la señora del kiosco de diarios allá en el barrio de Lapa. Muy pronto empezaron las ofertas y los contratos para actuar en teatros y casinos... ¡Y ahí sí que me cambió la vida! Porque ya no se trataba simplemente de cantar en un estudio pequeño y frente a un micrófono que los técnicos siempre se encargaban de mantener a la distancia precisa... bien poco me importaba entonces que ese día hubiera salido de la casa sin maquillaje o con la cara medio trasnochada porque mi voz iba a ser la misma, ¿se dan cuenta?... y si me equivocaba en la letra o no empezaba con el tono que habíamos planeado en los ensayos, era tan fácil hacer una señal con la mano para que detuvieran la grabación y volviéramos a la primera nota... Pero frente al público, como ustedes se pueden imaginar, era muy diferente... ¡ahora se trataba de mi voz y de mi imagen! De mi cara y de mi cuerpo en medio de un escenario y ante los ojos de mucha, de muchísima gente. Y fue entonces cuando el espíritu de Arminda llegó a mí. No sé si venía de ese trazo que había permanecido en mi memoria o de un rincón de Roma o del ámbito de la muerte, pero la primera vez que actué frente a un público, sentí que era ella quien encaminaba mis pasos infundiéndome el mismo desplante de diosa que ella desplegaba en las calles del barrio de Lapa. Y cuando empecé a cantar, mi cuerpo sumergido en su hálito de mujer tan sensual, adoptó poses y movimientos que a mí misma me subyugaban mientras sentía la mirada deslumbrada de los espectadores. Esa noche, de pie frente al micrófono, gocé todos aquellos ojos mirándome, embelesados con mi canto y mi cintura esbelta, con la falda levantada graciosamente para mostrar las piernas, con mis manos que después de moverlas simulando el vuelo de las golondrinas, a propósito apoyaba en mi pecho hermosamente abultado...

Así descubrí que mi verdadera profesión era cantar seduciendo, pero no cuerpo a cuerpo como se hace con un hombre, sino desde los tres o cuatro metros que me separaban de las butacas donde estaban sentados los espectadores. Y en esta nueva órbita, la luz de los escenarios empezó a ser un eje muy importante porque de ella dependía cómo me vieran. Tengo que contarles que desde dos horas antes de que empezara la función, me dedicaba a revisar todos los focos para decidir el tipo de maquillaje que hiciera resaltar mis rasgos, especialmente los ojos y la boca... Claro, cuando se trataba de un teatro medio pobretón, tenía que recurrir al rojo oscuro y violento delineado con el lápiz negro de las cejas, mucho colorete en las mejillas y las pestañas cargadas de rímel... ¡Que me vieran bien! ¡Que mi canto tuviera un rostro bien definido! Eso quería yo... ¡Qué importaba que al terminar la función tuviera que llenarme la cara de crema para quitar tanto divino mejunje!... ¡Y la ropa arrasó con horas y horas de mi vida! Pero las arrasó bien porque me fascinaba, literalmente fascinaba, pararme frente al espejo mientras combinaba colores, pulseras, aretes y collares para crear un estilo pensando en el público que me pertenecería esa noche y muchas más... Para ellos ensayaba guiños y sonrisas en un flirteo que me daba un enorme deleite... ¡Me veríían!... Mis canciones llegarían a sus oídos no como una música cualquiera sino como un bello espectáculo, yo, en el centro del escenario y del mundo entero, así lo creía, sintiendo los aplausos deslizándoseme por todo el cuerpo y una chorrera de billetes cayendo en mis manos como hojas traídas por un huracán.

"¡¡¡Samba, señores y señoras!!! ¡Samba!... Con nuestra increíble... extraordinaria... y rutilante estrella... el nuevo lucero y antorcha genuina de nuestra música brasileña... Con ustedes... ¡¡¡Caaarmen Mirandaaa!!!"

"Era pequeña de estatura, pero llenaba todo el escenario y ya no existían músicos, cortinas ni telón de fondo cuando aparecía ella... Ni bien el maestro de ceremonias terminaba de presentarla, empezaba a sentirse entre todos nosotros una corriente de ansiedad y expectación, como cuando a lo lejos se oye un río y se siente el aroma fresco que trae el viento y uno sabe que está por llegar al milagro de las aguas corriendo entre las piedras, pero aún no lo ha hecho... Entonces, a manera de preámbulo, las guitarras daban unos breves acordes y se la sentía venir aun sin verla... Desde un extremo del escenario emergía esta joven de cuerpo sensual, exuberante, y un rostro bellamente juvenil que avanzaba sobre sus tacos altos produciendo al caminar un oleaje de cañas mientras esbozaba una hermosísima sonrisa y estallaban los aplausos... Cuando tomaba el micrófono con un gesto serio y profesional, se hacía un silencio total y ella empezaba a cantar, a cantarnos, porque sus labios de rojo encendido nos murmuraban a cada uno, como si estuvieran muy cerca y a punto de darnos un beso apasionado… nos miraba de una manera lánguida y provocativa con sus grandes ojos verde ámbar y dando dos o tres pasos al compás de la percusión, hacía flamear su falda, giraba mostrando sus piernas bien torneadas mientras levantaba grácilmente los hombros y sus caderas ondeaban gozosas… y entonces ella riendo nos hacía un gesto de complicidad. Porque eso éramos todos nosotros, los cómplices de aquella aventura rítmica que únicamente ella sabía crear, de esas aguas refrescantes que eran también el abrazo fogoso de una amante. Para nosotros no existía otra manera de definirla que diciendo que Carmen Miranda era un dulce delirio. Eso era ella."

Su fama crecía y los empresarios, enfebrecidos por otra oportunidad más para aumentar sus ganancias, le propusieron hacer giras fuera de Río de Janeiro. Y Carmen conoció así otro tipo de ansiedad —aquella que provenía de la espera previa al arribo a un pueblo desconocido donde recibiría los anhelados aplausos. (Si ustedes supieran lo que es vivir la exaltación y el deseo que se postergan y postergan haciendo del paso de las horas una verdadera tortura… ¿Se dan cuenta? Ahora no se trataba de llegar al teatro con dos horas de anticipación sino de pasar días enteros con esos grillos bullendo en el corazón.)

El murmullo angustioso y excitante se iniciaba en el momento en que abría la valija y el bolso de mano para depositar la ropa recién planchada, los pomos y lápices del maquillaje, los zapatos, las aspirinas para el posible resfrío o dolor de cabeza, las horquillas y los jabones, las toallas higiénicas para una menstruación inesperada, el reloj despertador, el pequeño costurero con hilos, botones, agujas y presillas previendo algún percance con el doblez de un vestido o el bretel de un sostén, las tenazas para rizarse el cabello, el barniz de uñas, las tijerillas y una lima de cartón por si se le quebrara alguna o se le saltara la pintura, las pinzas de depilar para el caso de que, a última hora, descubriera un pelo indeseado en la línea de sus cejas.

—¡Qué ganas de ser hombre para no tener que andar acarreando tanto perifollo! —exclamaba corriendo de un lado a otro convulsionada por su próximo viaje.

Puertos y estaciones de buses se convirtieron para ella en selvas diminutas llenas de animales azorados trayendo y llevando maletas y bultos, de peces adormilados tras un mesón, de simios que de manera mecánica movían los brazos para dar las instrucciones de salida. Y Carmen sentía que una especie de murciélago se le aferraba al cuello y a la espalda hincándole sus garras mientras movía vertiginosamente las alas haciéndolas resonar en sus oídos. Por la ventanilla de un tren o desde la cubierta de algún vapor, veía pasar árboles, tierras amarillas o rojizas, montes, fachadas de pueblos, nubes y puestas de sol sin dejar nunca de sentir la presión en la espalda y el rumor enervante de ese aleteo.

Los hoteles le daban la impresión de un falso remanso, antros de pasillos desiertos y cuartos recién ordenados que ocultaban el flujo de huéspedes siempre de paso, forasteros que no dejaban ninguna huella. (Muchas veces, justo al meterme en la cama, presentía en ese espacio de sábanas ajenas, la presencia de una cadena de cuerpos desconocidos, de rostros de ojos cerrados que yo nunca veía, de sueños, pasiones y rencores aún rondando por la almohada y me entraba una sensación como de miedo y de terror porque se me ocurría que en cuanto me durmiera, iban a resurgir para llenar el cuarto de monstruos y fantasmas...) Sobrecogida, se acostaba sobre el lado izquierdo y se forzaba a asumir el aire plácido de los que vivían la ilusión de hacer de los hoteles un albergue propio. (Nerviosa me daba vueltas en la cama, fumaba otro cigarrillo más y me enfurecía porque no podía dormir cuando, después de un viaje tan cansador, lo que yo realmente necesitaba eran unas buenas horas de sueño que me pondrían el rostro lozano y la mente alerta con esa nueva canción que empezaba con clave de sol y no en fa... "¡Qué disparate, duérmete de una vez, no seas tonta!", me decía y cuanto más rabia tenía, menos posibilidades de quedarme dormida.

No sé por qué pero, cuando estaba a punto de entrar al escenario, los músculos de la espalda y la nuca se me relajaban y el fastidioso murciélago se transformaba en un venado que daba saltos voluntariosos aquí en el pecho y yo trataba de apaciguarlo poniendo las manos en cruz... es que sentía miedo, ¡un miedo terrible a la reacción de un público siempre incógnito e imprevisible!... Pero, como si en todo esto obrara la mano de un hechicero caprichoso, también me invadía una súbita felicidad... Y al oír al maestro de ceremonias que siempre terminaba pronunciando mi nombre con bombos y platillos, yo rápidamente me persignaba y salía sintiendo una euforia incomparable.)

Cantaba.

Y con el canto engarzaba historias, no de alabanza a Dios, como en el colegio de monjas, allá en el barrio del puerto. Para ella eran igualmente santas porque cantaban la existencia humana en la simplicidad de lo cotidiano ("Vestía una camisa listada y salió por ahí..."), de la alegría frente a la amenaza de la autoridad ("Vamos todos a hacer farra / en estos días del carnaval / más cuidado con la policía / que tiene fuerza especial"). Y, más que nada, cantaba al amor en sus múltiples pliegues y repliegues de ilusión inocente y oscuro sortilegio. "Ando en busca de alguien... ¿Será usted? / Para que me bese y me quiera bien... ¿sabe por qué?", decía coqueta y el público revivía aquellos días de la adolescencia cuando cruzaban los primeros umbrales del amor... luego los hacía evocar la experiencia del amor transitoriamente perfecto y el constante temor de perderlo ("Mi moreno es bonito, no lo cambio por nadie / es el tipo que yo añoraba fuera mi dulce bien / Pero temo que su mirar encantador / vaya a ver otros ojos y despreciar mi amor")... Cantaba también a la felicidad y al sufrimiento de algunos amores ("Mi amor, mi amor, imposible olvidar / que me das alegría / pero también dolor") y con el tono desafiante de quien conjura a los dioses y a la brujería, entonaba "Tú amarraste el santo con mi ropa sudada / mas como soy de Ogún, hija de su corazón / ya despaché con Eshu esa maldita pasión".

Y la gente al oír retazos de su propia vida en esa voz, celestial y terrena, muy pronto hizo de ella el ídolo de la samba.

Brillaba la fama y la fortuna en mi oficio siempre nochero... En periódicos y revistas se hablaba de mis éxitos junto a fotos donde yo sonreía plena de felicidad... pero tras esa felicidad se engarzaba también el infortunio... como un collar de cuencas fúnebres... de llantos y sufrimientos porque mientras rodaba el éxito y el dinero en su órbita refulgente, la vida también me estaba despojando de seres que tanto amaba... perdí a Mario, perdí a Olinda, perdí a mi padre...

Por esto de que mi carrera era una locura de compromisos, fuimos postergando la boda, pese a haber comprado una enorme casa y un lujoso automóvil que Josué me enseñó a manejar... Un día, llena de ilusión, le conté a Mario que iba a tener tres semanas libres y que debíamos aprovecharlas para casarnos. Él titubeó, me abrazó por un rato y poniéndome las manos en los hombros, me dijo en un tono triste que nunca olvidaré:

—Ya no eres mía, Carmen, ya no eres mi Carminha, toda mía como cuando nos besábamos en la puerta de la otra casa . Y ya no cantas sólo para mí...

—¡Cómo que no! —protesté—. Cada vez que me llega una canción, mi amor, te la canto a ti primero porque tú eres mi sol, mi único sol —agregué acariciándolo.

—¡Una sola vez a mí y después a todo el mundo, cientos de veces en los teatros y miles, miles de veces en los discos!... Cualquier tipo ordinario de la calle te oye las veces que quiera y a la hora que le venga en gana...

—¡Ay, Mario, por Dios! No me digas que esa tontería te está poniendo celoso... ¡Qué absurdo! —exclamé mirándolo a los ojos y él entonces bajó la cabeza como esquivándome.

—Es que has cambiado mucho, Carmen. Ya no eres esa muchacha inocente y pura que conocí allá en la tienda... No sé, pienso que has perdido para siempre esa ingenuidad que te hacía tan hermosa y tan única... Ahora pasas pendiente de tu próximo éxito, de las cláusulas que vas a exigir en los contratos... de tu público... del dinero por recibir... Es de lo único que hablas y de la ropa que te vas a poner... de la entrevista que va a aparecer en el diario y yo cuando leo esas conversaciones, te siento tan distinta a mi Carminha, tan en otra constelación que nada tiene que ver conmigo ni con el amor tan grande entre nosotros dos...

En el momento en que dijo esto, por primera vez sentí una distancia abismante entre él y yo, como si hubiera una cortina de hielo que nos separaba para siempre.

Y vino el llanto y la desesperación, el arrepentimiento de no haberle prestado más atención a Mario por andar preocupada de giras y presentaciones... "Si yo hubiera...", "Si yo hubiera...", me repetí hasta el cansancio hasta que un día me di cuenta de que esos "hubieras" no valían de nada, eran la forma verbal más hueca y vacía que podía existir porque correspondía a lo que no se hizo y ya no se podía hacer... punto muerto de todo.

Si supieran, ¡ay si supieran!, cuánto me costó seguir cantando sin el amor de Mario... Recuerdo que una noche salí al escenario y me vino una carraspera, fruncí el ceño preocupada de que la voz me fuera a fallar y entre tantos focos y gente, sentí su ausencia... no la física, ¿me entienden?, sino esa otra ausencia, la del que aun no estando nos impulsa y da seguridad para avanzar en el mundo... Tontamente me había creído suficiente y autónoma ahora que discutía contratos y manejaba la plata a mi gusto, pero era él, Mario, el que verdaderamente me infundía esa seguridad... Un sollozo desgarrado se me anudó en la garganta y sentí el silencio que me golpeaba como un ciclón desde las butacas. Sacando fuerzas de la nada, me pasé la mano por el pelo, sonreí y me puse a cantar como si estuviera haciendo una representación de mí misma... cantaba y mientras lo hacía me golpeteaban las sienes porque me sentía sola y desamparada, sola... El público aplaudía y por sobre las cabezas de toda esa gente vi magnificado el rostro de Olinda mirándome con sus ojos anegados de lágrimas, llamándome desde la muerte... "No, a la muerte no", dije en voz alta y el público pensando que estaba por empezar otra canción, se quedó en silencio. João dándose cuenta de que algo no andaba bien, hizo un solo de guitarra que me recordó a las mujeres fuertes de las canciones españolas que escuchábamos en la radio cuando era niña... "La samba es vida", dije chasqueando los dedos para que la orquesta siguiera con la próxima canción del repertorio y tirándole un beso a Olinda, todavía allí en medio del teatro, canté, repitiéndole una y otra vez, que no me moriría por el amor de ningún hombre...

Nunca nadie conoció verdaderamente a Olinda. Por esa bulliciosa familia de seis hijos, ella pasó como alguien callado y sufriente. Nunca se quejó ni reprochó nada, sufrió en silencio la desventura de su amor imposible y se llevó a la tumba todos sus pensamientos y fantasías. ("Sí, nuestra pobre Olinda fue callada desde muy niña y yo siendo su madre siempre presentí que era Carmen quien la apagaba... ¡cómo no se iba a sentir opacada mi dulce hija al lado de una hermana que estaba siempre metiendo bulla y haciendo reír a todo el mundo!... Para su desgracia, se enamoró de ese muchacho pobre y lleno de vicios a quien nosotros con José María detestábamos porque sabíamos que si se casaba con él, la haría sufrir... pero si la hubiéramos dejado seguir ese romance, ella ahora estaría viva y nosotros no habríamos pasado jamás por la desgracia tan grande de perder a una hija y por esta tortura de sentirnos culpables... fuimos nosotros, los padres que le dimos vida y la trajimos al mundo, los que causamos su muerte, aunque protesten diciendo que no tuvimos nada que ver, yo sé que no es así... Olinda murió nada más que por culpa nuestra porque si no le hubiéramos prohibido ver a Andrés, ella nunca se habría enfermado de tuberculosis... Cuando digo esto, la gente me discute, Óscar me sale con que la tuberculosis es una infección, que uno sin darse cuenta agarra microbios y se contagia, pero yo estoy segura de que mi Olinda se enfermó porque a la pobrecita, de tanta desesperación que sentía por no poder ver a ese muchacho, se le quitaron las ganas de comer y se fue debilitando día a día... que los doctores le llamaran a eso tuberculosis sería porque tenían que darle un nombre y una explicación... yo, con este conocimiento que tenemos únicamente las madres, sé con toda certeza que mi hija se murió de amor, que mi dulce menina no soportó el calvario de amar sin jamás ver ni acariciar al hombre amado, no lo sabré yo que tanto sufrí cuando José María se vino solo al Brasil... y nunca, nunca protestó, como si Carmen al nacer casi dos años después que ella le hubiera usurpado no sólo las palabras sino también la fuerza para desafiar la autoridad de sus padres... quienes fuimos tan injustos con ella como lo fue Dios... y Dios me habrá de perdonar por hacerle este reproche. Ya desde los tiempos en que Carmen empezó a ser novia de Mario... todas las noches, se arreglaba cantando para esperarlo a él mientras mi Olinda en silencio seguía cosiendo, y la alegría de Carmen yo sabía que tenía que ser como una cachetada en pleno rostro para ella... Con una punzada en el corazón me acercaba, le decía algo cariñoso y me iba a la cocina... 'sé que te estoy haciendo un reproche, Dios, que una pobre mujer como yo no tiene ningún derecho a hacerlo, pero no entiendo por qué volcaste todos tus favores en Abel y exiliaste a Caín al este del paraíso cuando ambos venían del mismo útero... pareciera que ahora haces lo mismo con estas dos hermanas que son hijas mías'... el médico recomendó un cambio de clima y como Carmen estaba ganando bastante dinero, decidimos enviarla a Portugal. Allá en Caramulo, sin el calor asfixiante de Río y con los cuidados de mi prima Teresa, nuestra hija se nos mejoraría... teníamos fe y esperanza... el día que debía partir, salió de la casa con los ojos bajos y los labios entreabiertos para darnos la impresión de que sonreía... 'Te ves muy linda, hija, con ese vestido rosado', le dije acariciándole la mano y ella asintió con la cabeza, como si siguiera con el deber de no contradecirme... Fuimos todos hasta el puerto para despedirla y cuando nos abrazó, las lágrimas le iluminaban los ojos y parecía la estampa de una santa... desde cubierta se quedó haciendo señas con su pañuelo blanco hasta que el barco desapareció y ésa fue la última vez que la vimos... Desde entonces, la imagino siempre vestida de rosado saludándome con un jirón de nubes entre las manos... mi hija, mi infortunada hija Olinda sólo tenía veintitrés años cuando murió... y fue tres años después de su muerte que José María nos abandonó...")

Don José María empezó a acompañar a Carmen en sus actuaciones para que nadie supusiera que su hija era una libertina. Sólo Dios sabía cuántos chismes y maledicencias había escuchado en su vida mientras de pie hacía un corte de pelo o con dedos expertos pasaba el hisopo lleno de espuma por las mejillas y el mentón de algún cliente. Ahora que Carmen estaba en la mira de tanta gente y hasta aparecía en los periódicos, él sabía que no faltarían las malas lenguas que insinuaran que, por andar de teatro en teatro hasta más allá de la medianoche, Carmen llevaba una vida licenciosa e inmoral. Su deber de padre no era únicamente resguardarle la virginidad sino también el buen nombre que avalaba el honor de toda la familia.

Sin pensarlo dos veces, don José María decidió dejar la peluquería para cuidarla. Ella ahora ganaba suficiente para correr con los gastos de la familia y él, al perder la preocupación constante por tostones y reales, sintió que le quitaban las cadenas que habían estrechado su existencia por más de veinte años, anclada en la rutina del trabajo. Del hombre esposado por horarios y un presupuesto siempre limitado, surgió lo que a él le parecía un insecto luminoso que había dejado de ser una larva envuelta y tapiada por una espesa madeja de algodón. Y fue así como empezó a disfrutar el mundo de otra manera. Por fin conoció el ocio —ese espacio de tiempo y libertad que le hacía sentirse dueño de sí mismo— y a través de los viajes que emprendía con Carmen se dio cuenta de que ella era mucho más que una niña parlanchina y vivaz. Había en esa hija otros caudales que empezó a admirar: inteligencia para solucionar cualquier problema de ella o de los demás, sagacidad para obtener siempre el mejor contrato y generosidad con todo el mundo. Y era una artista de verdad, no solamente del canto sino de otras cosas, como si sus manos estuvieran siempre prontas a transformar cualquier entorno.

De pronto, se ensancharon todos los horizontes y a él ahora le parecía que aquella bestia aletargada por el trabajo, se había convertido en un águila de vista penetrante y vuelos infinitos.

Su corazón también despertó y don José María a los cincuenta y tres años volvió a enamorarse.

Aunque ahora tenía dinero para tomar todos los tranvías de la ciudad, si así se le ocurriese, prefería seguir la vieja costumbre de caminar cinco o diez cuadras porque le gustaba ver a los niños jugando en las veredas mientras hombres y mujeres se dedicaban a conversar. Doña Rosa había quedado viuda hacía dos años y al atardecer instalaba una silla frente a la puerta de su casa y se sentaba en ella para acortar las horas del anochecer. Un día martes, cuando el sol acababa de ponerse, don José María, que había estado tomando una copa con unos paisanos portugueses, se dirigía a su casa con ese paso dinámico que le infundía su nueva vida y, sin saber por qué, el color púrpura del vestido de doña Rosa le llamó la atención y mientras se acercaba a la mujer, iba notando otros detalles atractivos, el collar de perlas negras que hacía juego de manera estupenda con el rostro de su vecina, los zarcillos largos que relumbraban en las primeras sombras del atardecer, la falda con una blonda de encajes en el ruedo que dejaba entrever unas rodillas macizas y redondeadas.

—Buenas tardes, vecino, aunque ya se está haciendo noche —le había dicho saludándolo como tantas otras veces.

—Buenas, señora —le replicó él haciendo un rápido saludo con el sombrero, pero en esta ocasión sintió el impulso de detenerse y comentarle sonriendo:

—¡Por Dios que se me ha puesto buenamoza hoy día, doña Rosa!

Y ella, con un leve rubor en las mejillas, le sonrió y lo miró a los ojos transmitiéndole un viso de pasión.

Un tanto perturbado por el destello de su mirada, don José María siguió su camino con la imagen de ella aún patente y una sensación de feliz inquietud que únicamente había sentido cuando era adolescente. Desde entonces, se le instaló la luz de una ilusión y empezó a buscar excusas para salir a la calle y en el crepúsculo pasar por la puerta de doña Rosa, quien parecía haberse vestido y arreglado exclusivamente para él. Las conversaciones se fueron alargando y él, ahora con detención, miraba sus labios carnosos, esa garganta siempre realzada por una joya que marcaba el umbral de la otra piel tersa y generosa anidada bajo el escote de la blusa. Ella lo miraba traviesa e insinuante, con el brillo de esos ojos tan negros como el azabache y cuando él le decía una broma o un piropo, ella reía sin recato y, como al azar, le tocaba el brazo comunicándole una energía de mieles y alcanfores.

Muchas veces, al llegar a su hogar, don José María sentía las espinas del remordimiento y se proponía no pasar nunca más por la puerta de doña Rosa; pero lo atraía intensamente el colorido de esa mujer, tan diferente a doña María Emilia siempre seria y sobria, tan madre y dueña de casa, a quien ya hacía muchos años había dejado de desear. En cambio Rosa, Rosita como la llamaba cuando imaginaba escenas eróticas con ella, era una huerta llena de frutos maduros, era la alegría y la exuberancia de una buena vendimia y el calor enervante de unas ascuas exhalando aromas untuosos.

Con el pretexto de mostrarle un antiguo ropero que había heredado de su abuelo, doña Rosa, también profundamente enamorada de él, un día lo invitó a entrar en la casa. A ambos les brincaba el corazón como si de pronto se hubieran convertido en dos cervatillos a punto de entrelazarse sobre la grama. Cuando cruzó la puerta del dormitorio, don José María sólo vio una cama imponente con cabecera de bronce y una colcha celeste que combinaba majestuosamente con unos grandes almohadones de raso blanco y azul.

—Mi padre decía que estas molduras fueron confeccionadas con madera muy fina traída de la India —estaba explicándole doña Rosa cuando ese deseo que había estado germinando como hervidero de hormigas durante tantas noches, se hizo presente en una erección juvenil que le hinchó el pantalón.

—¡Rosita! —susurró roncamente mientras la abrazaba con todas sus fuerzas, y ella incrustándose en él, le ofreció sus labios rojos como dos amapolas. Entonces empezaron a besarse con desesperación, las lenguas en un batir húmedo y frenético y las manos entregadas a un palpar tierno y lujurioso que los cubría de un calor envolvente. Don José María por fin satisfacía las ansias de sobajear esos senos inmensos que ella desnudaba mientras se quejaba de pasión y le imploraba entre suspiros y jadeos "¡ámame!, ¡ámame siempre!". Todas las ropas cayeron al suelo y él, pegando un grito de gladiador, forcejeó con energía inusitada y ambos cayeron a la cama riendo de gozo y felicidad. Se amaron por más de una hora en posturas que don José María nunca antes había practicado, bajo el ritmo de la imagen de Santa Bárbara Bendita colgada sobre la cabecera de la cama y vibrando contra la pared. El cuerpo de ella, entre aquellos almohadones tan blandos y azules, le evocaba la imagen de una diosa rubicunda recostada entre nubes que iban asumiendo múltiples formas muelles mientras sus movimientos sensuales lo incitaban a seguir penetrándola con una potencia de cíclope. "Es como si hubiéramos hecho el amor en el mismo cielo", dijo él entornando los ojos, y ella mimosa se puso a acariciarle la espalda mientras le susurraba elogios que don José María jamás había oído. "Mi hombre maravilloso, cachorrito de león… jaguarindi de fuego y alhelí… tienes la verga más increíble de este mundo… la adoro… dime que es mía y sólo mía…", su voz dulce y cálida lo fue adormeciendo y él entonces entró en un campo de mieses que le acariciaban el cuerpo desnudo, joven y potente… despertó cuando ella le estaba besando el torso, y lentamente iba deslizando la punta de la lengua por su vientre dejando una huella de saliva que gratamente le enfriaba la piel y descendía por la línea vellosa del pubis para quedarse prendida a su pene que volvía a erguirse ahora contra la textura suave del paladar de ella.

Don José María salió de la casa de doña Rosa mareado de amor, respiró muy hondo como queriendo inhalar todo el aire a su alrededor, miró hacia el cielo y haciendo la señal de la cruz, exclamó: "¡Gracias, Dios mío, por permitirme conocer este otro tipo de sexo, tan divinamente carnal!".

Cada encuentro se convirtió en una experiencia inédita del goce pleno, de descubrimiento de los mil resquicios eróticos de doña Rosa, quien lo subyugaba con su cuerpo macizo de manatí paradisíaca y su voz de sirena que no cesaba de elogiarlo con palabras que borraban las fronteras de lo obsceno para convertirlo en amor tierno y sublimemente libidinoso. Y él que siempre había sido parco y austero, ahora se sumergía en el placer exorbitante sintiéndose como un delfín que con vigor iniciaba un nuevo periplo mientras sus glándulas no cesaban de secretar espeso almizcle y oleosa alhucema.

Envuelto en esa pasión, apenas atendía a lo que estaba ocurriendo en su casa aunque a medida que pasaban los días, doña María Emilia aumentaba los reproches. Nada tampoco le importaron recriminaciones y llantos cuando a los oídos de ella empezaron a llegar los cuentos de las vecinas que lo veían entrar en la casa de la viuda y mantenían, reloj en mano, un cómputo exacto del tiempo que él pasaba allí.

—¡Infame! ¡Mira el ejemplo que les estás dando a tus hijos! ¡Viejo ya y dándotelas de enamorado! ¡Vergüenza debería darte! —le decía doña María Emilia llena de rencor—. ¡Estás revolcándote en el pecado y en el infierno las pagarás! —seguía amenazante—. Por sucio y por cruel, por darme a mí este sufrimiento tan grande, después de todo lo que he hecho por ti… tanto sacrificio, Dios mío, tanta penuria y tanto trabajo…

Don José María se hacía el dormido mientras ella seguía con su cantinela interrumpida por largos suspiros y sollozos. Y ahora que doña María Emilia se había convertido en una mujer llorona y fastidiosa, más ganas le daban de estar con su Rosita que le preparaba guisos tan elaborados y exquisitos porque él era su rey y lo esperaba siempre con una sorpresa… un sostén morado que dejaba la mitad de los senos al descubierto, una funda de seda para ataviar un falo tan estupendo, campanillas diminutas colgando debajo del colchón para que repicaran cuando se embarcaban en la aventura de los coitos múltiples.

Tampoco le importaron el enojo y las súplicas de los hijos. ¡Qué sabían ellos lo que significaba vivir un amor exuberante cuando se empezaba a bordear la vejez! Ellos tenían toda una vida por delante, mientras para él la muerte estaba a la vuelta de la esquina. "Tanto tiempo perdido por la maldita pobreza", se decía, y con una premura insólita disfrutaba cada minuto deslumbrador compartido con doña Rosa quien le parecía una diosa de la abundancia llena de sabores fragantes que se le ofrecía justo antes de que la escarcha de la vejez y la muerte cubrieran su cuerpo entero.

—¡Que te vaya muy bien esta noche! Éxito, mucho éxito, hija, como siempre —le dijo una tarde a Carmen y sacando un sobre del bolsillo se lo puso en las manos. Esto es muy importante. Por favor, léelo lo antes posible —agregó saliendo rápidamente de la casa.

En una carta de trazos firmes, le pedía que le comunicara a doña María Emilia y al resto de la familia que había decidido irse a vivir a otra parte y le insistía en que continuaría acompañándola en sus giras fuera de Río.

—¡Yo sabía que esto iba a pasar! —exclamó doña María Emilia moviendo la cabeza con amarga resignación. ¡Bien dicen que no hay peor locura que la de un hombre que se enreda con una mujer pasados los cincuenta años!

—¡Que ni se le ocurra seguir acompañándome después de tener la desvergüenza de irse a vivir con su querida! —aseveró Carmen con determinación.

Pero don José María, con el pretexto de recoger ropa o alguna otra pertenencia, pasaba todos los días por la casa para convencerla de que debía seguir acompañándola, e incluso la esperaba a la salida del teatro para insistirle en que únicamente su presencia anulaba toda posibilidad de que la gente inventara chismes acerca de su reputación.

—Es tu padre y por ser padre impone respeto en todas partes aunque ande enfangado con otra mujer —le dijo doña María Emilia con una voz llena de rencor—. ¡Bien mal hecho que está el mundo y es bien poco lo que las mujeres podemos hacer! Él es hombre, claro, y todo le está permitido... muy diferentes serían las circunstancias si hubiera sido yo la que hubiera abandonado este hogar... Pero nada se puede hacer contra el orden injusto de este mundo, excepto callar y resignarse, bien decía mi abuela que desde el momento de nacer, las mujeres traemos en el pecho el estandarte de la resignación. Déjalo que te acompañe y que siga protegiendo tu buen nombre.

A Carmen, en el fondo, le alegró la decisión tomada por su madre porque don José María se había convertido para ella en el compañero con quien compartía las alegrías y temores de cada presentación en lugares a los cuales tomaba, a veces, días enteros llegar. Durante las actuaciones siempre se sentaba en la primera fila y desde allí la observaba con un dejo de orgullo y, a la hora de los aplausos, se daba vuelta para mirar al público y luego le hacía a ella un gesto levantando los brazos y le enviaba una sonrisa de triunfo que lo hacía ver más joven.

Sentado a su lado frente a los grandes montes que pasaban por la ventanilla del bus o de pie en un vapor que cruzaba aguas rojizas o de un verdor oscuro, don José María escuchaba atentamente a Carmen. Por pudor nunca le habló de Rosita y su nueva vida, pero una tarde en la cual pasaron por un pueblo lleno de flores, sintió el impulso de contarle lo que estaba pasando en su corazón porque presentía que la hija, con su inteligencia y madurez, lo comprendería a pesar de todo.

—Es extraño y muy hermoso, hija, estar enamorado a los cincuenta y tres años... ¡Si usted supiera! —dijo dando un largo suspiro.

Y Carmen, también impresionada por ese paisaje de corolas refulgentes, quiso escuchar las confidencias de su padre, pero en el momento en que iba a preguntarle por qué era extraño y hermoso, se le interpuso la imagen de doña María Emilia y cruzándose de brazos, afirmó:

—No hablemos de eso, papá… Si te escucho, sentiré que estoy traicionando a mi madre.

—Te comprendo, te comprendo —replicó él. Y volviendo a mirar el pueblo que empezaba a desaparecer entre los árboles, agregó:

—Lo único que deseo es que algún día, hija, tú también tengas la fortuna de vivir un amor tan, pero tan hermoso que uno piensa que debe ser un mismísimo milagro…

Recién iniciado el año 1937 fue cuando don José María se sintió con terribles malestares en el estómago y cada vez que iba al baño se le hacía difícil y doloroso orinar. Después de muchos exámenes, los médicos determinaron que sus riñones casi habían dejado de funcionar y lo deshauciaron augurándole unos pocos meses de vida.

Encogido en la cama estrecha del hospital, recibió a doña María Emilia, quien lo miraba con un semblante rígido y a la vez compasivo.

—Los médicos dicen que no tengo para qué estar aquí —murmuró en voz muy baja y cerró los ojos sintiendo a su lado el cuerpo de aquella mujer con quien había compartido hijos, alegrías y penurias… con remordimiento recordó los golpes que le había dado en sus momentos de ira, "son moretones invisibles ya", se dijo, "pero presentes aún en su memoria y en su alma"… qué distinto había sido todo con Rosita… Con ella únicamente había gritado en el júbilo del sexo… "Tuvo la suerte de conocerme cuando el trabajo y la pobreza habían dejado de agriarme la vida, en cambio María Emilia, mi pobre María Emilia…", reflexionó y gruesas lágrimas empezaron a rodarle por las mejillas. Entonces sintió la mano de su esposa acariciándole la frente y comprendió que había sido demasiado egoísta con ese fragmento de felicidad que le había caído del cielo olvidándose por completo, como en un estado de éxtasis y locura, del deber cristiano de nunca herir a aquellos quienes aun en la miseria y el sufrimiento, son capaces de brindar el buen querer.

Abrió los ojos y carraspeó, entre las lágrimas divisó a doña María Emilia tratando de esbozar una sonrisa y la volvió a ver como aquel día en el cual caminaba hacia el altar con una mirada tierna y llena de ilusiones, allá en Marco de Canavezes.

–Volveré a la casa, María Emilia… No tengo derecho a pedirte perdón ni a exigirte siquiera un vaso de agua, pero lo menos que puedo hacer es evitarte la vergüenza de que tu marido se muera en la casa de otra mujer.

Y durante los últimos meses de vida, don José María recordaba a Rosita como si hubiera sido un espejismo mientras doña María Emilia maternalmente le fregaba el cuerpo con toallas empapadas en alcohol.

Mi papá murió el 6 de junio de 1938 y qué fácil es hablar de la muerte cuando se la reduce a una fecha, a un breve obituario. Pero en ella y alrededor de ella germinan y hormiguean tantos sucesos, tantas vivencias, tantos espacios en blanco. No sé qué expresión tenía el rostro de mi padre cuando estaba a punto de abandonar este mundo, no sé y nunca sabré cuáles fueron las palabras o las imágenes, tal vez, que tenía en mente cuando cruzó el umbral hacia quién sabe dónde y tampoco vi su cara en el ataúd, último semblante a la vista de los deudos y de quienes lo acompañaron toda la noche con sus llantos porque Aurora y yo estábamos en Buenos Aires. La noche anterior habíamos presentado juntas un show en el Teatro Belgrano y nuestra vestimenta a lo Marlene Dietrich con frac y sombrero de copa había sido todo un éxito… Siempre me he preguntado por qué la muerte elige, la mayoría de las veces, llegar justo cuando todo parece perfecto y feliz, ¿será un mensaje de Dios para indicarnos que la felicidad y la armonía existen apenas en los andamios siempre frágiles de lo fugaz? No sé y no lo sabré jamás…

Estábamos durmiendo con esa sensación de plenitud y placidez que deja una noche de éxito y de pronto alguien golpeó la puerta de nuestra habitación anunciando la llegada de un telegrama. "Papá murió hoy. Óscar", así decían esas letras telegrafiadas mecánicamente por algún empleado de correo y que nos hicieron estallar en llanto… nos abrazamos con fuerza y permanecimos así muy juntas por un rato… pero la muerte también requiere resolver problemas de carácter práctico que interrumpen, con una frialdad abismante, las expresiones del dolor... en alguna pompa fúnebre estarían mis hermanos comprando el cajón y contestando las preguntas de un señor vestido de negro quien muy profesionalmente tomaría los datos de papá, nombre, fecha de nacimiento... estatura y peso, datos que de nada valían, excepto para indicar la talla del ataúd. Y mi mamá, en esos mismos momentos, estaría eligiendo el traje que papá llevaría a la muerte y, tal vez, calentaría la plancha para darle un nuevo almidón a la camisa blanca... A nosotras, la urgencia de regresar de inmediato a Río nos hizo correr de un lado para otro hasta encontrar lugar en un vapor que zarpaba a mediodía... "Lo único que ruego, Dios mío, es que alcancemos a llegar al entierro de papá", repitió Aurora varias veces después de que por fin nos permitieron cruzar la pasarela y yo, bajo el peso de un silencio de piedra, miré la bruma que cubría la bahía y la línea del horizonte me pareció un inmenso sudario... No sé cuánto tiempo permanecí en la cubierta con la mente en blanco, entorpecida totalmente por la muerte de mi padre... De pronto, recordé aquel día cuando habíamos pasado juntos por ese pueblo lleno de flores y él quiso hablarme de aquel amor que estaba viviendo... Nunca he podido entender ni tampoco nunca entenderé por qué en todo ese enorme caudal de la memoria, surgió precisamente ese recuerdo y ningún otro... "Te fallé, papá, justo cuando quisiste convertirte en mi amigo", le dije acosada por la culpa... entonces traté de imaginar qué podría haberme dicho él con el entusiasmo, la ilusión y la alegría de todo enamorado que vive una pasión correspondida... Pero no pude, como si su voz se hubiera perdido para siempre en la lejanía... sollozando bajé la vista y entre esas aguas turbias por las que estábamos navegando me pareció ver su cuerpo inerte encerrado en la madera helada de un ataúd... "Papá debe estar pasando frío", pensé preocupada y de inmediato tomé conciencia de cuán absurdo y sin sentido era ese pensamiento porque en las comarcas de la muerte ya no es necesario ningún abrigo.

Cuando finalmente llegamos a Río, Cecilia nos aguardaba a la salida de la aduana con la noticia de que ya lo habían enterrado y sentí algo que nunca he podido explicar... Cuando no es posible participar en los ritos de la muerte, ella, de un golpetazo frío y abrupto, se nos presenta en lo que realmente es: algo definitivo e irrevocable... Mamá nos esperaba en la puerta de la casa con una actitud estoica que me conmovió y mientras nos vestíamos de luto para ir al cementerio, no dejó ni un solo segundo de hablarnos con aquella voz tierna y firme que usaba para consolarnos cuando éramos niñas. Antes de salir, la abrazamos y dándonos un beso insistió: "Tranquilas, hijas. Vuestro padre está descansando... Su enfermedad fue muy larga y dolorosa y él ya merecía descansar. Y aunque al final de su vida hizo cosas indebidas, estoy segura de que Dios lo tiene en su Santo Reino... Ahí está papá, en el cielo...".

Estaba oscureciendo cuando llegamos frente a su tumba. Acercándome con un ramo de rosas blancas, puse mis labios en la lápida y le susurré llorando: "No puedo verte, papá, no te veré nunca más..." porque para mí lo más terrible de la muerte en esos momentos era que me había privado de mis sentidos, los había clausurado totalmente, haciéndome conocer lo más horrendo de este mundo... la nada... No. No lo vería nunca más, no lo oiría nunca más... Y cuando íbamos hacia la puerta de salida sentí que andaba en el vacío, que mi padre había sido alguien fuerte que me enraizaba a la tierra y a la vida... Durante varios meses caminé así, a punto de perder el equilibrio y con la sensación de que estaba al borde de un abismo... y por más de tres días permanecí en absoluto silencio... la muerte de papá me había dejado sin palabras y pasaron varias semanas hasta que volví a reír...

—¡Hija mía! —exclamó mamá al oírme—. Pensé que nunca más iba a escuchar tu risa de campanillas en el viento... así te has reído siempre, desde que eras chiquita... ¡Gracias a Dios que ya estás bien!

—Sí, mamá —le contesté acariciándole la mano—. No te preocupes más por mí... la vida sigue... sigue... así dice toda la gente, pero nunca será igual.

—No, nunca —replicó ella dando un profundo suspiro—. Yo no sé, en realidad, qué habría dicho José María si hubiera sabido que cada uno de ustedes iba a vivir su muerte de manera tan diferente... es como si para cada uno él hubiera sido un padre distinto... cinco padres diferentes en uno solo y tú eres la que más ha sufrido.

Jamás comprenderé por qué me dolió tanto la muerte de mi padre ni he podido tampoco en todos estos años describir ese dolor... Sólo puedo decir que mi mente cayó en un estado de confusión absoluta y que mi propio cuerpo se entorpeció... las cosas se me caían de las manos y hasta mi modo de caminar se hizo lento y endeble como el de una anciana abatida... ¡Tanto que se ha dicho sobre la muerte! Cientos, miles, millones de frases que no son más que leves ráfagas de arena desprendiéndose de la superficie de esa roca gigantesca y por siempre imperecedera que la constituye!

Mil novecientos treinta y ocho fue un año triste, muy triste, pero en su envoltorio gris también trajo otro renacer... como si papá, siempre tan orgulloso de mi carrera artística, hubiera decidido enviarme desde el más allá un puñado de estrellas... Fue hacia fines de ese año cuando adopté mi traje y adornos de bahiana, aquellos atavíos que se convertirían en el emblema de mí misma y que circularían por el mundo entero...

Mientras reinaba el hambre y la cesantía en ese país del norte cuyas aspiraciones de convertirse en el nuevo coloso del siglo XX habían sido desvastadas por una horrenda depresión económica, la empresa del cine en Hollywood había optado por el escapismo y la evasión. El tono alegre y ligero de las comedias musicales narcotizaba el sufrimiento y la frustración de millares de seres humanos que carecían incluso del sagrado pan de cada día... Los hombres cesantes, sin nada más que hacer que permanecer sentados durante días enteros en las veredas de alguna calle de pueblo o de la gran ciudad, eran suplantados en la pantalla por un galán vestido de frac y flamantes zapatos de charol cuyos toperoles metálicos marcaban el ritmo de las melodías que él diestramente bailaba en la pista de los salones señoriales. La comedia musical en su banalidad intrínseca había trivializado la pasión y a los Rodolfos Valentinos de mirada intensa y seductora acosando a la mujer deseada en un ritual de ademanes enardecidos.

Dotadas de una inocencia que bordeaba la estupidez, las heroínas envueltas en abultadas gasas y tules eran el envés de aquellas otras mujeres reales cruzando millas y millas en camiones destartalados con la esperanza de que sus maridos lograran obtener trabajo en los valles de California. En la comedia musical, el encuentro de los amantes era sólo el pretexto para el canto y la danza, para la escena típica, siempre con idéntico formato. En un escenario elegante, la muchacha del écran estaba por fin a solas con su galán y ambos entablaban una charla ligera, una especie de flirteo; de pronto y sin causa lógica alguna, surgía un resonar de violines y él, interrumpiendo la conversación, se ponía a cantar. "Day and night, you are the one"…, decía y ella bellamente sorprendida, abría los ojos azules enmarcados por frondosas pestañas y posaba las manos sobre su regazo mientras lo escuchaba con embeleso… Él cantaba la primera estrofa en un tono profundamente romántico y entonces se acercaba para tomarla del talle y hacerla girar entre las columnas de un bello jardín… "Dancing in the dark… Blue moon, I saw you standing alone, without a dream in my heart, without a love of my own… Heaven, I'm in heaven… when we are together dancing cheek-to-cheek"… Palabras que convertían el amor en un despliegue de pasos y círculos ribeteados por el ruedo de la falda casi etérea de la joven rubia. El cine había transformado la pasión y en su lugar aparecía una hueca canción de té para dos, en ritmos de fox-trots y baladas que hacían de la vida un sinónimo de lo artificialmente feliz.

Uno de los compositores de esas canciones era Cole Porter quien por vivir en privado los amores secretos y tormentosos de la homosexualidad, consideraba que los romances socialmente legítimos entre un hombre y una mujer debían ser muy sencillos y sin mayores complicaciones. Por eso, escribía melodías de ritmos ligeramente apasionados o con un leve toque de humor y los versos, creados también por él, se deslizaban sin matices ni repliegues, sin visos de angustia o traición. Sus canciones estaban hechas a la medida de Fred Astaire y Ginger Rogers, los nuevos íconos ingenuos producidos por el celuloide norteamericano.

Desde Hollywood había llegado a Río de Janeiro Wallace Downey, como representante de la compañía Columbia –productora y distribuidora de discos. Pero a él lo animaban otras ambiciones que traspasaban los límites de la hasta ahora sencilla grabación musical. Sus verdaderas aspiraciones empresariales estaban dirigidas al cine, a esa industria donde los capitales se multiplicaban de la noche a la mañana, como él mismo había podido constatar durante esos cinco años en los cuales vio crecer aquel sector privilegiado de la ciudad de Los Ángeles con mansiones espectaculares, coches lujosos y un verdadero harem de mujeres hermosas cubiertas de pieles y joyas deslumbrantes. Desde muy niño se había propuesto ser rico y por esta razón visitaba a menudo los estudios de filmación. Desplegando gestos amistosos y una amplia sonrisa, llegaba muy temprano en la mañana y en cuanto surgía una oportunidad, entablaba conversación con alguno de los técnicos. Wallace sabía que la estrategia más efectiva era prodigar exclamaciones de admiración para que aquellos hombres se sintieran importantes y luego, como de paso, aprovechaba para hacer una pregunta que el otro respondía de manera condescendiente. Mas a él no le importaba que lo trataran como a un modesto aficionado porque había decidido que, tarde o temprano, rompería el círculo cerrado de los cineastas, no para ser director, actor o camarógrafo, sino para tener la posición privilegiada de productor. "En este negocio, como en cualquier otro, el que pone el dinero es el que más gana", se decía, "ya iré juntando mi capital, aunque me tome veinte años, y esta gente de mierda me respetará... Ahí van a andar todos lamiéndome el culo para que yo suelte la plata..."

Cuando la empresa de discos le ofreció un puesto en la sucursal de Río, Wallace de inmediato partió a la biblioteca a buscar datos sobre ese país que sonaba tan exótico y lejano. Rápidamente hojeó una docena de libros, no prestando mayor atención a la historia, la diversidad geográfica y las tradiciones culturales ilustradas con imágenes a todo color. Ni siquiera le interesaron los emblemas, ya tendría cientos de oportunidades para ver flamear la bandera u oír los acordes del himno nacional, tan aburrido, seguramente, como cualquier otro. Lo que realmente necesitaba era comprobar la sospecha de que en ese país sudamericano existía un bajo desarrollo de la industria y la tecnología. "Toneladas de negros y toneladas de café", se dijo abandonando ruidosamente su cubículo y regresó a su casa con la convicción de que allá, en ese país de naturaleza exuberante y técnicas precarias, podría, por fin, hacer realidad el único sueño de su vida. "¡Benditos sean los brasileños por no tener una industria del cine!", exclamó restregándose las manos, "sólo falta que llegue yo, ¡ya verán!… ¡Qué situación tan ideal! Me la están dando en bandeja… 'En el reino de los ciegos, el tuerto es rey', decía siempre mi tía Sally, y yo allá me convertiré en una acaudalada Majestad."

Antes de partir, invirtió una parte del capital en un equipo de filmación que los cineastas hollywoodenses habían descartado en ese constante flujo de renovaciones técnicas. "Te habría convenido más comprar el último lente que acaba de salir", le comentó uno de los camarógrafos y Wallace, haciendo un gesto despectivo, replicó: "No hay para qué gastar tanta plata. Allá, en el Brasil, todavía están en la época artesanal y poco menos que hilvanan las imágenes con hilo y aguja."

En efecto, muy poco cine se había hecho en Brasil. Aparte de unos tres o cuatro documentales de corto metraje sobre el carnaval, nada más se había filmado. Con ojo certero, Wallace Downey inmediatamente determinó que la verdadera mina de oro estaba en aprovechar el éxito de la samba y sus cantantes. En ese país tan extenso, la voz de ellos llegaba, más que nada, a través de los discos y él sabía que los millones de habitantes dispersos en tantos rincones de ese vasto territorio, caerían en un verdadero éxtasis y regocijo si tenían la oportunidad de verlos en carne y hueso. Ésa era la ilusión que creaba el cine y el verdadero atractivo residía en el hecho de poder transformarse en mero espectador de esos seres de carne y hueso sin tener que hacer nada para ayudar a los protagonistas, aunque estuvieran en peligro de muerte mientras la vida real no cesaba de exigir que uno se involucrara hasta con el humilde portero que esperaba que uno le respondiera el saludo. Sin vacilar ni un solo segundo, Wallace decidió que utilizaría el formato de las comedias musicales. "Claro que aquí resulta totalmente innecesario hacer escenarios sofisticados, lo importante es saber llegar a la numerosa chusma de las barriadas y a los puebluchos cerca de la selva. ¡Qué van a saber ellos de salones y escaleras de mármol!…". Ante la expectativa de bajos presupuestos, entrecerró los ojos con satisfacción y tuvo la visión de un puñado de dólares que se reproducían como conejos en una extensa pradera.

A la voz de que estaba interesado en producir una película, se le acercó un grupo de artistas brasileños a quienes muy pronto puso a trabajar en un guión.

—Ya saben, nada de cosas serias o trascendentales —les indicó—, eso es para la gente educada y aquí no hay mucha que digamos. Nuestra película irá dirigida a la gran masa y a ellos les gusta algo ligero y divertido, vaudeville, eso tiene que ser. Y en el argumento se pone cualquier cosa, lo único importante es que aparezcan los cantantes.

En sólo unos pocos meses terminaron de filmar *Aló, aló, Brasil*, un film de 1935 en el cual Carmen apareció cantando "Primavera en Río", toda vestida de blanco. La película tuvo un éxito arrasador y ese mismo año, Wallace Downey produjo *Estudiantes* y *Aló, aló carnaval* que se terminó de filmar en 1936.

La veta de la mina de oro abultaba de manera vertiginosa los bolsillos de aquel norteamericano quien, sin dejar nunca de esbozar una sonrisa cordial, extendía a sus artistas cheques que no alcanzaban a representar el diez por ciento de sus ganancias.

En 1938, João de Barro dirigía para Downey una nueva película titulada *Banana de la Tierra*.

—Oye, Wallace, creo que aquí convendría insertar una escena bahiana donde Carmen cante una canción llena de sabor local —le sugirió João.

—¡Okay!… ¿Habrá algún gasto extra, though? —preguntó porque había calculado con inmensa satisfacción la suma que ganaría.

—No. ¡Qué va! Ponemos a Carmen en aquel balcón nomás y los espectadores se encargarán de imaginarla en la ciudad de Bahía… Habla con Ary Barroso para que nos dé su nueva canción, "En la calle del zapatero". Ésa es la canción precisa, según mi opinión.

Ya estaban por filmar la escena cuando el compositor llamó a Wallace por teléfono.

—Fíjese que he cambiado de parecer, señor Downey —le dijo en un tono dulce y formal—. La verdad es que prefiero cobrarle cinco mil cruzeiros por mi canción.

—¡Pero, hombre, usted está loco! —exclamó atónito frente a la osadía de cobrarle tanto dinero. Ésa es una fortuna, una verdadera fortuna.

—Y harta es la fortuna que usted está ganando con sus películas —contestó Barroso sin cambiar el tono de su voz.

—No es para tanto, no es para tanto —replicó molesto—. Son muchos los gastos que involucra la producción de una película, ustedes en este país no tienen idea… En todo caso, no se olvide de que gracias a la película su canción obtendrá una publicidad fabulosa. De ahí y sólo de ahí, tendrá usted sus ganancias.

—Entonces, olvídese de mi canción —repuso Barroso confirmando para Wallace la impresión de que los brasileños, no obstante su atraso en todo, se aferraban a un tonto orgullo creado, indudablemente, por el famoso cliché de que Brasil era el país más grande del mundo. "Lo repiten a cada rato sin saber, por supuesto, que Estados Unidos es el único país más grande del mundo… Estos tontos no saben nada y para colmo, se las dan de orgullosos", se dijo mientras regresaba al set donde estaba todo listo para la escena de color local.

Sin demostrar el enojo que le había causado la arrogancia de Barroso, mantuvo el mismo semblante afable que le había abierto tantas puertas y le comunicó a João que se cancelaba la escena.

—Pero será sólo cuestión de encontrar otra canción —replicó él pensativo porque, a pesar de que cedía a los requisitos de que esos films fueran triviales, João no perdía de vista la posibilidad de insertar en ellos algún elemento cultural que contribuyera a que los brasileños se conocieran a sí mismos, no obstante las abismantes distancias geográficas.

—¡Yo conozco a un compositor que acaba de llegar de Bahía! —exclamó el Almirante. Esta misma noche vamos a hablar con él y en un par de días podemos filmar la escena con una auténtica canción bahiana.

El compositor se llamaba Dorival Caymmi y era un mulato hermoso… hermoso en todos los sentidos… vestía elegantemente de blanco y tenía una voz que evocaba el mar profundo y el viento tronando en un abismo, pero los modales suaves, su sonrisa y el destello luminoso de los ojos daban a lo profundo, visos cálidos y etéreos que producían una sensación inexplicable… Desde la primera vez que lo vi, sentí algo mágico, como de otro mundo y otros dioses, los orixas, que impregnaban sus canciones de susurros secretos. Desde niño, Dorival se iba a las playas de Bahía a conversar con los pescadores y fueron ellos los que nutrieron su alma de amor y devoción hacia la naturaleza, de temores frente a la inmensidad del mar... yo, criada en Río, nada supe de ese mundo hasta que lo escuché cantar a él... Y no era un compositor cualquiera, no, sino un verdadero poeta quien entre ritmos africanos, hacía oír el soplo de las deidades afincadas en la tierra y en el mar, en el viento y en el horizonte iluminado por el sol mientras las aguas se despiden del día... ¡Caymmi! ¡Bello Caymmi!... Había llegado a Río con su guitarra envuelta en papeles de diario y allí traía también un pedazo de mi destino.

La canción con ritmo de samba se llamaba "Qué es lo que tiene la bahiana" y describía a una mujer de turbante, aretes de oro, falda almidonada, pulseras y sandalias deslizando su gracia por las calles de Bahía... y mientras Dorival estaba cantando, empecé a imaginarme vestida con ese traje típico.

Esa misma noche me probé una falda y una blusa amplias y me puse un pañuelo de turbante, al modo como lo usan allá siguiendo una costumbre traída a Brasil por los esclavos provenientes del Sudán. Me miré al espejo y ¡qué desilusión, Dios mío!... Aparte del escote que me sentaba, el resto tan lleno de tela me hacía ver gorda y aún más baja de lo que soy... ¡Parecía una gallina regordeta y enana! ¡Qué horror! Juro que jamás me había visto tan fea... Desilusionada, empecé a sacarme la blusa y fue entonces cuando, por estas cosas que una hace frente al espejo, dejé el borde de la blusa justo debajo de mi busto y mi figura, como en un milagro, se transformó... me convertí, mejor dicho, en una mujer de cintura desnuda, esbelta y sensual. Ensayé unos pasos moviendo la falda que dejaba ver mis piernas y, por puro capricho, se me ocurrió agregarle al turbante dos canastitas de frutas hechas en cera que había comprado hacía unos días porque me habían impresionado mucho las formas y los colores tan intensos que parecían un elogio a la vida, a todo lo vivo... Levanté la cabeza, sonreí, y mirando mi silueta ahora coronada de frutas, exclamé: "¡Viva la vida! ¡Viva el color y la samba!". Eufórica agregué a mi tenida collares largos, pulseras y una hebilla en la cual puse pendientes y medallas que simularan las balangandãs de los esclavos en Bahía. ¡Me veía tan linda! ¡Tan... deslumbrante! Estaba bordeando los treinta años, pero esa imagen en el espejo, créanme, me estaba diciendo que yo era el símbolo mismo de la juventud y la sensualidad, que jamás a mi cuerpo llegaría la vejez, y esta convicción me hacía aún más hermosa pues le daba un brillo diferente a mi mirada y a mi sonrisa... Además, el turbante con su tiara de frutas me hacía ver más alta y al día siguiente le pedí a mi zapatero que me hiciera un par de sandalias con plataforma y tacos de siete pulgadas.

Pero sepan que no fue sólo el atavío de bahiana el que me transformó en otra mujer y ¡vaya si no sabemos las mujeres que la ropa logra transformarnos de verdad!, aunque los filósofos, por andar siempre de cuello y corbata en sus trajes aburridos, no puedan concebir que el diseño de un vestido o el tipo especial de un maquillaje, nos cambie no sólo la visión que tenemos de nosotras mismas sino también la del mundo que nos rodea... ¡Ah! ¡Cuántos cientos más de libros habrían escrito los filósofos si hubieran sido mujeres! ¡Y para qué hablar de la menstruación! Ríos rojos de la identidad que ellos nunca han tomado en cuenta para escribir sus teorías... Fue Caymmi y su samba bahiana de ritmo acelerado el que también hizo otra de mí y de mi canto... Él me guió a otras regiones de la música, a otras aguas sinuosas bajo el aliento acompasado de sus orixas quienes, a través del sonido envolvente de los berimbaus, los atabaques y los afoxes, mostraban las percusiones verdaderas de nuestra cultura.

La cintura desnuda ahora me permitía mover las caderas libremente y mi leve cimbreo de antaño me pareció amordazado por un molesto corsé. Los pies hacia atrás y hacia adelante en un ritmo rápido se enlazaban, como por encanto, a mi cintura ondulante, y mis brazos parecían ser el mismo aire en una brisa de palmeras junto al mar mientras las manos, en ese movimiento que Caymmi me señalaba con una sonrisa, me hacían imaginar que yo era Yemanjá, la Reina del Mar, peinando las olas para sacar peces de colores refulgentes.

Para la filmación, yo misma me confeccioné un traje bahiano en color dorado. "Bahía siempre contigo", me dijo Caymmi dándome un abrazo y se quedó a unos pasos de la cámara, frente a mí. Empezaron los primeros acordes y, durante toda la canción, él iba haciendo los movimientos conmigo, como el compañero de una umbigada que infunde el hálito sagrado de un maravilloso ritual. A mi mente vino entonces la imagen de la iglesia del Convento de San Francisco allá en Bahía donde yo había actuado hace seis años... volvía a avanzar por el ala central entre paredes llenas de arabescos trabajados en oro, plata y jacarandá, en lo alto, las imágenes contaban la vida de San Francisco en azulejos y piedra labrada y los púlpitos ubicados en los extremos recargados de oro y de ángeles, parecían estar indicando que ésa era la única esencia de la palabra, del buen lenguaje y el buen amor... oro y ángeles... como aquella vez, me acercaba al altar mayor, sol grandioso del mediodía, y al fondo, entre columnas doradas, veía a San Francisco en su hábito marrón aferrado a Jesucristo en la cruz quien se inclinaba hacia el santo para hacerle saber que no importa cuán grande sea el dolor o el desamparo porque Él, desde aquel madero, siempre nos ofrecerá sacrificio y protección... En aquella iglesia dedicada al santo que llamaba hermanos a los animales y en los cultos que habían traído los esclavos, tras toda posible alegría, yacía el temor al Mal y el Dolor... la alegría, pensé mientras cantaba la última estrofa de "Qué es lo que tiene la bahiana", era la pócima benigna que nos proveía de fuerza para afrontar el sufrimiento y fue entonces cuando me di cuenta de que mi canto tenía una función sagrada, muy sagrada...

"¡Corten, corten!", ordenó João y yo, deslumbrada por esta visión que marcaba para mí el nacimiento de otro Yo, me acerqué a Caymmi y le dije en voz baja: "Bahía y tú me han cambiado la vida. Gracias por esta nueva luz".

Escándalo causó Carmen con su traje de bahiana entre quienes se llamaban "gente bien". A las mujeres les parecía simplemente descarado e inmoral que la artista luciera en público la cintura desnuda y esas blusas de escote redondo, las cuales dejaban ver el nacimiento de los senos cada vez que movía los hombros al ritmo acelerado de una percusión, tan propia de la negrada y no de las personas decentes. Los hombres, por otra parte, secretamente disfrutaban viendo el cuerpo sensual de esa mujer, pero les molestaba muchísimo su estilo de vida, que fumara a la vista de todos, como si estuviera en un burdel y, más que nada, que anduviera sola por las calles manejando su automóvil, como si fuera un hombre. Demasiado desplante y seguridad tenía Carmen Miranda y lo que realmente los perturbaba era no saber cómo conciliar esos rasgos y actitudes tan masculinas con su apariencia exuberante y sus gestos de mujer realmente seductora. "Para colmo le ha dado por cantar en una jerga de verdulera de feria que apenas se le entiende lo que dice", comentaban enfadados porque, para ellos, tan proclives a lo europeo como sinónimo de lo civilizado y elegante, de lo que debía ser Brasil, la samba carioca con sus dejos de balada, era la única que debía representar lo autóctono nacional. En cambio, la samba bahiana influenciada por los ritmos de raíz africana, les parecía salvaje y de mal gusto. "Carmen Miranda ya no tiene clase para cantar, canta tan rápido que ni siquiera pronuncia bien las palabras cuando lo verdaderamente bello de nuestra samba son las ideas e imágenes que transmite", repetían una y otra vez.

Pero, contra la opinión de la minoría adinerada, el nuevo estilo de Carmen fue un verdadero éxito y, en el próximo carnaval, modificando la larga tradición de disfrazarse de bahiana, la gente adoptó el traje que ella había creado agregándole frutas al turbante y dejando la cintura al descubierto.

Su show bahiano en el elegante Casino de Urca fascinaba a los turistas quienes regresaban a sus países de origen con la imagen de ella como símbolo y metáfora del Brasil. Entre éstos, una noche de 1939, llegó Lee Shubert, un empresario teatral en viaje de vacaciones pero con miras también de encontrar un toque sudamericano para sus espectáculos. La irrupción de las fuerzas fascistas en Europa y los conflictos políticos que amenazaban convertirse en una guerra de proporciones mundiales, estaban modificando, de manera radical, las relaciones exteriores de Estados Unidos, ahora embarcados en la Política de la Buena Vecindad con los países latinoamericanos. No se los había tomado mucho en cuenta, mas, como se quería lograr un continente americano unido, habían empezado a aparecer en el mundo del espectáculo, imágenes y melodías de esas regiones exóticas, con rasgos tan diferentes a lo estadounidense. Shubert estaba convencido de que detrás de las idealizaciones sobre el arte y los medios de entretención, estaba siempre lo político y económico. Sin saber aún cuál sería ese toque sudamericano, había decidido que en *Las calles de París*, su nueva revista musical, insertaría un número afín con la reciente difusión de ritmos latinos. Ese año, la competencia sería grande porque se realizaría una gigantesca Feria Mundial la cual, por cierto, disminuiría la cantidad de público para los teatros de Nueva York.

Asistió al casino acompañado de la patinadora Sonja Henie y cuando apareció Carmen Miranda cantando acompañada por el sexteto Banda de la Luna, Shubert se estremeció de entusiasmo. Allí, frente a sus ojos, se desplegaba justo el apéndice sudamericano que él había tenido en mente. Ritmo, sonido y color de algo que, siendo exótico, no resultaba amenazador. Por el contrario, esa mujer tan sexy proyectaba a través de su traje folklórico y sus gestos, algo ingenuo e infantil, algo muy sudamericano que sólo podía ser tomado en serio cuando se trataba de convencer a algún gobernante para que permitiera la nueva instalación de una base militar norteamericana en su territorio nacional. Allá, en los Estados Unidos, Carmen Miranda gustaría y vendería. Al público le fascinaría su tocado tutti-frutti y esa alegría tan propia de los países cálidos. Además, por estar cantando en esa jerigonza tan rápida y extraña, los espectadores norteamericanos tendrían la fabulosa oportunidad de divertirse de verdad concentrándose únicamente en lo sensorial, como si estuvieran frente a una pura coreografía de sonidos y color, mucho color.

Sin embargo, no demostró a nadie su entusiasmo, ni siquiera a Sonja quien, después de aplaudir fervorosamente, llenó de elogios a Carmen y su grupo. Él, como empresario de primera ley, debía aparentar indiferencia y escepticismo, actitud que rendía suculentas ganancias en el momento de firmar un contrato. Así es que sólo a la noche siguiente fue a hablar con Carmen.

—El señor Shubert pregunta si le gustaría trabajar en un show en Broadway —le dijo Maxwell Rice, quien servía de intérprete.

—¡Broadway! —exclamó Carmen—. Sí, entendí que dijo Broadway. Dígale que me gustaría, pero tendría que llevar mi propia orquesta…

Al oír la traducción, Shubert hizo una breve carraspera y luego asumió un tono firme e irrevocable.

—Dice que subirían mucho los gastos con seis personas más y que hay cientos de excelentes músicos en Nueva York.

—Nueva York, New York, como dice él —comentó Carmen pensativa. Entonces, fijó la vista en una de las fotografías que adornaban las paredes de su camarín, allí estaba ella con una sonrisa radiante y rodeada por los muchachos de la Banda de la Luna. Como envuelta en un hálito de pasión, volvió a sentir en su piel las caricias de Aloysio quien en la imagen, le pasaba el brazo por la cintura, y con una determinación absoluta, afirmó:

—Si no me acompañan ellos... ¡no iré a ninguna parte!

Por primera vez, en todos esos años, Carmen le asignaba a su carrera artística un lugar secundario. Hollywood, Nueva York y Broadway perdían toda importancia si esas actuaciones implicaban separarse de Aloysio, porque él era, para Carmen y tantas otras, el único hombre en el mundo que realmente merecía el amor de una mujer. Mario, no obstante su ternura y devoción, en el fondo había deseado, más que nada, poseerla completamente y su perspectiva de la hombría no le había permitido aceptar que la inocente muchacha de diecisiete años se convirtiera en una persona autónoma y con compromisos profesionales que anulaban la posibilidad de que ella fuera absolutamente suya. Después del rompimiento con Mario, varias veces Carmen había iniciado idilios que terminaban muy pronto en amoríos sin trascendencia y que, por lo mismo, mantenía en absoluto secreto, sin siquiera comentárselos a Aurora. Algo pequeño y mezquino presentía en todos esos hombres que la besaban con pasión sin nunca entregarse por entero al amor. A ella le parecía que siempre dejaban algo intacto, una zona de vanidad y egocentrismo la cual hacía que vivieran el amor como un margen no esencial a sus propias metas. Carmen, aun en los momentos más íntimos, intuía que permanecían en otros mundos y que éstos desembocaban siempre en ellos mismos... Aloysio, en cambio, giraba en una constelación muy similar a la suya y las mujeres rápidamente presentían que él pertenecía a ese escaso porcentaje de hombres capaces de hacer verdaderamente feliz a una mujer. Se le acercaban como abejas a un panal y Carmen, con el pretexto de que debían ensayar o asistir a una entrevista, se los arrebataba a brazo partido porque había resuelto que Aloysio y únicamente Aloysio sería el hombre con quien compartiría hijos y el resto de su existencia. (¡Tantas, pero tantas cosas en mi vida habían sido dirigidas por el azar! De esto ustedes ya se habrán dado cuenta... La verdad es que a mí se me ocurría, a veces, que mi destino era como un libro escrito por un puñado de gente al azar, cuando se le venía en gana... Y esta vez, por amor a Aloysio, me propuse construir mi propio astrolabio para dirigir mi vida desde una nave propia.) Por eso, las posibilidades de éxito en el extranjero no tenían relevancia alguna si significaban un cambio de rumbo para los designios de su voluntad. Carmen no correría el riesgo de que otra mujer le usurpara a Aloysio ni tampoco estaba dispuesta a vivir el tormento de no oírlo ni de que la yema de sus dedos recorriera su cuerpo como incienso cálido que le encendiera las venas.

Aloysio era un hombre que bordeaba la luna, que giraba a su alrededor transformando la fuerza viril y todos los despotismos de la hombría en una masculinidad luminosa. Desde la infancia, había sentido adoración por las mujeres con sus voces que evocaban el canto de los pájaros, sus formas redondeadas tan semejantes a las frutas o las curvas de una guitarra y esa piel de aroma salino, como si hubieran nacido de las espumas del mar. A menudo, se sentaba en la falda de su madre o de sus tías sólo para sentir esa sensación tan muelle y deliciosamente corporal que le producían aquellos muslos turgentes acunando sus glúteos mientras en sus mejillas sentía la respiración de ellas subiendo como un leve aleteo desde los pechos firmes y blandos, rozagantes de vida... Con cualquier pretexto, se recostaba sobre ellos y allí permanecía diciéndose que las mujeres eran como las flores que adornaban la tierra.

Nunca le prestó mucha atención a los hombres, aún cuando ya era adolescente, porque prefería rondar en la cocina para escuchar la risa de su madre y las criadas, las historias siempre tan entretenidas sobre los vecinos o los antepasados de la familia y el aroma a pan, pimienta y canela que impregnaba el aire de una armoniosa energía. A Aloysio se le ocurría que las mujeres avanzaban en el mundo con una gavilla de luz propia. Cuerpo a cuerpo se habían ido prolongando en un engarce de partos que las hacía inmortales, al igual que un árbol inmenso que no cesaba de proliferar en hojas y ramas, lejos de la ladera de las horas, de las guerras y los reinados. Y él sentía que de todas ellas emanaba una fuerza especial que nada tenía que ver con voces recias o duros golpes en un ring. Era una fuerza que, en vez de concentrarse en un solo punto, se extendía como la luz... Por el contrario, todos los hombres adultos que él conocía parecían estar siempre como caballos de carrera con un solo horizonte encajado entre sus anteojeras. Hasta para leer el periódico su padre exigía absoluto silencio, jamás dejaba de aludir a su trabajo como el centro de todo y aun cuando se trataba de programar vacaciones se concentraba con tal ahínco que únicamente lo que él hacía parecía merecer importancia. Horas enteras se pasaba lápiz en mano anotando en diversas columnas los precios de hoteles y pensiones, los horarios de buses y trenes con sus respectivas tarifas y en una segunda página, meticulosamente agregaba una lista de las ventajas y desventajas de cada lugar. "Escucha, hijo, los hombres debemos saber siempre cómo planificar las cosas. Es nuestra inteligencia la que dirige este mundo", le decía. Pero Aloysio le hacía poco caso y cuando con los otros hombres de la familia su padre se ponía a disertar sobre política o algún evento histórico lleno de fechas y estadísticas, él agarraba un cancionero y se sentaba cerca de las mujeres quienes, entre risas y exclamaciones, pasaban de un tema a otro en una charla que a él le parecía un saco de harina dispersándose alegremente en el viento.

Fue en la calle donde conoció a otros muchachos que, como él, dejaban correr la vida sin jamás intentar controlarla. A la casa de Julietinha había llegado como chofer un joven moreno y de personalidad dinámica que en las tardes se sentaba en la acera y se ponía a cantar marcando el compás con un tamborileo ligero. Se llamaba Sylvio Caldas y muy pronto se formó a su alrededor una verdadera corte de otros adolescentes aficionados a la música. Uno de ellos le enseñó a Aloysio a tocar la guitarra y cuando al barrio se mudaron tres jóvenes que ya tenían un terceto de guitarra, cavaquinho y tamborina, Aloysio se les unió, contra la voluntad de su padre, quien insistía en que debía estudiar en la universidad para convertirse en un flamante dentista. Pero a Aloysio le era imposible concebir siquiera la idea de que pasaría el resto de su vida sacando muelas, inyectando anestesia y frotando dentaduras. Cada vez que tomaba en sus manos una guitarra, sentía un placer que lo sumergía en un regocijo más allá de las palabras, evocaba las manos de su madre tan blancas y tan tersas que parecían dos palomas posándose sobre la cubierta de mármol del aparador o el tallo de una copa, y en su corazón sentía ese tintineo sensual que siempre experimentaba cuando contemplaba los cuerpos de las muchachas bañándose en la playa. Sabía que su vida tendría que correr siempre por los senderos de las mujeres y la música, como si ambas en una divina constelación, hubieran signado un solo sendero para él.

Había conocido a Carmen en 1934 cuando ella era aún novia de Mario, juntos habían actuado cuatro o cinco veces en Buenos Aires y ninguno de los dos se percató de que paulatinamente, acorde tras acorde, en diferentes ensayos y escenarios, se iba engendrando la pasión. En las actuaciones, los músicos de la Banda de la Luna se ubicaban siempre detrás de Carmen en un semicírculo. Desde allí, Aloysio la miraba mientras tocaba la guitarra y participaba en el coro de voces que requería cada número. Sin saber cómo ni por qué sus ojos empezaron a detenerse en la espalda color mate de Carmen, en sus hombros desnudos, en la simetría de la columna vertebral bajo la tela de aquella blusa que apenas cubría unos quince centímetros dejando al descubierto cuello y nuca, la cintura cimbreando bajo el ritmo de la samba. La perfección de esas líneas y la sensualidad de la piel que se iba cubriendo de pequeñas gotas de sudor, le producían a Aloysio una profunda fascinación y muchas noches, antes de quedarse dormido, volvía la imagen de esa espalda la cual él ahora recorría lentamente con sus dedos en una larga caricia. Siempre había admirado el talento artístico de Carmen, su inteligencia para lidiar con los empresarios y la prensa y esa vivacidad con la cual disfrutaba de la gente y de todo aquello que estuviera a su alrededor. Pero ahora se dio cuenta de que la deseaba y que junto con ese deseo apremiante emergía el amor. Empezó a mirarla a los ojos y ella parecía también buscarle la mirada. Entonces, entre el bullicio de los ensayos y las entrevistas, aparecieron esos hondos remansos que juntos creaban. De sus cuerpos surgía una especie de magnetismo imprevisto que hacía que se rozaran las manos, que se sentaran siempre juntos y que al final de cada actuación, él le pasara el brazo por la cintura mientras saludaban al público.

Una noche en el Casino de Urca, Carmen se atrasó por tratar inútilmente de arreglar el broche de un collar y, dejándolo sobre el tocador, salió apresuradamente y se tropezó en la puerta con Aloysio, quien había ido a decirle que el público empezaba a impacientarse. Se golpearon con una fuerza que casi la hizo caer a ella y él la levantó por debajo de los brazos, la miró fijamente y con un gesto abrupto y desesperado, buscó sus labios… En la boca se dieron un beso rápido, cargado de ansiedad y de una pasión que ninguno de los dos había experimentado antes y tomándose de la mano, corrieron por el pasillo que conducía al escenario. Frente al público, Carmen esa noche sentía las mejillas encendidas y una felicidad desbordante que encontraba eco en las notas de la guitarra de Aloysio, ribeteadas por tonalidades eufóricas y apasionadas.

Desde esa noche, vivían ansiosos por verse y tocarse, acariciarse y besarse entre murmullos y frases amorosas.

Sólo después de dos conversaciones más, Lee Shubert aceptó pagar el sueldo de tres de los componentes de la Banda de la Luna y Carmen estuvo de acuerdo en cubrir los otros tres sueldos con parte de su propio salario. Aloysio ya había conseguido, a través de Alzirinha Vargas, la hija del Presidente, que fueran invitados a actuar en el Pabellón que Brasil montaría en la Feria Mundial que tendría lugar en Nueva York durante las mismas fechas programadas para el show de Shubert. De modo que el gobierno se había comprometido a pagar los pasajes. El contrato estipulaba que Carmen ganaría quinientos dólares a la semana y que la mitad de cada centavo que obtuviera por otras presentaciones, pasaría directamente a la cuenta bancaria de Shubert.

Carmen y los músicos de la orquesta no sabían que aquel viaje se convertiría en un evento nacional. A Getulio Vargas le preocupaba que Estados Unidos hubiera bajado la cuota de café que importaba todos los años y consideraba imprescindible darle mayor visibilidad a Brasil y destacarlo, de cualquier manera, entre los políticos norteamericanos, quienes tan poco sabían de Latinoamérica. Por eso, pensó que las actuaciones de Carmen Miranda serían un excelente vehículo de difusión. El talento y el encanto seductor de esa mujer a quien él mismo había galanteado por un tiempo, pondrían a Brasil en un primer plano en revistas y periódicos de los Estados Unidos. Como de paso, comentó a los periodistas del Palacio Presidencial que Carmen Miranda sería la embajadora más maravillosa que podía tener Brasil en ese país del norte y sus palabras bastaron para que en todas las emisoras y otros medios de comunicación, se empezara a hablar con admiración de esta gira que representaba una prueba irrefutable de la calidad artística y la relevancia de Brasil en la esfera mundial. "Ha sido un norteamericano quien ha viajado especialmente para venir a buscar a nuestra Carmen, quien ahora encabeza la delegación más importante que puede enviar Brasil a los Estados Unidos", declaraban y Carmen, tomando muy en serio esta misión que el gobierno le asignaba, se propuso ser la mensajera de su patria. (Mi patria... Como para todos los brasileños, la patria para mí era sagrada y sublime... Lo que es muy comprensible porque crecí rodeada por lemas y emblemas que decían que Brasil era, por su belleza natural y su glorioso pasado histórico, un país único en todo el mundo. Y ahora, fíjense ustedes, yo tenía sobre mis hombros la enorme responsabilidad de dar a conocer nuestra música para que el resto del mundo apreciara nuestra patria por lo que realmente era... Y mi canto llevaría hasta ellos, ¡nada menos que el alma de nuestro pueblo! ¡De todo nuestro pueblo!)

Unos pocos días antes de partir, se les hizo una despedida transmitida por una de las emisoras radiales a lo largo y ancho de todo el país y el maestro de ceremonias, en un discurso emotivo y lleno de elogios, declaró que el nombre de Carmen Miranda, su alegría, canto y encanto refulgirían como fuegos artificiales que opacarían todos los letreros luminosos de la famosa isla de Manhattan.

En medio de toda esa euforia nacional, la única triste era doña María Emilia quien lloraba a escondidas en su cuarto. ("Y es que me había vuelto a la memoria el viaje de mi pobre Olinda, quien se fue para no volver nunca más... Ahora otra hija estaba por irse y yo tenía un temor muy grande de que a Carmen le fuera a ocurrir alguna desgracia en esas tierras que quedaban a tantas y tantas leguas del

Brasil... Por no amargar a nadie en la casa, nunca dije nada, pero en esos días vivía como si me hubieran puesto una enorme piedra en el pecho y pasaba noches enteras en las cuales no podía dormir de tanta preocupación y tanto dolor... Mientras, Carmen con sus hermanos y hermanas pasaba horas comentando alegremente las expectativas del viaje... Y, claro, eran jóvenes y estaban en la edad en que todo se vive con entusiasmo y energía sin que crucen por la mente los presentimientos de la muerte y la mala ventura.")

Carmen subió al barco entre las exclamaciones y vítores de la multitud la cual arrojaba a su paso, papel picado y serpentinas de vistosos colores. Desde la cubierta ella saludaba sonriendo a esa muchedumbre que ahora hacía flamear en el aire cientos de pañuelos blancos y pronunciaba su nombre a cada pitazo de aquella embarcación que transportaría a Carmen Miranda y a Brasil entero a las costas del coloso del norte. Cuando ya habían zarpado, Carmen fijó la vista en su familia. Óscar, Mario y Aurora seguían haciendo sonar sus cornetas de cartón y saltaban levantando los brazos para que ella pudiera verlos mientras doña María Emilia se apoyaba en el pecho de Cecilia con una actitud de congoja.

Esa noche, Carmen y Aloysio se quedaron paseando por la cubierta. Poco a poco, los otros pasajeros fueron desapareciendo pues se acercaba la medianoche. Sus besos bajo la brisa del mar tenían una fuerza sexual apremiante.

—Vamos a tu cabina... ¡Amémonos de verdad, Carmen, mi amor! —le rogó Aloysio.

—Mejor que todo ocurra en nuestra noche de bodas —dijo Carmen.

—Es que no es natural que estemos refrenando así esta pasión tan grande —reclamó él—. Es un pecado contra la naturaleza misma, corazón.

Pero ella, besándolo con dulzura, se despidió de él.

Ya en su habitación, se desvistió sin prisa y se quedó de espaldas en la cama y con la mirada perdida sintiendo que ese cuarto era un limbo vacío. De pronto alguien golpeó a su puerta y ella, poniéndose una bata, preguntó quién era.

—Soy yo, Aloysio —dijo él—. Esto es urgente, Carmen. Abre, por favor.

—¿Qué pasa? —le preguntó ella corriendo el cerrojo.

Y él, con una actitud de niño desamparado, le sonrió declarando:

—Es que no puedo dormirme sin antes darte otro beso.

Y cerrando la puerta, la apoyó contra la pared, apasionadamente rozó sus labios en un suspiro y la abrazó entera. Abriéndole la bata, acarició sus senos desnudos mientras la besaba con un frenesí que hacía gemir a Carmen en un cántico de intenso placer. La bata resbaló al suelo y él lentamente la fue cubriendo de besos, se hincó frente a ella y apoyando las manos en sus caderas, le pasó la lengua por los muslos en una caricia fervorosa que ascendía hasta el pubis... De manera suave y gentil, la tomó en brazos y la recostó en el lecho... ahora ella con los ojos cerrados sentía el cuerpo desnudo de Aloysio y ese roce piel a piel la hacía sumergirse en un intenso gozo que la humedecía entera... Su miembro, en un preámbulo de ternura, frotaba los pliegues de la vagina, la penetraba dulcemente y por su espina dorsal empezó a ascender un escalofrío que era también profundo, luminosamente oscuro... Por primera vez ella supo del acto sexual, de esa unión de los cuerpos que borra los límites del yo para fundirse en otro. Carmen sentía que juntos se iban internando, que galopaban en una larga noche, cruzando bosques densos y cavernas marinas para luego ascender en un vuelo infinito...

Trece días duró aquel viaje a Nueva York y entre las comidas y los ensayos, corrían a la cabina para hacer el amor sin siquiera sacarse la ropa o llegar a la cama. Y en las noches vivían el placer sexual como si ambos estuvieran escribiendo juntos una partitura de música barroca; enlazándose de mil maneras y muchas veces, así unidos, se caían de la cama y riendo continuaban amándose sobre las baldosas frías.

"Paloma mía", susurraba Aloysio acariciándola en un arrullo y lentamente se dormía entre suspiros.

Una de esas noches, Carmen se levantó y se paró desnuda frente al círculo de la ventanilla para contemplar aquellas aguas oscuras bajo un firmamento donde escaseaban las estrellas… Aloysio, al no sentir su cuerpo junto a él, despertó, la vio de pie en la oscuridad apenas iluminada por una luna naciente, y su silueta tan divinamente sensual le pareció la figura de Venus saliendo de las aguas. En silencio se levantó y se puso detrás de ella, la enlazó por la cintura y volvió a hacerle el amor. Carmen sentía en su espalda el peso de ese cuerpo tan amado, el aliento de él acariciando su cuello mientras se unían frente a las estrellas rodeados por el rumor del mar.

III

"CARMEN MIRANDA IS FUN! ...
ELLA ES LA ENTRETENCIÓN
hecha mujer, movimiento y color"

La travesía a lo largo del Atlántico estaba por culminar. Desde la lejanía, empezó a divisarse la ciudad de Nueva York. Una difusa línea horizontal interrumpía el azul del mar para después alzarse en altos edificios que se iban haciendo cada vez más nítidos. A la entrada del puerto, se erigía la figura imponente de la Estatua de la Libertad, y unos metros más allá, la isla de Ellis en cuyo suelo habían quedado las huellas de miles de inmigrantes expuestos a exámenes médicos rigurosos e inevitables para poder ingresar a la "tierra tan pródiga en oportunidades", a aquella nación fundada, según su Constitución, en el derecho inalienable de todos los seres humanos a encontrar y forjar una vida feliz. Más del veinte por ciento de ellos era rechazado y bajo rígida vigilancia policial debía entrar a la fuerza a otro barco que los retornaría a su lugar de origen. En la memoria de todos ellos permanecería para siempre la imagen de aquella mujer monumental que sosteniendo su antorcha simbólica marcaba el umbral del Sueño Americano y allí también en la zona de los recuerdos habitaría la experiencia humillante de haber tenido que desnudarse de pies a cabeza frente a hombres uniformados que, con gestos rudos y palabras incomprensibles, los apuraban para ser sometidos al examen de los médicos quienes, no contentos con los procedimientos regulares de una auscultación general, se dedicaban asimismo a revisar en detalle sus órganos genitales y el orificio anal en el cual introducían un dedo enguantado que les hacía sangrar las paredes de los esfínteres.

El esplendor de la Estatua de la Libertad fue súbitamente eclipsado por la silueta del Empire State, el edificio más alto de todo el globo terráqueo, la octava maravilla del mundo, que había sobrepasado los novecientos ochenta y seis pies de la Torre de Eiffel, altura no superada hasta 1972.

Esa forma arquitectónica que simula la imagen sencilla e ingenua de un lápiz, encierra, más allá de todo candor, las ambiciones propias de las transacciones comerciales. Sus seis mil cuatrocientas ventanas corresponden al laberinto ordenado de oficinas de la banca y del comercio desde las cuales se dirige, entre paredes de mármol veteado de diversas tonalidades, el tráfico incesante de los dólares. La construcción misma del Empire State se constituyó en emblema de la nueva empresa norteamericana, amiga dilecta de las cifras astronómicas. Así, en sus treinta y siete millones de pies cúbicos se extienden diez millones de ladrillos, veintisiete millas de cables para los ascensores y doscientos mil pies cuadrados de piedra caliza.

El inventor de los rascacielos fue Leroy S. Buffington, un arquitecto bonachón que ideó el uso de varillas de acero no simplemente para reforzar la base de los edificios, como se había hecho hasta entonces, sino también para sostener todo el entramado de piedras y ladrillos que ahora, aprovechando la fuerza de gravedad, podían extenderse hasta alcanzar grandes alturas. "Rascanubes", les llamó cuando patentó el invento en 1883, mas nunca tuvo la oportunidad de construir uno y su nombre sólo quedó como una nota de pie de página en la historia de la arquitectura.

En 1929 se destruyó el edificio del Hotel Waldorf Astoria, verdadero enclave de la aristocracia de fin de siglo, y en ese terreno de la isla de Manhattan se inició la construcción del edificio más alto e indestructible del mundo. Según los cálculos de uno de sus arquitectos, se necesitaría una ráfaga de viento con una presión de cuatro millones quinientas mil libras para derribar sus trescientas sesenta y cinco mil toneladas.

En los panfletos que se entregan a los turistas, todas estas cifras se consignan con orgullo sin aludir jamás a la historia de aquellos obreros que, con sudor y sangre, fueron enhebrando piso tras piso bajo el constante peligro de una caída que les costaría la vida. Y tampoco se dice que el edificio, como todos los otros rascacielos de Nueva York, sólo se pudo construir gracias a la espiritualidad mística de los indios mohawk quienes, colocando un pie inmediatamente después del otro y con la vista perdida en el firmamento, avanzaban para instalar vigas y andamios en un ritual que los unía a las fuerzas cósmicas cuya energía tanto necesitaban para sobrevivir en el imperio despiadado de los blancos.

En los solsticios de invierno, el Empire State, con sus mil doscientos cincuenta pies de altura, arroja sobre la ciudad de Nueva York una sombra que se extiende por más de una milla. Pero desde esta silueta masiva, se proyectan también las sombras del imperio de la acumulación de riqueza de quienes hegemonizan y discriminan a hispanos, judíos y polacos, italianos, irlandeses, negros e indígenas que habitan en los cinco sectores de aquella extraña Torre de Babel que es la ciudad de Nueva York.

Como todo aquel que llega por primera vez a una tierra extranjera, Carmen y los músicos de la Banda de la Luna traían también un equipaje de inocencia. Poco sabían de Estados Unidos y a través de las noticias de la prensa brasileña se habían hecho a la idea de que éste era sencillamente el país del norte que producía películas, armamentos y artículos eléctricos.

Seis funcionarios del consulado de Brasil los esperaban para darles una bienvenida de honor, y el empresario Shubert se había encargado de tener allí a varios fotógrafos y periodistas. Acostumbrada a los fogonazos de las cámaras, Carmen posó sonriendo, hizo dos o tres declaraciones con la ayuda de un intérprete y subió a la limusina que la condujo hasta el Hotel Moritz cerca de Central Park. Aloysio y los otros muchachos del sexteto se alojarían dos cuadras más allá en un hotel más barato.

Había pasado una hora cuando llegó Aloysio a la habitación de Carmen y después de amarse con pasión, juntos contemplaron las luces de la ciudad, tan llena de vida y movimiento.

—¡Qué hermoso escenario para nuestro amor! —exclamó ella echándole los brazos al cuello y Aloysio, besándole las mejillas, asintió porque ese vértigo de luces y edificios parecía la imagen de una postal viva.

Y como espectáculo ajeno que no afectaba su identidad ni su ser, Carmen, durante los días siguientes, disfrutó la vista de puentes, edificios y tiendas sin sentir el impacto de esta otra cultura. (Aunque es totalmente inútil tratar de explicarlo, podría pedir prestadas palabras a los filósofos que siempre escriben cosas tan raras y decir que cuando uno llega por primera vez a una tierra extranjera, no llega. O sea, está sin estar, ¿me entienden?... Yo había viajado muchas veces a Buenos Aires y allí todo me era familiar y mis amigos argentinos me llamaban Carmencita, con esa manera tan linda que tienen ellos para expresar el cariño. En cambio en Nueva York, todo era extraño, todo estaba completamente disociado de nosotros mismos... la gente hablaba y ¡yo no entendía ni jota!... pero aparte de la muralla del idioma, más sólida que el Gran Muro de la China, debo decir que los gestos, los modales de esa gente y hasta el aire que respirábamos era tan diferente, todo imponía fronteras terribles, de acero macizo, es la única imagen que se me ocurre... Y aunque físicamente estábamos en Nueva York (¡y nada menos que trece días completos con sus respectivas noches habíamos tardado en llegar!), la verdad es que no habíamos llegado... ni tampoco llegaríamos... Los primeros días paseamos por la ciudad como simples brasileños. Brasil seguía intacto en nosotros y todo nos llegaba sólo a la retina y ahí nomás se quedaba, en la pura mirada, sin afectarnos mayormente. Nada, nada nos llegaba y, por lo tanto, tampoco llegábamos, ¿se dan cuenta?... La verdad es que Nueva York para nosotros era simple y sencillamente un atado de novedades... y algunas de ellas nos hacían reír a gritos... como esa vez que nos sirvieron duraznos en conserva encima de una ensalada de lechuga... Otra tarde íbamos caminando por el Bronx cuando, de repente, divisé un letrero en una esquina que decía con grandes letras de imprenta la palabra PUTA... Me detuve francamente pasmada porque jamás en mi vida había visto esa palabra escrita con letras tan gigantescas... "¿Qué pasa, Carmen?, ¿estás enferma?", me preguntó Stenio y yo muerta de la risa, exclamé: "¡Miren, miren, estos gringos anuncian a las putas igual que a los hot-dogs!" y los muchachos se largaron a reír con picardía… "No. No puede ser", dijo Aloysio después de un momento y como el techo de otro edificio tapaba parte del anuncio, corrimos entre la gente sorprendida con nuestro bochinche y casi al llegar a la gasolinera descubrimos que decía PUT A NEW TIRE… "¡Carmen, por Dios", me regañó Aloysio, el único que sabía inglés, "ahí no dice PUTA! Fíjate bien, PUT, ponga, A, un, NEW TIRE, neumático nuevo…" Y yo volviéndome a reír, le repliqué: "Diga lo que diga, de todas maneras tenemos que volver mañana para sacarle una foto a este letrero y mandársela a Aurora"… bueno, eso no más era Nueva York , para nosotros, puras fotos… exteriores de una película que bien podríamos haber estado mirando en un cine de Río de Janeiro.)

Desde el primer día en que se le había acercado Shubert para proponerle un viaje a Nueva York, Carmen vivía con el temor de que ni sus canciones ni su canto gustaran al público norteamericano. Esa había sido la preocupación soterrada que latía en ella mientras sonreía en las entrevistas y en las fastuosas despedidas, y también durante la larga travesía a Nueva York tan llena de pasión. Se lo comentaba constantemente a Aloysio, quien trataba de infundirle optimismo no obstante compartir el miedo de que las actuaciones resultaran un fracaso frente a ese público tan desconocido. "De verdad, mi amor, que si algún día me presentara en un teatro y hubiera apenas cuatro pelagatos, no me importaría", le dijo Carmen un día, "pero estas presentaciones allá en Broadway no me pertenecen para nada… ¡no son mías! ¿Me entiendes? Se trata de representar a Brasil, a nuestra tierra, y ellos, todos ellos, desde el Presidente hasta el trabajador más humilde, desde allá nos están exigiendo un abrumante éxito. Sólo eso, ¡éxito!…"

Tres días después de llegar a Nueva York les avisaron que deberían ir a Boston a un preestreno organizado por los productores de *Las calles de París* para sondear la reacción del público y poder calcular grosso modo cuántas semanas podría estar la revista musical en cartelera en Broadway. Carmen cantaría sólo cuatro canciones: "Corrida de toros en Madrid", "Bambo de Bambú", "Mamá yo quiero" y otra compuesta por tres norteamericanos que, sin conocer el ritmo de la samba, habían adoptado el ritmo cubano de la rumba dándole por título "The South American Way", frase que se repetía majaderamente como estribillo. Aloysio y Carmen insistieron en que la letra se cambiara al portugués y el director aceptó con la condición de que se mantuviera el estribillo en inglés.

La noche del preestreno, Carmen, por superstición, rehusó echar una ojeada al público que iba llegando a las butacas y, nerviosa, optó por rondar detrás de las bambalinas. Sabiendo que iba a enfrentarse a espectadores extranjeros, había aumentado el número de pulseras y collares y se había puesto en la cabeza dos pequeños canastos con papayas, cerezas, plátanos y manzanas en miniatura. Había calculado que en esos teatros mucho más amplios era necesario exagerar un tanto el atuendo, pero ahora, mientras caminaba preocupada y ansiosa, notó que todo aquello duplicaba el peso usual y frunciendo el ceño, temió no poder bailar con la agilidad de siempre. Minutos después, como una niña a punto de recibir un terrible castigo, se paró con sus músicos tras la cortina cerrada y se santiguó tres veces seguidas mientras trataba de dominar el pulso acelerado del corazón que le golpeteaba en las sienes. En esos momentos tenía la impresión de estar viviendo una pesadilla. De repente se oyó la voz que la anunciaba y las pesadas cortinas de terciopelo rojo empezaron a abrirse lentamente. "¡Arminda! ¡Viva o muerta, ven a socorrerme! Tráeme la fuerza de tu espíritu desde el cielo, desde Estocolmo o desde Roma porque te necesito tanto, por la pucha, en este minuto de mi vida", dijo en silencio mientras esbozaba una leve sonrisa antes de dar la señal a su orquesta. Entonces, como en un prodigioso milagro, los acordes de los instrumentos la hicieron olvidarse completamente de que estaba actuando en un teatro en Boston y, sumergiéndose en la marea de Arminda que hacía resonar su cuerpo al compás de la música, se puso a cantar creando con brazos y caderas una candenciosa filigrana. Al final de esa primera canción, el público prácticamente estalló en aplausos y ahora más segura intensificó los movimientos y sinuosamente avanzó para sentir más cerca la mirada de esos espectadores que le había resultado tan fácil conquistar. (Nunca, lo juro, nunca me olvidaré de esos aplausos, sobre todo cuando se volvieron a cerrar las cortinas... esa primera noche, hicimos nada menos que tres saludos con largas reverencias bajo un verdadero estruendo de ovaciones... tropezándonos con el director y sus ayudantes, salimos del escenario y nos fuimos corriendo por el largo pasadizo sintiendo aún el eco de los aplausos que parecían adherírseme a la piel, como un ligero y caluroso escalofrío que nunca antes había experimentado... Llegamos a mi camarín, cerramos la puerta de un golpe y nos abrazamos tan emocionados que ninguno atinaba a decir nada hasta que yo elevando los brazos al cielo, exclamé riendo: "¡Díganme ustedes, muchachos, por qué estos gringos... por qué... por qué mierda... por qué pucha, digo yo... estos gringos aplauden tanto si no, no entienden ni una sola palabra de lo que digo ni de lo que estoy cantando!". Y no sé, no sé realmente qué nombre se le puede dar a esa sensación de tambores y platillos eufóricos que me anegaba de pies a cabeza y hacía que las palabras se me atropellaran en la boca.)

Las actuaciones en el teatro Broadhurst en Broadway tuvieron un éxito igualmente avasallador y a Carmen le parecía que estos triunfos eran como una campana que repicaba cada vez más fuerte, como si no existiera ningún límite. Ella siempre había pensado que gran parte del éxito se debía, más que nada, a la letra de las canciones y a esa aura sagrada que la samba irradiaba en todos los brasileños, sin distinción de raza o clase social. Pero ahora la reacción del público norteamericano, tan alejado de lo brasileño, la hacía reflexionar. Con la mirada perdida en las fachadas de los edificios mientras viajaba en taxi al teatro o medio dormida en brazos de Aloysio, se preguntaba constantemente a qué se debía ese éxito. Hasta que una noche, cuando se arreglaba frente al espejo en su camarín, le pareció encontrar la respuesta precisa. "Esta gente que no sabe nada de la samba me aplaude por mi arte, exclusivamente por mi arte", pensó, "me aplauden solamente por lo que yo soy… ¡una gran, pero una gran artista!" y riendo empezó a cantar bajito mientras hacía ondular el cuerpo al ritmo de una samba. "Carmen, ¡te ves fabulooosa!", le dijo a la imagen del espejo y dando una media vuelta, agregó ufana: "No, nada de verse. ¡Soy fabulosa y ya está! ¡Fabulosa y punto!". En ese momento, Carmen ignoraba que aquel público neoyorkino había abierto en ella las compuertas de la vanidad, ese río imparable que hace ver como verdaderos todos nuestros espejismos.

En las mañanas se hacía llevar todos los periódicos del día y Aloysio, camino al teatro o a la Feria Mundial, le traducía algunos trozos de las reseñas que aparecían diariamente en ellos. Todas aquellas frases tan elogiosas le hacían experimentar un intenso orgullo, sentimiento jamás experimentado y que hacía germinar en ella un otro yo robusto, frondoso e indestructible como un árbol.

Mas Carmen no sabía que las palabras de los críticos escondían prejuicios y cierto desprecio hacia lo exótico, considerado como algo inferior. La prensa destacaba el ritmo sensual y exuberante de las canciones, el movimiento de sus manos descritas como "mariposas seductoras", las cuales ponían la nota etérea a aquel "vibrante paquete de dinamita" que bailaba frente al público y lanzaba desde el escenario "una encantadora cháchara del brasileño más auténtico" mostrando cómo se podía ser "delirantemente feliz". Para los estadounidenses, la pronunciación de las erres y las vocales nasales deslizadas velozmente, la forma simpática y hasta absurda de pronunciar una docena de palabras en inglés y su atuendo exageradamente vistoso encajaban a la perfección con el estereotipo de lo latinoamericano, de aquellos seres que habitaban allá en el sur, en tierras calientes cargadas de azúcar y pimienta. Por eso, muy pronto se puso en la maqueta del teatro una foto de ella con la siguiente leyenda: "Usted debe ver a Carmen en acción antes de que pueda verdaderamente apreciar su lenguaje universal de sutil y sinuoso simbolismo, acentuado por su voz tan cálida como un sabroso tamal".

Carmen Miranda is fun! ¡Quééé entreeetenidaaa! She's fun, she's fun! —exclamaban los espectadores cuando iban saliendo del teatro, y durante días repetían lo mismo a los vecinos y a los compañeros de oficina. Esta expresión era, para ellos, la única que realmente podía describir ese atado de ritmo y color que les ofrecía aquella mujer tan divertida con dos canastitos de mimbre en la cabeza llenos de frutas artificiales.

Los cálculos de Shubert se estaban cumpliendo plenamente. Aquella cantante que movía su cintura desnuda y hacía tintinear collares y pulseras como una exótica odalisca estaba fascinando al público norteamericano. Carmen Miranda divertía y entretenía de manera tan fabulosa que ya empezaban a surgir las ofertas de otras empresas, entre ellas, el jugoso contrato con la boîte Versailles y tal vez la actuación en una película con escenario en Argentina… Sin pensarlo dos veces, el empresario decidió concentrar toda su energía para hacer entrar a Carmen en cada uno de los nudos vitales de la promoción comercial.

Se decía que Shubert era más hábil que cien hechiceros juntos y, desde su caldero en el cual cocinaba los éxitos con tanta astucia, empezó a dirigir los días y las noches de Carmen, muy pronto transformadas en un ir y venir por las calles de Nueva York. En sólo un par de días finiquitó los contratos para que actuara en el famoso Versailles e hiciera las canciones del film *Down the Argentine Way*, lo que forzaba a ella y a su orquesta a comenzar el día a las seis de la mañana y permanecer en los estudios de filmación hasta las cuatro o cinco de la tarde. Rápidamente volvían al hotel para dormir un par de horas y a las ocho en punto debían estar en el teatro Broadhurst, donde hacían una primera presentación al final del primer acto de *Las calles de París*. De allí salían corriendo a actuar en el primer show del Versailles con el tiempo justo como para volver al teatro y hacer la presentación final de la revista musical. Nerviosos saludaban al público y en cuanto se cerraban las cortinas, volvían a partir rápidamente para hacer la segunda presentación, a la una de la mañana, en el Versailles. Carmen nunca regresaba al hotel antes de las dos de la madrugada y allí se dedicaba, por lo menos una hora, a revisar el vestuario con la perspectiva de tener que levantarse a las seis de la mañana para reiniciar la exigente rutina de trabajo que apenas le dejaba tiempo para dormir.

Una noche, mientras caminaban a prisa hasta la esquina para tomar un taxi, Carmen se detuvo de golpe y acercándose a Aloysio, le dijo al oído:

—Mi amor, único amor de mi vida… ¡Casémonos aquí en Nueva York! En secreto, solos tú y yo, y al día siguiente le damos la noticia a los muchachos y mandamos telegramas a Río…¡Dime que no sería maravilloso! —exclamó con entusiasmo. Y, al verlo titubear, insistió: ¿No es cierto que sería hermoso casarnos nomás, sin preámbulos de ninguna especie?… Mañana en el recreo del almuerzo nos escapamos del estudio, entramos a la primera iglesia que encontremos y le pedimos al cura que nos case.

—Pero, Carmen. ¡Esa sería una locura! ¡Qué diría tu familia! —protestó él.

—¡No me importa lo que diría mi familia, ni la tuya, ni el santísimo Papa! —replicó Carmen en voz alta.

Aloysio se quedó mirándola muy serio antes de decir en un tono que pretendía ser objetivo:

—Te olvidas, cariño mío, de nuestra diferencia de edad… Tú tienes treinta años y es muy natural que te quieras casar, pero yo apenas tengo veinticinco y la verdad es que no estoy preparado mentalmente para el matrimonio…

En esos momentos, desde la esquina, Stenio y Afonso les estaban haciendo señas a gritos porque habían logrado hacer detener un taxi.

—Pero, ¿cuánto tiempo crees que tengo que esperar para que tú, como dices, estés mentalmente preparado para el matrimonio? —le preguntó dándose media vuelta para seguir caminando.

Y Aloysio alcanzándola, la tomó de los hombros y con una sonrisa llena de amor y ternura, le respondió:

—No mucho, mi vida, no mucho. Casémonos en cuanto regresemos a Brasil.

Ninguno de los dos sospechaba que la estadía en Estados Unidos se prolongaría por un año. Lo que Carmen con tanto orgullo y amor propio consideraba su arte, cayó súbitamente en las fauces del consumismo. Carmen Miranda vendía y Shubert con Claude Grenecker, agente de relaciones públicas, montó una promoción que no sólo se extendió a una serie de actuaciones en otras ciudades y diversos programas radiales sino también a las cuantiosas esferas de la moda y los anuncios comerciales.

Grenecker logró convencer a los modistos de Nueva York de que el vestuario de Carmen era una verdadera mina de oro y Saks Fifth Avenue desplegó en sus vitrinas toda una nueva línea de faldas, blusas y turbantes en el estilo de la cantante, mientras en otras tiendas se anunciaban profusamente los zapatos de altas plataformas y joyas en pedrería que imitaban las balangandãs.* Muy pronto, los dueños de Macy's se pusieron en contacto con Carmen para que les ayudara a diseñar un turbante de rayón y terciopelo de seda a un costo más bajo. Y en todos los periódicos y revistas este turbante empezó a anunciarse como el "South American Turban Tizzy" que cualquier mujer, aunque no tuviera dinero, podía comprar a dos dólares con setenta y siete centavos. (Cómo olvidar, por Dios, la sensación de verme, de repente, multiplicada en las figuras estáticas de esos maniquíes con sus cuerpos de yeso y rostros tan similares al mío... Aunque, como ustedes comprenderán, este éxito arrollador me exaltaba de felicidad, la primera vez que los vi allá en Saks de la Quinta Avenida, me estremecí, como si de pronto me hubiera tropezado conmigo misma, pero muerta... Esa sensación no duró más de un segundo, pero fue, lo juro, aterradora... Aún hoy, al recordarlo, me recorre un escalofrío helado como la muerte misma.)

Su imagen allá en Brasil circulaba siempre en fotos de estudio como las de cualquier otra actriz o cantante. En esas fotografías había siempre un aire de sobriedad exacerbado por el blanco y negro y allí Carmen, pensativa o sonriente, ofrecía al público una mirada franca, de acercamiento, casi de amistad. Por eso, rehusó el ofrecimiento de la compañía cervecera para que hiciera un anuncio comercial, le pareció fatuo y casi irreverente. Pero Shubert, pendiente de ese cincuenta por ciento que obtenía de todas sus ganancias, insistió con tanto ahínco que ella terminó aceptando.

En la página amarillenta de una revista de la época ha quedado impreso el anuncio que utiliza como centro dos fotos diferentes. En la de la izquierda, Carmen de turbante y chaqueta en tela cuadrillé sonríe mientras sostiene entre las manos un voluminoso ramo de

---

* Originalmente los esclavos africanos utilizaban esta palabra para referirse a la hebilla de plata del cinturón que usaban para sus festividades y de ella colgaban amuletos y otros adornos. En el siglo XX esta palabra ya era arcaica y estaba fuera de uso, pero el músico y compositor Dorival Caymi, que la había oído de un tío que era joyero, volvió a ponerla de moda.

flores y de frutas. "'¡No! Esto no es para adornar mi mesa sino para adornar mi cabeza', dice la excitante Carmen Miranda, cantante y bailarina, la real Bomba del Brazil. 'Éste es otro de mis sombreros locos. Para mi mesa —shshshsh—, ahí donde pongo la cerveza Rheingold Extra Seca'." En la fotografía a la derecha, se la ve sentada frente a una mesa y acompañada por dos visitas quienes, como ella, sonríen sosteniendo un vaso en la mano. "'Sí, en mi mesa el acento está siempre en Rheingold, mmmm… ¡qué bouquet!, ¡qué sabor! Rheingold sí que sabe hacer un buen show, ¡cada vaso es siempre tan perfecto como el anterior! ¡Nunca en mi vida he probado una cerveza mejor!'." Entre ambas imágenes, se destaca en letras más grandes el logo de Rheingold bajo una botella de cerveza, una lata de la misma bebida y un vaso lleno del espumante líquido en una reiteración que pretende despertar en los lectores el deseo de beber esa marca y ninguna otra, y semejando una firma manuscrita, se cierra el aviso diciendo: RHEINGOLD. LA CERVEZA CON EL ÚNICO SABOR QUE DEBE TENER LA CERVEZA.

De inmediato, los dueños de la fábrica de productos de higiene personal que se distribuían en Brasil la contrataron para otro anuncio donde aparece su rostro entre la Estatua de la Libertad, un tubo de pasta dentrífica y una barra de jabón. Allí se dice en letras de relieve negro: "Carmen Miranda escribe desde Nueva York… 'aquí donde tengo óptimos productos, no dejo de recordar, con verdadera saudade, mi crema dental y mi jabón EUCALOL que tanto me agradaban por sus cualidades insuperables y que yo usaba diariamente en mi querido y lejano Brasil'". Y en el Pig's Restaurant en Hollywood, se empezó a ofrecer a los comensales un nutrido menú en el cual se anunciaba el bife a lo Carmen Miranda, con una exquisita salsa de vino blanco y alcaparras, una ensalada Carmen Miranda que llevaba un aderezo de mangos aspergueados por finísimos trocitos de tocino y el postre Carmen Miranda, un exuberante tutti frutti cargado de plátanos y crema Chantilly impregnada de almendras.

Hacía apenas seis meses que Carmen estaba en Estados Unidos cuando el *New York Journal* la puso en la lista de las diez personas que habían ocupado el mayor espacio en los periódicos durante todo el año de 1939.

(Imposible, absolutamente imposible sería describir ese éxito... en medio de aquel tumulto, a mí se me ocurría que estaba llegando como una enorme bandada de pájaros, como un hervidero de luciérnagas, si es que eso existe porque nunca he sabido cómo se multiplican las luciérnagas, pero el éxito hervía como una camada de insectos y junto con él, un verdadero cardumen de billetes... Allá en el Casino de Urca, en Río, me pagaban el equivalente a cien dólares a la semana mientras que en el Versailles ganaba nada menos que dos mil dólares, más todos los otros miles que recibía por aparecer en los programas radiales de Bing Crosby, Milton Berle y Rudy Valley, en Las calles de París en Broadway, en los anuncios comerciales y en la película de la 20th Century Fox que nos pagó... ¡cáiganse de espaldas!... ochenta mil dólares... "¡Qué fabuloso, Dios mío! ¡Qué fabuloso!", era lo único que se me ocurría decir frente a ese flujo exorbitante de billetes... ¡Exorbitante!... La verdad es que todo, absolutamente todo en ese país del norte, me parecía exorbitante... incluido el trabajo, otro hervidero que apenas me permitía echar una pestañada entre una actuación y otra... y muchas, pero muchas veces, después de desearnos intensamente todo el día y parte de la noche, llegábamos con Aloysio a la cama y nos dormíamos de inmediato, derrumbados por el cansancio.)

Para aprovechar el éxito de *Las calles de París*, Shubert organizó una gira a Pittsburgh, Filadelfia, Baltimore, Washington, Detroit y Cleveland. Todo el elenco de cantantes, bailarines y cómicos, entre ellos, Abbot y Costello, viajaban en dos buses en cuyos costados se hacía propaganda a la revista musical. Una de las bailarinas había llamado a Carmen, la Princesa Inca de la Fortuna, por haber sido ella la creadora de ese éxito tan notable. Y aunque Carmen nada tenía que ver con el Perú y jamás había siquiera escuchado una palabra en quechua, aceptó el apodo riendo porque entre ellos había surgido una atmósfera de camaradería.

Ese largo viaje por praderas, pequeños pueblos y ciudades hizo que Carmen viviera con Aloysio otra dimensión de la sexualidad. Sentados muy juntos, durante horas se acariciaban las manos con fervor, ansiosos de que cayera el sol y el bus se llenara de sombras. Allí, en la oscuridad, se besaban largamente como dos adolescentes, él, prolongando cada minuto como si la noche fuera eterna, empezaba a palpar sus senos y, de manera casi imperceptible, desabrochaba su sostén y le abría la blusa... durante un largo rato, no hacía otra cosa que lamer y morder sus pezones mientras ella suspirando hundía los dedos en el cabello desordenado de él... Volvían a besarse regocijándose ahora en los secretos infinitos de la boca con su textura húmeda y el encuentro juguetón y apasionado de sus lenguas. Aloysio, en una lenta sonata de arpegios imprevistos, posaba la mano en la rodilla de Carmen, empezaba a deslizarla hacia arriba y allí la dejaba albergada entre sus muslos... de pronto, susurraba palabras ardientes y cubría su pubis con la palma de la mano infundiendo en ella la sensación de que era todo el cuerpo de ese hombre tan amado el que la estaba cubriendo y, desde las laderas del deseo, Carmen emitía un breve gemido y le apretaba el brazo en un gesto apremiante. Entonces los dedos de él retiraban la tela del calzón y acariciaban su clítoris, como si se hubieran convertido en un manojo de algas que lo rozaban y bordeaban en el flujo y reflujo de las aguas. Carmen, sumergida en el placer, murmuraba sonidos que parecían pertenecer a ese ámbito primario del no lenguaje y sumida en ese fango primigenio, sentía ahora que dos antenas blandas y potentes se introducían en su vagina, la incursionaban con un vigor que semejaba el vuelo de un ave y ella, con la cabeza echada sobre el respaldo del asiento, entraba con todo el cuerpo en un clímax que la hacía desfallecer... Experimentando aún ese escalofrío agudo y simultáneamente cálido en los músculos del cuello, se recostaba contra el hombro de Aloysio quien tiernamente le besaba la cabeza mientras acariciaba el perfil de su rostro... allí se quedaba Carmen inmersa en un letargo, como si después de un prolongado ascenso hubiera, por fin, arribado a una región de planicies y absoluta armonía... Después de un rato, Aloysio volvía a buscar su boca y se besaban con un profundo amor... él, poco a poco, incrementaba la pasión y hacía bajar la cabeza de Carmen a su pecho, a su vientre libre ya de los botones de su bragueta... empujándola amorosamente la hacía llegar hasta su miembro erecto y ella, en un gozo absoluto, cincelaba aquel orgasmo que Aloysio vivía con un intenso frenesí. Sintiéndose como una diosa de poderes no humanos, Carmen entreabría los labios después de escuchar el

118

largo gemido de Aloysio… con la mano ahora quieta seguía envolviendo su falo que lentamente iba perdiendo rigidez, apoyaba la cabeza en su regazo y luego lo abrazaba fuerte mientras en el lóbulo de su oreja palpitaba la respiración de Aloysio como una marea de fuego que se iba adormeciendo.

El denso follaje de la sensualidad había transformado a Carmen en una mujer que, a través de la plenitud de su propio cuerpo, lograba un conocimiento distinto del mundo y de sí misma. La experiencia del placer, en sus expresiones tan múltiples, develaba para ella el sentido profundo de un estar en la tierra y en la vida como parte de una red inmensa en la cual su cuerpo y el cuerpo de todo ser viviente era el umbral de una armonía trascendente que ponía en evidencia una energía de carácter divino.

Sin embargo, este hallazgo que la convertía en otra corría únicamente en los intersticios de las innumerables faenas de su carrera artística. Y, de manera paradójica, a la par de este nuevo conocimiento, fluían también las aguas de un río extraño y foráneo que remodelaban su identidad con un afán de lucro.

Claude Grenecker, aparte de exigirle que tomara clases de inglés, asumió el rol de un concienzudo entrenador que la preparaba, según sus propias palabras, para entrar en el peligroso ring de la prensa.

—Primero que nada —dijo en tono eficiente— tenemos que cambiar los datos de tu vida. Nada de decir tu edad verdadera, nada de decir la verdad, en realidad.

Y Carmen empezó a declarar a los periodistas que tenía veintiséis años y no treinta, que había nacido en Lisboa y no en Marco de Canavezes, porque Grenecker consideraba que ese nombre olía a provinciano y era innecesariamente complicado. Su padre, por lo tanto, venía de Lisboa, de esa ciudad que en Estados Unidos evocaba lo lejano y misterioso; allí se había dedicado, desde muy joven, al comercio y en Brasil había sido dueño de una próspera y elegante tienda. Calculando que una de las preguntas más usuales de los periodistas tendría que ver con el amor, Grenecker instruyó a Carmen para que contara que su novio en Río era un famosísimo abogado.

Lo más importante es que siempre des la impresión de ser una mujer tan exuberantemente alegre que todo lo que digas y todo lo que hagas durante las entrevistas, tenga un aura de óptimo sentido del humor. Por ejemplo, si te preguntan cuáles son las tres cosas que más te gustan... podrías decir... déjame pensar... ¡ya!, pon una expresión de gran seriedad y responde: "M & M & M: Money, Men, and Macaroni".

Carmen ignoraba en esos días que parte de la atracción del público se debía a que los hacía reír. El movimiento de sus manos, los constantes gestos de su rostro expresivo y el fulgor de su mirada constituían un jocoso exceso para esos hombres y mujeres criados en una tradición puritana que les imponía una sobriedad impersonal en el trato. Y sus exclamaciones en un inglés que algunos periodistas calificaban como "paprika English" producían el risible disturbio que podría causar, tal vez, el impulso de un niño en una ceremonia formal. Excéntrica, infantil, divertida rareza era Carmen Miranda para los periodistas que la acosaban y exacerbaban esa imagen desde las columnas vigorosas de la prensa.

Ésta fue precisamente la imagen que continuó elaborando Darryl F. Zanuck, el vice-presidente de la 20th Century Fox.

La Feria Mundial en Nueva York se había inaugurado en una atmósfera de eufórico optimismo acerca del futuro y las exhibiciones de los más recientes inventos (la lavadora de platos, la primera pantalla de televisión, el primer robot y el "wonder bread", un pan de molde que duraba días sin añejarse) ponían en evidencia que la luz del progreso y la tecnología iluminaría el mundo del mañana. Y el *Sueño de Venus*, pintado por Salvador Dalí especialmente para el evento, parecía recalcar esos fulgores del futuro. Checoeslovaquia, como muchos otros países independientes, tenía allí su pabellón aunque Adolfo Hitler ya había ocupado con sus tropas la región limítrofe de los montes de Sudetes, correspondiente a las regiones de Moravia y Bohemia, alegando que la mayoría de sus habitantes eran descendientes de sangre germana. Durante la celebración de la Feria, llegó la noticia de que Hitler acababa de invadir Polonia, acción con la cual su política fascista desataba la Segunda Guerra Mundial. Aquella noche se apagaron las luces de todo un sector de la Feria y ese espacio en la absoluta oscuridad simbolizó los presagios de la hecatombe que estaba por arrasar Europa. Para la industria del cine eso significaba que se cerrarían los mercados europeos y Zanuck, extendiendo el panamericanismo propiciado por Franklin Delano Roosevelt, no sólo vio en el nuevo lazo con los países latinoamericanos un modo de establecer una solidaridad continental, tan necesaria a nivel político, sino también una fuente de mercado que sustituiría las pérdidas creadas por la guerra.

Con esa gran iniciativa comercial que lo caracterizaba ideó, entonces, una serie de películas de ambiente latinoamericano las cuales, con el tiempo, llegaron a llamarse "banana movies". De inmediato, Carmen Miranda le pareció la artista ideal para poner una nota folklórica en su nuevo film que tendría personajes argentinos y transcurriría en Buenos Aires, aunque toda la filmación se haría en Hollywood y Nueva York. El actor Dom Ameche representaría a un estanciero adinerado que se encuentra y enamora de una rica heredera, rol que le asignaría a Betty Grable por ser, en esos momentos, la rubia más despampanante de todo el ecrán. La historia, claro, sería muy sencilla, un romance entre ambos, sin mayores complicaciones y entre una serie de congas, rumbas y bailes flamencos de mantillas y profusos "olés", espectáculos que se americanizarían un poco para poder lograr también un éxito de taquilla en los Estados Unidos. Pensando en ese público, observó el atuendo de Carmen y mandó que inmediatamente se diseñara un turbante más vistoso y sofisticado.

—Nada de cerezas, peras y papayas —ordenó—. El énfasis debe estar en los plátanos.

Y fue así como Carmen debió llevar sobre su cabeza un grueso racimo de plátanos que extendía sus hojas enormes entre flores blancas y de pétalos acartonados.

En la multitud de cines que se extendían a lo largo y ancho de Estados Unidos y Latinoamérica, se anunció la película *Down the Argentine Way* mostrando un colorido cartel donde Carmen aparece de cuerpo entero entre los rostros enamorados de Dom Ameche y

Betty Grable. "¡Los irresistibles ritmos de la rumba y la conga! ¡Un repertorio de estrellas tan brillantes como la Cruz del Sur!", se dice allí en los costados de la figura de Carmen, cargada de plátanos, pulseras, collares y un gesto de alegre picardía en una sonrisa tan amplia y teatral que posee pesados visos de artificialidad.

En el repertorio simbólico del continente entero, su imagen quedaba enmarcada, fija para siempre, en esa marquesina y andamio de acero que la prensa y la empresa del cine habían construido para ella.

Hacia fines de junio de 1940, Carmen Miranda y su Banda de la Luna hicieron los preparativos para el viaje de regreso a Río de Janeiro. Pendientes de los bolsos, maletas y baúles atestados de regalos y aparatos eléctricos, subieron al barco viviendo en silencio la emoción del retorno, de aquella extraña mezcla de alegría y llanto que se instala en el pecho ante la expectativa de volver al ámbito propio con sus calles, su vegetación y un grupo de gente que nos ama por el mero hecho de habernos visto nacer y crecer. En su equipaje, Carmen llevaba el vestido de novia para Aurora que había postergado la fecha de su boda ya dos veces para esperarla a ella. Durante todo ese año, Carmen había recibido frecuentes cartas de su hermana enamorada quien, haciendo caso omiso de la distancia que las separaba, compartía con ella todos los detalles de su romance con Gabriel. Y Carmen, entre ensayos, entrevistas y actuaciones, le escribía a prisa notas llenas de exclamaciones y comentarios, como si ambas estuvieran aún en algún rincón de la casa que llenaban de voces y risas.

En cuanto llegó a su camarote, antes de desempacar su propia ropa, Carmen colgó el vestido de novia de Aurora y pasó un largo rato acomodando los pliegues de aquella abultada falda de tul que caía como una cascada hasta el suelo y luego se dedicó a revisar, con cuidado y esmero, las pequeñas perlas bordadas que diseñaban una guirnalda de jazmines en el raso del escote y de los puños. Antes de emprender el viaje, había pasado varias horas en las tiendas de la Quinta Avenida probándose vestidos de novia, velos y coronas de azahares que la transformaban, por algunos minutos, en una figura etérea que irradiaba pureza y la bella sensación de un sueño realizado. Sin embargo, durante esa travesía, el vestido se transformó para ella en una sombra blanca y fantasmal, en una presencia muda que la hacía pensar en su propio matrimonio convertido ahora en un absoluto silencio.

Después de aquel día en el cual candorosamente le había propuesto a Aloysio que se casaran en Nueva York, él nunca más había mencionado el tema y ella, temerosa de un rechazo, tampoco volvió a hablar de ello. (Sí. Yo de manera muy ingenua le había propuesto que nos casáramos porque nuestro amor parecía estar tan en el margen del orden y la formalidad, de ese sistema que le otorga al hombre y únicamente al hombre el privilegio de decidir... Pero, ¡qué equivocada estaba! A pesar de todo, nuestra pasión tan desbordante seguía anclada en los atributos que les permiten a los hombres ser ellos y sólo ellos quienes deciden que la pareja se case o no... y ¡qué rabia me daba, Dios mío, esta situación tan injusta!... "¿Quién mierda ha determinado que la mujer no pueda ser nunca la que propone matrimonio?", me pregunté muchas veces, y mi ira e impotencia contra este orden inamovible se prolongaba hacia Aloysio quien, no obstante ser un hombre tan tierno que se entregaba por entero al amor, ocupaba ahora también el rol de amo y señor... Para colmo, allí estaba, a pocos metros de nuestro lecho, aquel vestido de novia que parecía mofarse de mí, de la anulación de mi voluntad y de mi soltería al borde ya de los treinta y un años... Y entonces surgió en mí un resentimiento que se interponía, como una tela rígida, entre mi cuerpo y el cuerpo de Aloysio, aún en los momentos más apasionados... Inútilmente trataba de darle la razón a Aloysio arguyendo que sí necesitaba más tiempo antes de casarse... "¡Qué diablos!", me decía, "es cinco años menor que yo y siente que no está todavía preparado para el matrimonio. Debo tener paciencia y esperar". Pero, durante todo el viaje, rumié mi rabia porque sabía que no tenía otra alternativa que callar y esperar, como todas las mujeres del mundo, aunque fuera famosa y mis salarios cuantiosos me hicieran independiente y autónoma.

Ya ven ustedes, pese a la fama y la fortuna, nada más que por ser mujer, mi deseo de casarme y tener hijos no dependía en absoluto de mí. Y lo irónico es que allá en Brasil me llamaban la Reina de la Samba cuando, en mi vida privada, me estaba convirtiendo en una vasalla de Aloysio.)

El arribo del barco fue profusamente anunciado para el día 10 de julio y los sectores populares de Río de Janeiro salieron en masa a recibir a Carmen Miranda. Grandes multitudes se agruparon en la Plaza Mauá, la Avenida Río Branco y el camino costero que conducía a la casa de la cantante en el barrio residencial de Urca. Y aunque Getulio Vargas había rehusado la petición de declarar aquel día como feriado, dio permiso para que se instalara en el muelle "El bicho de seda", una sombrilla semicircular y de proporciones gigantescas que protegía del sol en las ceremonias gubernamentales que tenían lugar en el puerto. "¡Viva Carmen, la más bella embajadora de nuestra Patria!", gritaba una voz entre la muchedumbre que a coro respondía: "Nuestra Carmen es nuestra tierra! Las dos bellas y deslumbrantes como una flor…" En la euforia del entusiasmo colectivo, los hombres bebían cachaza, otros tocaban guitarras y panderetas y, en medio del tumulto, hombres, mujeres y niños se pusieron a bailar con frenesí, como si ya hubiera llegado el carnaval. Los numerosos policías apenas podían sofocar la fuerza de esa multitud que forcejeaba por traspasar los espacios delimitados por gruesos cordones de seguridad, y a gritos y golpes, los hacían regresar a la acera.

Cuando por fin apareció el barco detrás de la Isla de las Cobras, una marea de aplausos y exclamaciones se extendió por largos minutos. "¡Caaarmen!, ¡Caaarmen!, ¡Caaarmen!", empezaron todos a gritar entre saltos y empujones que hacían caer a algunos, y las mujeres, emocionadas hasta las lágrimas, agitaban sus pañuelos blancos para dar la bienvenida a la Reina de la Samba. A lo lejos, se divisaban ya las figuras de los pasajeros saludando desde cubierta… "¡Ahí viene!, ¡ahí viene!", gritó uno de los tantos muchachos que se habían subido a la copa de los árboles, "¡viene vestida de verde y amarillo igualito que nuestra bendita bandera!" Y al oír esto, la multitud estalló en aplausos que resonaron por toda la bahía… Mientras el barco se aprestaba a atracar, se hizo un absoluto silencio y aquellos que habían logrado ocupar los primeros lugares tras los cordones, con los ojos deslumbrados la pudieron contemplar. Su figura menuda coronada por un turbante, también de franjas verdes y amarillas, se engrandecía como el ícono sagrado de la patria representando el verdor de la tierra fértil y el amarillo de sus riquezas áureas. Por primera vez, el pueblo carioca veía a su patria en carne y hueso, no como la abstracción solemne de la bandera brasileña sino como una mujer muy hermosa que les sonreía y les hacía señas amistosas.

Periodistas y fotógrafos se abalanzaron sobre ella cuando se aprestaba a descender por la pasarela del barco. Profundamente emocionada ante aquel recibimiento tan espectacular, hizo breves declaraciones dando a conocer el hecho de que en la película *Down the Argentine Way*, aún no en circulación, por primera vez aparecía en un film de Hollywood un reflejo verdadero de Brasil y su alma popular. De repente, alguien en la muchedumbre tiró un micrófono atado a un cable para que ella enviara un saludo. Y Carmen, con los ojos humedecidos por aquel fervor, sólo atinó a decir: "¡Ah! ¡Mi pueblo! ¡Ustedes ahora y siempre son el mejor pueblo de todo el muuundooo!". Tras estas palabras, aplausos, vivas, gritos y exclamaciones se extendieron como una tempestad por toda la Plaza Mauá invadida por un eufórico delirio.

Radiante de felicidad, Carmen abrazó a su madre y a sus hermanos mientras a su alrededor continuaban las ovaciones que ahora semejaban el ruido del mar. "El pueblo te quiere mucho, hija", comentó doña María Emilia cuando ya habían subido al automóvil sin capota el cual permitía que toda aquella gente apostada en el camino costero la pudiera ver. Carmen, haciendo un saludo más a la multitud que arrojaba flores, papel picado y serpentinas a su paso, exclamó en un tono jubiloso: "¡Es tan, pero tan hermoso ver cuánto me quiere Brasil, mamá! ¡Este Brasil tan mío como yo soy de él!". Mas Aurora, con un semblante muy serio, replicó: "Son sólo una parte de Brasil, hermana. Desgraciadamente, nuestro país está cada vez más dividido...".

Carmen no sabía que durante aquel año se habían agudizado las divisiones políticas y que ella era un núcleo más de polarización entre los ricos y los pobres, porque la elite adinerada la asociaba con el gobierno de Getulio Vargas quien se había transformado para ellos en una peligrosa amenaza populista. Y, como contrapunto a las ovaciones callejeras, en los salones y clubes privados, se elevaban otras voces de temple mordaz.

¡Otra maquinación más de este dictador de mierda! –exclamaban al comentar la bienvenida apoteósica que se le había brindado a la cantante.

Fue él quien creó toda esta batahola de la chusma diciendo que Carmen Miranda partía a Estados Unidos para representar a nuestra patria si ni siquiera es brasileña. ¡Qué va a ser!… ¡Hija de inmigrante portugués, muerto de hambre como todos ellos!

Y eso de regalarle un abrigo de visón para que no pasara frío en Nueva York fue, en el fondo, para pagarle quizás qué favores…

¡Cómo que quizás qué favores! Todo el mundo sabe que tuvo amores con ella… Por eso es que le regaló ese abrigo tan costoso.

E igual que cuando se le hizo la despedida, Getulio Vargas ahora se aprovecha de ella para apiñar a las masas creando una histeria colectiva que a él le conviene mucho para su política populachenta.

¡Ya es hora, por Dios y todos los santos, de poner fin a este populismo terrorista!

¡Terrorista e incentivador de la más espantosa ignorancia! Porque hace apenas un mes que llegó a Río el maestro Toscanini y él sí que se merecía una grandiosa bienvenida. ¡Pero qué va a saber la chusma de música clásica!… ¡No saben nada de nada estos desalmados analfabetos! Y es por eso que Getulio Vargas puede engañarlos tan fácilmente.

¡Si ni siquiera son capaces de reconocer una samba auténtica! Mira que hacerle tanto homenaje a la Miranda cuando, en cuanto puso pie en Nueva York, se americanizó y traicionó el corazón mismo de nuestro Brasil.

Hacían este comentario porque, a través de una transmisión en onda corta, algunos habían escuchado un programa de la Feria Internacional en la cual se había presentado Carmen Miranda y su sexteto. Llenos de estupor, habían oído a la cantante saludar al público en inglés con un aberrante "Good evening, ladies and gentle-men". Luego, la Banda de la Luna había tocado "Qué es lo que tiene la bahiana" en una versión tan diferente a la original que más bien parecía un fox-trot malhecho. Para colmo, Carmen Miranda, entre carcajadas que nada tenían que ver con la samba sublime, se había puesto a cantar "The South American Way", una ensalada de inglés y portugués con ritmo de esa música caribeña, tan espantosamente chabacana.

¡Se ha americanizado y ha traicionado vilmente a nuestra na-ción! ¡Igual que el déspota de Getulio Vargas!

Carmen, sin saber que existía tanta animosidad contra ella, aceptó de inmediato actuar, sólo cinco días después de su regreso, en el Ca-sino de Urca para un espectáculo organizado por Darcy Vargas, la esposa del Presidente, con el fin de recaudar fondos para su proyecto de obras sociales.

La tarjeta de invitación, enviada por mano, a todas las familias adineradas de la ciudad indicaba que se debía asistir con traje de etiqueta y que en los diez mil reales de la entrada estaban incluidos los impuestos. Ante la amenaza de caer en desgracia con el gobierno que se había encargado de enviar invitaciones tan personales, todos ellos no tuvieron otra alternativa que pagar aquella suma desorbitante y asistir al Casino de Urca.

Poco tiempo tuvo Carmen para preparar aquella actuación y optó por incluir las mismas canciones que había grabado en Nueva York. "¡El casino no da más de gente, Carmen querida!", le anunció su dueño Joaquim Rola refregándose las manos con entusiasmo. "Aquí está lo más distinguido de nuestra ciudad… la creme de la creme!", agregó tirándole un beso desde la puerta del camarín y ella sonrió ante la expectativa de ese éxito en su propia tierra, después de un año de itinerarios por teatros y públicos desconocidos.

Con una sensación de confianza y bienestar, Carmen esperó el anuncio del maestro de ceremonias, entró al escenario seguida por la Banda de la Luna y, como el tipo de broma que se hace en una fiesta de familia, saludó diciendo: "Good night, people!".

(Yo esperaba risas, aplausos... , pero de entre todas las mesas y rincones del casino se elevó un horrible silencio... "Good night, people", repetí nerviosa y de inmediato di la señal para que empezáramos con "The South American Way"... "Ahí, ahí, ahí, ahí está el canto del pregonero/ que con su armonía trae alegría/ en el South American Way", Aloysio había escrito los versos en portugués para esta canción que habían compuesto tres músicos norteamericanos, "vende para aquí, vende para allá/ en el South American Way"... Allá en los Estados Unidos, cada vez que cantaba este estribillo, sentía una ola de regocijo que venía desde las butacas porque al público le gustaba cómo yo pronunciaba estas cuatro palabras en inglés..., pero allí en el Casino de Urca, me pareció notar en el rostro de la gente una señal de repudio... eché la cabeza hacia atrás diciéndome que no podía ser, que ésta era una idea descabellada que se me estaba cruzando por la mente y seguí cantando hasta llegar a la frase final y la coda instrumental... hice una leve venia en espera de los aplausos y tras un par de segundos, se oyeron unos pocos aplausos, los más desganados que he escuchado en mi vida, levanté la vista y fue entonces cuando me di cuenta de que la mayoría de esa gente tan elegantemente vestida mantenía las manos sobre la mesa y me miraba con un aire de desprecio... "¡No puede ser! Son ideas mías", me dije asustada, llena de espanto porque nunca, ¡nunca!, nadie me había mirado así... Con un raro temblor en las piernas, di otra señal para que continuáramos con las otras tres canciones programadas para esa noche... para esa noche triste y humillante que me prodigaron mis compatriotas brasileños después de yo haber hecho triunfar la samba en todos los Estados Unidos... Ellos me rechazaban y sentí ese rechazo como un puñal frío que se me incrustaba en el pecho... todo aquel casino donde había actuado tantas veces antes de viajar a Estados Unidos se transformó en un témpano de hielo que me cercaba como una alambrada de púas... mientras estaba cantando, algunas mujeres hacían un mohín despectivo, otros, allá en una esquina, se habían puesto a conversar y la gente de la prensa empezó a sacarles fotos a ellos y no a mí porque la verdadera noticia no estaba en el retorno de Carmen Miranda al Casino de Urca sino, como anunció un diario despiadado al otro día, en el hecho de que Carmen Miranda había aburrido soberanamente al público... Y tenían razón, en medio de mi última canción, de reojo vi a un magnate gordo quien, después de mirar el reloj, echó un tremendo bostezo y con su boca abierta me pareció una tortuga asquerosa... ¡Dios mío! ¡Me sentía tan humillada, tan denigrada!... , y bajo ese flujo amargo de la humillación y el repudio, se precipitó el dolor, un río de piedras filosas que me hizo salir corriendo del escenario, antes de estallar en llanto...).

Al otro día, todos los titulares de la prensa destacaron en primera plana que la actuación de Carmen Miranda había sido un absoluto fracaso, que los únicos que habían aplaudido por diplomacia habían sido los periodistas y que al retirarse del escenario, muchos asistentes la habían pifiado. En varios de los artículos, se incluyó la opinión de Joaquim Rola quien, pendiente de la clientela de su casino, declaró que Carmen había perdido su estilo brasileño bajo la nefasta influencia norteamericana. Y la revista *Careta* imprimió una enorme caricatura en la cual aparece el rostro distorsionado de Carmen Miranda llena de collares y con una sonrisa de oreja a oreja diciendo "I love you" mientras cinco mulatos vestidos de traje blanco y tongo negro como figuras que emblematizan la samba, la miran con rabia y comentan que ha perdido el ritmo brasileño.

Me habían dibujado con mucha saña estos infames. Mis ojos eran apenas dos líneas, mi nariz, un trazo que se perdía entre las mejillas regordetas y todo mi rostro no era más que dos enormes hileras de dientes... allí yo tenía una fealdad escabrosa y al ver esa caricatura, sentí una punzada en el corazón porque esa imagen transmitía una crueldad muy grande y yo no me la merecía, ¿comprenden?... Caí en cama por varios días y fue entonces cuando me di cuenta que de nada vale lo que realmente somos, ni siquiera lo que creemos que somos porque son los otros quienes nos hacen y nos deshacen. Imagínense ustedes, en Estados Unidos había sido designada como una de las diez personas más famosas en 1939; Errol Flyn, Marlene Dietrich, Mickey Rooney, Robert Taylor, Hedy Lamar y tantas otras estrellas habían pasado por mi camarín para felicitarme después de verme actuar y yo recibía esos elogios desde lo que creía era mi pedestal propio... sólido y firme, fruto de mi talento artístico; así vivía, pero había bastado el repudio de unos ricachones para que ese pedestal se desmoronara, para que todo mi Yo entero cayera derribado... "No lo tomes tan a pecho, hermana mía", insistía Aurora acariciándome la frente, "en medio de todo esto, ha estado la política". Y

Aloysio concordaba con ella... "No te atacan a ti, Carmen", protestaba, "están atacando a Getulio Vargas... ¡Se ha creado una oposición tan grande que yo creo que ese hombre va a terminar pegándose un tiro!" Pero de nada servían para mí todas estas explicaciones... Había sufrido en carne viva el desprecio de toda esa gente que, no contenta con denigrar mi arte, ahora también se dedicaba a insultarme por teléfono en llamadas anónimas y yo me sentía tan abatida que hubiera pasado el resto de mis días en cama y con los ojos clavados en el vacío... Mi madre, con la sabiduría rústica tan propia de ella, fue la única que logró rescatarme de la depresión. Una tarde entró a mi cuarto, dio un profundo suspiro y me dijo en un tono severo: "Basta de sufrir porque un puñado de gente te ha dado una cachetada... Esto que te voy a decir no es lo que dicen los curas, pero ellos también se equivocan: nunca pongas la otra mejilla para que te sigan golpeando... No. Hasta ahora en nuestra sangre portuguesa jamás ha corrido la debilidad... Ya sé que bajo esa apariencia de desplante que das a todo el mundo te afectan mucho los sentimientos... A olvidarse del corazón, hija, y a planear una manera de taparle la boca a toda esa gente... El pueblo te quiere y te apoya... Organiza una actuación para ellos y demuéstrale a ese perraje de pelo largo que eres una verdadera artista. No más lágrimas, Carminha, reemplázalas por una rabia muy grande que te impulse de verdad. ¡No hay mayor energía en este mundo que la rabia cuando se trata de una injusticia!". Y volviendo a suspirar, me abrazó muy fuerte.

No obstante su próxima actuación fue colmada de éxito, Carmen había empezado a sentir la angustia de los forasteros que al regresar a su lugar de origen empiezan a mirar a su patria a través del prisma de aquellas otras regiones que, aunque extranjeras, dejaron una impronta indeleble. Río de Janeiro, que había sido su metrópolis, ahora le parecía un lugar apagado y de edificios chatos, una ciudad afincada en lo provinciano y sin horizontes. Sin horizontes también le parecía su carrera artística y su vida personal, sobre todo porque Aloysio, con la excusa de estar con sus amigos o de ir a visitar a algunos parientes en São Paulo o Recife, pasaba muy poco tiempo con ella. Ya no estaban juntos día y noche, como en la gira por los Estados Unidos, y para hacer el amor, a escondidas, debían escaparse a algún hotelucho en las afueras de Río. Entonces, por temor a que alguien la reconociera, ella dejaba su pelo suelto, no se maquillaba y se ponía unas grandes gafas oscuras. Pálida y desaliñada esperaba en silencio que Aloysio se inscribiera para una habitación porque incluso temía que reconocieran su voz.

Y claro, después de tanto maldito preámbulo, nuestra relación sexual tenía que perder su chispa de espontaneidad, de impulso primitivo y vital... Fíjense ustedes que cuando por fin estábamos solos frente a una cama, se producía una pausa, un momento de pesado suspenso... ¡No sé cómo llamar a ese tiempo detenido, a ese vacío que se interponía en los primeros minutos, como si nuestros cuerpos estuvieran perdiendo la costumbre de encenderse juntos y digo perder la costumbre porque eso era... igual que las manos de un pianista que se posan en un teclado después de pasar meses lejos de un piano... Por supuesto que después nos embarcábamos en un amor fragoroso y desesperado que a mí me hacía gritar, pero esa pausa se me quedaba como una espina... La verdad es que todo, absolutamente todo lo que me estaba pasando en Río me clavaba espinas, y vaya uno a saber por qué, pero yo me imaginaba a mí misma como una réplica de San Sebastián, con flechas por todas partes.

Triste había sido para ella ver a Aurora avanzar hasta el altar. Durante toda la ceremonia tuvo una sensación de desgarro que la hacía sollozar porque junto con esos votos de amor eterno, Carmen sentía que su hermana menor abandonaba aquel espacio que ambas se habían construido desde la niñez. En muchos sentidos, por ser seis años mayor que ella, Carmen le había ido señalando el mundo con un gesto maternal. A través de ella, Aurora había conocido los secretos avatares del cuerpo en la adolescencia y cuando se convirtió en una bella joven de dieciséis años, Carmen le enseñó a impostar la voz y juntas empezaron a presentarse como el dúo de hermanas con siluetas idénticas que cantaban frente al público haciéndose guiños de complicidad. Durante toda su vida, Carmen había tenido a su hermana como confidente, como esa prolongación de sí misma que le permitía hablar de su yo íntimo con la certeza de que ella la comprendería plenamente. Mientras los novios salían de la iglesia bajo los acordes de la Marcha Nupcial, Carmen, con un estremecimiento, imaginó la casa sin Aurora. "Ya nunca será lo mismo", se dijo sabiendo que su hermana ahora compartiría su vida con Gabriel, y tuvo una sensación de pérdida que la llenó de congoja.

Ahí, en medio de la alegría de toda la gente y la felicidad radiante de Aurora, como ustedes comprenderán, no tuve otra alternativa que tragarme las lágrimas y disimular... ¡Qué otra cosa podía hacer! Aunque, de manera muy trágica, presentía que todos los andamios de mi existencia habían empezado a rodar por un barranco... mi carrera artística, mi idilio con Aloysio y esta hermana mía que, con su amor inmenso, me escuchaba a las tres o cuatro de la mañana con sus ojos adormilados y su corazón abierto, ¡ya no estaría más en nuestra casa! Se iba para iniciar otra familia y pasarían días y noches sin verla, sin compartir con ella la risa que era, en el fondo, la verdadera argamasa de esta comunicación tan bella entre dos hermanas... En medio de la fiesta, una mujer de edad que no tengo idea quién era, me detuvo cuando iba yo hacia el salón y en un tono aparentemente cariñoso, me preguntó: "Y usted, Carmen, ¿cuándo se nos casa?", y con grandes aspavientos, le hice señas a Antonio para evitar responderle. En una época en la cual el matrimonio era como una sagrada custodia que se pasaba desde la hija mayor hasta la menor, el hecho de que Aurora se hubiera casado antes que yo, me otorgaba a mí una sombra de fracaso y la posibilidad de convertirme en solterona, o sea, en una mujer derrotada que no logró obtener marido para ser madre y esposa, único itinerario ya trazado en la vida de tantas y tantas mujeres. No importaba, en realidad, que mi vida hubiera tenido otros rumbos... Para la sociedad brasileña y sospecho que para todo el resto del mundo, quedarse soltera constituía un verdadero estigma. Y lo más, pero lo más terrible, si quieren oír la verdad, es que yo también consideraba que el matrimonio y sólo el matrimonio haría de mí una mujer plenamente realizada...

Fue entonces cuando Carmen empezó a sentir que sobre ella se erigía una voluminosa lápida que clausuraba todos los caminos. Pasaba los días con una sensación de fracaso, como si su vida se hubiera quedado estancada para siempre... Poco futuro le veía a su carrera artística. Allí en Brasil seguiría grabando discos, actuando en los únicos cuatro casinos que tenía Río de Janeiro, y cada cierto tiempo haría giras a los lugares de siempre: Pernambuco, Salvador, Recife, Cachoeira, Alagoinhas.

—Me siento como un marinero que después de haber cruzado muchos mares, está dando vueltas en redondo en una pequeña laguna —le dijo a Aloysio un día que estaban juntos en un hotel—. ¿No sientes tú lo mismo después de tantos éxitos allá en los Estados Unidos?

—No —replicó él, cortante—. Tú eras la de los éxitos, yo simplemente fui tu acompañante…

—¡Cómo! —protestó ella. No me digas que nunca disfrutaste las avalanchas de aplausos y que ni siquiera te emocionó llegar a la Casa Blanca y tocar para el Presidente Roosevelt…

—En segundo lugar y detrás tuyo, las cosas se viven de otra manera, Carmen. Por lo demás, no es mucho lo que me importa en qué lugar me encuentro cuando estoy con la guitarra entre mis brazos o, contigo, mi amor, entre mis brazos, como ahora —añadió y la cubrió de besos.

Sólo unos días después, Aloysio recibió un telegrama de Lee Shubert anunciándole que les había conseguido un contrato para filmar varias películas con la 20th Century Fox. El contrato era por cinco semanas con un sueldo de diez mil dólares y trescientos treinta por cada día adicional al tiempo estipulado. Agregaba, además, que se les daba la opción de actuar en boîtes y night-clubs, si deseaban incrementar el salario.

—¡Fantástico! ¡Fantástico! —exclamó Carmen en el alborozo de sentir que su carrera artística reemergería entre las cámaras y estrellas deslumbrantes de Hollywood, de aquel lugar de fábula en el cual la belleza y la tecnología se conjugaban para crear imágenes que, duplicando aquel primer milagro, se difundían por el mundo entero… Feliz, abrazó a Aloysio diciéndose que, por fin, él también volvería a pertenecerle plenamente porque, como en el primer viaje a Estados Unidos, estaría siempre a su lado.

Al saber la noticia, doña María Emilia se puso a llorar y, entre sollozos, declaró:

—Ese empresario norteamericano dice que es por corto tiempo, pero va a pasar lo mismo que la otra vez, hija. La gira se va a prolongar quizás por cuánto... ¡Temo que no regreses nunca más, Carminha mía! —exclamó con una profunda angustia.

—¡Claro que voy a regresar y mucho antes de lo que tú te imaginas! —dijo Carmen besándola en la mejilla—. Sécate esas lágrimas, mamá, y mejor disfruta este nuevo éxito de tu hija... ¡nada menos que en Hollywood!

El 3 de octubre de 1940, Carmen y su Banda de la Luna volvieron a embarcarse para viajar a Nueva York, de allí debían partir a Chicago donde Shubert les tenía programada una actuación y luego tomarían un tren que, en tres o cuatro días, los transportaría a Los Angeles. Sintiendo que el mundo volvía a abrirse para ella, Carmen se quedó de pie en la cubierta hasta que vio desaparecer totalmente la ciudad de Río y la bahía con sus islotes y sus morros. En silencio, le dijo adiós a su patria con la actitud ligera y despreocupada que se adopta al despedirse de un amigo a quien se volverá a saludar el próximo día. Carmen ignoraba que no volvería a ver su país durante catorce años enteros en los cuales todo aquello permanecería como la tierra lejana añorada desde las riberas del exilio.

IV

"Hollywood no es otra cosa que el
carnaval real y verdadero de la fantasía"

Los pueblos de California nacieron entre las alas benéficas de los misioneros españoles, muchísimo después de que se fundaran las grandes ciudades del Imperio. Aquel territorio al norte del centro colonial establecido en lo que había sido Tenochtitlán, permaneció ignoto hasta 1542, año en el cual Juan Rodríguez Cabrillo navegó por aquellas costas golpeadas por olas gigantescas. Fue desde su navío que uno de los marineros, al contemplar aquel territorio de riscos y peñas, decidió que era una viva réplica de la ficción.

—¡Mirad esas olas tan altas y aquellos cerros tan escarpados!… ¡Esas palmeras de troncos tan delgados que parecen muertas de hambre y esos escuetos arbustos o cactus que dan la impresión de ser hombres vigilando la tierra con los brazos extendidos… A mi juicio, que vale mucho por haberlo recibido de Dios y de mi progenitor, éste tiene que ser el reino de Calafia.

—¡Coño! Tenéis razón —aseveró el capitán. Y nada me extrañaría que detrás de esas enormes rocas, allá en la playa, estén las amazonas acechándonos…

Los miembros de la expedición se estaban refiriendo al mundo creado por Garci Rodríguez de Montalvo en su novela de caballería que llevaba por título *Sergas de Esplandián*. Allí, como en una tela pintada, se contaban las hazañas y proezas de aquel noble que, tras haber nacido, había sido amamantado por una leona y en cuya briosa juventud había dirigido una feroz cruzada contra el Islam en Constantinopla. Esplandián luchaba con tal ardor por la fe cristiana y el amor de Leonorina que su enemigo, el rey Armato de Persia, se vio forzado a convocar a todos sus aliados paganos. Entre ellos, se encontraba Calafia con su ejército de mujeres guerreras. Venían de una región llamada California que se extendía, según las palabras de dicha reina, a la diestra mano de las Indias y muy llegada a la parte del Paraíso Terrenal.

—Pues, en informe oficial a Su Majestad habrá que señalarle este hecho, que hemos llegado al territorio de las Californias —afirmó el capitán del navío aparentando tranquilidad mientras lo recorría un fuerte estremecimiento al imaginarse cabalgando sobre una mujer de cuerpo voluptuoso que lo hacía aullar de placer, antes de caer derribado por las flechas de amazonas de belleza y crueldad increíbles.

Y aunque el cura en el *Quijote* condenó las *Sergas de Esplandián* para que diera principio, en el corral, al montón de la hoguera que quemaría todos aquellos libros que le habían secado los sesos a don Alonso Quijano, la intención de Rodríguez de Montalvo, que había escrito aquella novela para dejar de sí alguna sombra de memoria, se cumplió plenamente.

Sólo sesenta años después, Sebastián Vizcaíno se atrevió a emprender otra expedición marítima por aquella región de mujeres de cuerpos fornidos y ardientes corazones que hacían cautivos a los hombres para copular una vez al año, antes de darles una muerte llena de las más espantosas torturas. Fueron los temores innombrables hacia toda mujer que no se asemejara en docilidad a la Virgen María los que retardaron una expedición por tierra hasta 1769, año en el cual Gaspar de Portalá, bajo el título de gobernador español de las Californias, osó posar pie en aquel territorio en busca de sitios apropiados para establecer misiones franciscanas.

Contradiciendo todas las ficciones, allí vivían los yangnas, indígenas pacíficos, bajos y robustos, que pasaban los días cultivando la tierra y preparando aperos para la pesca. Como creían que antes habían sido animales, cazaban estrictamente lo necesario, conversaban con los cuervos que les avisaban cuándo estaba por llegar un forastero y veneraban a la tortuga porque ella, con su paso lento, iba por el mundo como vigilante de Qua-o-ar, a quien le avisaba si algo de esa naturaleza tan perfecta que Él había creado, no andaba bien. Qua-o-ar había puesto el mundo sobre los hombros de siete gigantes que, cuando estaban inquietos o nerviosos, se movían causando en la tierra terremotos y temblores.

Nunca practicaban la guerra, excepto en casos excepcionales: por ejemplo, cuando los miembros de otra tribu les robaban una mujer, aunque según la costumbre, un hombre tenía pleno derecho de matar a su esposa si ésta cometía adulterio, al varón vejado le parecía más cómodo y fácil tomar sus pertenencias e irse a vivir con la esposa del amante de su mujer. Para ellos, aparte de las enfermedades y la muerte, el mundo era perfecto y jamás se les ocurrió que podía existir el infierno hasta que, desde las tierras del sur, llegaron aquellos seres montados en unos animales que eran capaces de galopar a toda velocidad. "Son dioses de los cuales no teníamos noticias", murmuró el chamán y la voz se corrió entre todos los aborígenes que los espiaban desde sus escondites. Afirmación que pareció confirmarse cuando uno de aquellos seres tan extraordinariamente vestidos, sacó fuego de una piedra diminuta, prendió un cilindro que mantenía entre sus labios y empezó a echar humo. Ya estaban debatiendo si sería conveniente acercarse para brindarles generosas ofrendas cuando otro de ellos apuntó un arma extraña y derribó a un pájaro… "¡Los dioses no matan!, ¡los dioses no matan!", repitieron varias veces, y llegaron a la conclusión de que esos entes tan extraños debían ser hombres. Y como si los siete gigantes también estuvieran perturbados por ese insólito arribo, durante dos días hubo fuertes temblores y de la tierra hervía brea y alquitrán. Asustados por aquel líquido negro y espeso que emergía de la tierra haciendo burbujas, los conquistadores españoles decidieron abandonar el lugar y continuar con la expedición hacia el norte, hasta la bahía de Monterrey.

Sólo dos años más tarde, en septiembre de 1771, los yangnas presenciaron la llegada de fray Junípero Serra a la ribera del río. El fraile era un sacerdote de semblante beatífico y gestos amistosos.

Venía con un grupo de indígenas de otras tribus y tres hombres con hábito idéntico al suyo. Después de elevar el brazo derecho hacia el noroeste de aquella corriente de agua ya nombrada en las cartografías como el río Porciúncula, con una sonrisa marcada por la determinación, el franciscano ordenó avanzar nueve millas y allí sacó un puñado de maleza de la tierra y enterró una cruz indicando que se iniciaba la fundación de la Misión de San Gabriel, una de las veintiuna misiones que se esparcirían por la región de las Californias como pequeños oasis en los cuales empezaron a crecer plantas hasta entonces nunca vistas. Viñas, hortalizas, olivos y naranjos, aves del paraíso, flores de vivos colores, mantos de Eva y otros arbustos poblaban ahora los jardines de aquellas construcciones que culminaban en arcos de adobe y ladrillo. Para la iglesia de la Misión de San Gabriel, el rey Carlos III envió de obsequio una enorme fuente bautismal en cobre forjado y un altar mayor con seis estatuas que debieron cruzar a lo largo de todo el océano Atlántico para dar la vuelta por el Estrecho de Magallanes y subir casi toda la extensión costera del océano Pacífico, antes de llegar a aquel lugar donde los padres franciscanos, en una santa y práctica relación con los indios, ya habían establecido una curtiduría y una fábrica de velas, cebo y jabón. Los generosos regalos del rey fueron puestos, entonces, en aquella iglesia que los sacerdotes habían construido codo a codo con aquellos indígenas dóciles que trabajaban como si estuvieran jugando. Y, en el regocijo de un verdadero juego, habían pintado líneas de colores en las enormes vigas que se extendían por el cielo de la iglesia. Haciendo nuevas combinaciones con el jugo de diferentes plantas, dibujaron guardas de flores azules, verdes y terracota en las paredes y, siguiendo las instrucciones de uno de los sacerdotes, delinearon también los rostros y las alas de muchos ángeles, aquellos niños regordetes que, según las palabras de esos hombres tan dulces e inteligentes, se encargaban de proteger a todos los seres humanos. Rebaños de ovejas y de ganado pastaban en las cercanías de aquella imponente construcción que, junto con alojar al Dios cristiano, daba albergue a los indios y sacerdotes por igual. Y en los días de lluvia, todos se reunían cerca de los fogones de ladrillo de la cocina sobre la cual los guisos españoles hervían en los cacharros de greda de los aborígenes.

Muy pronto llegó al virreinato de México la noticia de que las misiones creadas bajo la inspiración de San Francisco de Asís constituían todo un éxito. Entonces, los concejales de Sonora y Sinaloa anunciaron a viva voz que el monarca español invitaba a gente sana y sin vicios a ir a establecerse en las cercanías de la Misión San Gabriel donde se les otorgarían gratis, siete acres de tierra de cultivo y un terreno de cincuenta por cien pies para la vivienda que podrían construirse con la ayuda de esos indios tan mansos y serviciales. Y fue así como, después de un viaje por tierra que duró siete meses y una cuarentena debido a la irrupción de la viruela cuando ya habían pasado el pueblo de San Diego, once familias arribaron el 4 de septiembre de 1781 y, a nueve millas de la Misión, fundaron el Pueblo de la Reina de los Ángeles. Únicamente dos de aquellos colonos provenían de España y, como todos los demás, mestizos y mulatos, no sabían leer ni escribir, razón por la cual no existe ningún documento de la fundación de ese pueblo que, con el paso del tiempo, se transformaría en la moderna y ruidosa ciudad de Los Angeles. Treinta casas de adobe construyeron alrededor de la plaza y, muy pronto, todos ellos llevaban una vida pacífica y próspera en aquella región donde casi siempre brillaba el sol.

En la primavera de 1822, llegó hasta ellos la noticia de que México era ahora una república independiente y, con el mismo temple bonachón que los caracterizaba, los angelinos realizaron una ceremonia en el medio de la plaza y respetuosamente izaron aquella bandera que reemplazaba al león español por el águila y la serpiente.

No sería hasta seis años después que llegó el primer estadounidense al Pueblo de la Reina de los Ángeles con el propósito de instalar allí un almacén de abarrotes, lo que constituyó una verdadera novedad para todos ellos; y en el censo que se realizó un tiempo después, John Temple declaró que su tienda contaba con 2.228 clientes. En aquel censo también se identificaba a quince mujeres con las letras M y V que correspondían a la categoría de Mala Vida. Ellas serían las pioneras en el oficio que, junto con la llegada de otros gringos, empezó a prosperar en salones, burdeles y casas de juego.

A la voz de que Tejas había sido anexada a Estados Unidos, los descendientes de los fundadores se sintieron terriblemente amenazados por aquellos afuerinos que habían introducido el contrabando y la violencia en su tan querido Pueblo de los Ángeles. "¡Que se vayan estos gringos hueros para que nosotros podamos seguir con nuestra tranquila vida de agricultores!", protestaban airados. Pero el 13 de agosto de 1846, John C. Frémont y Robert F. Stockton entraron con sus soldados y, sin tener que disparar ni un solo tiro, porque las armas del lugar pertenecían a los habitantes estadounidenses, tomaron posesión del mismo en nombre de la nación forjada por la unión de sus estados. Y cuando el teniente Edward Ord diseñó el primer mapa de aquel pueblo fundado en homenaje a la Reina de los Ángeles, la Calle de la Eternidad y la Calle de las Vírgenes, las de la Primavera, de la Esperanza y de la Aceituna recibieron arbitrarios nombres en inglés… Sólo la Calle de los Chapules, por rara casualidad, mantuvo parte de su significado original al recibir el nombre de Grasshoppers e inmediatamente se utilizó el mapa trazado por Ord para poner a la venta cincuenta y cuatro lotes de tierra.

En un rápido proceso de americanización, el nuevo alcalde prohibió estrictamente las corridas de toros en 1860 para reemplazarlas por un club de béisbol y sin jamás perder de vista a los nativos del lugar que se daban el lujo de dormir la siesta todos los días, las autoridades siguieron imponiendo sus productos y costumbres con verdadera saña.

Bajo esos nuevos vendavales anglosajones, la ciudad, ahora llamada suscintamente Los Angeles, fue recibiendo en su regazo dividido entre hispanos y estadounidenses, la invasión de la tecnología. El ferrocarril construido por los chinos que habían llegado a California durante la fiebre del oro, la luz a gas que iluminaba las calles con faroles, el agua potable que sustituyó el pregón de los aguateros, la electricidad, la explotación del petróleo, los tranvías y una industria que suplantó no sólo las historias escritas y contadas sino también las representaciones pictóricas al producir una serie de imágenes en constante movimiento.

El cine había nacido de la linterna mágica, un artefacto muy sencillo que, con los años, daría a luz el milagro de reproducir la vida real en todo su movimiento. Por casualidad, se había descubierto que si se hacía un dibujo sobre el vidrio de una linterna y se proyectaba la luz de su foco en una pared oscura, allí aparecía prodigiosamente la figura dibujada. Entre risas y mucho asombro, la gente veía aparecer entonces la silueta de un conejo, de un árbol frondoso o de la luna entre las montañas. Pero cansados de proyectar imágenes tan simples, optaron por poner en el vidrio de la linterna, fotografías que hacían aparecer en la pared a los parientes exhibiendo rostros graves o sonrientes sobre una guarnición de cuellos almidonados o encajes a crochet. Unos años después y únicamente con el fin de ganar una apuesta demostrando que los caballos utilizaban las cuatro patas para correr y no sólo las dos delanteras, un millonario de apellido Stanford contrató a una docena de fotógrafos para que con sus cámaras siguieran paso a paso cada movimiento de un alazán que participaba en una carrera hípica. Y fue así como se descubrió que una rápida sucesión de fotografías creaba la mágica ilusión de figuras en movimiento.

Éste fue el evento que desató los numerosos intentos que culminarían en el kinetoscopio, uno de los tantos inventos de Thomas Edison quien ideó poner una serie de fotografías en una tira de celuloide de cincuenta pies que rodaba en un carrete durante sesenta segundos y mostraba las escenas familiares de un bebé bañándose, de un perro saltando sobre una cerca o de una hermosa muchacha bailando. A Edison le pareció que había inventado un juguete sin mayor trascendencia, excepto por aquella moneda que hacía funcionar dicho aparato. Pero la gente, al ver por primera vez imágenes que se movían, sintió que estaba presenciando el acto mágico más extraordinario del mundo. Atrás quedaban los dibujos de la cueva de Altamira, las estatuas griegas y los retratos de Rembrandt que, no obstante intentaban copiar la realidad en todos sus detalles, sólo podían hacerlo congelando todo movimiento. En cambio, el kinetoscopio y sus adaptaciones que llevaban nombres tan extraños como mutoscopio, biógrafo y bioscopio, por fin lograban capturar la esencia misma de lo viviente, de los movimientos que expresan sentimientos y temores, acciones cotidianas o admirables empresas.

Muy pronto, los dueños de restaurantes, portales y salones empezaron a cosechar, al final de cada día, suculentas pilas de monedas que hicieron del kinetoscopio, un próspero negocio. Como Edison, sin darle mucha importancia, había rehusado gastar unos cientos de dólares para patentar su invento en el extranjero, algunos europeos se apropiaron de él y le hicieron modificaciones que incrementaron la magia de aquel portento que Lumière en París decidió llamar cinematógrafo.

Dispersos en Europa y los Estados Unidos, hombres excéntricos que se consideraban pioneros de una nueva ciencia, dedicaban largas horas a experimentar. Y a pesar de las distancias, todos tenían la misma meta: liberar las imágenes del espacio minúsculo del kinetoscopio y proyectarlas en un telón de grandes dimensiones donde pudieran ser de un tamaño más cercano a la realidad.

Fue entonces cuando en las calles de pueblos y ciudades surgieron esos teatros tan singularmente oscuros a los que la gente se rehusaba a entrar por temor a que, en medio de tal oscuridad, los ladrones hicieran su agosto. En 1902, a Thomas L. Tally se le ocurrió hacer agujeros en la pared del teatro para que los clientes miraran la película desde afuera. Astutamente sabía que, pasados unos minutos, se entusiasmarían tanto que terminarían comprando el boleto para entrar a ver, más de cerca, esa maravilla que resultaba menos costosa que cualquier otra entretención. "Peep-Shows", les llamaban, "cuadros movientes" y "cuadros vivientes" porque la rápida sucesión de escenas ahora proyectadas por dos ruidosos rodetes, contaban historias reales y con personajes que, como todo ser humano, lloraban y reían en el vaivén siempre imprevisto del bien y del mal.

Hacia 1909, se producía un número considerable de películas y el cine empezaba a perfilarse como una naciente empresa que, en el caso de los Estados Unidos, tenía sus cuarteles en Nueva York. William N. Selig, huyendo del mal clima que le impedía filmar, arrendó el patio y la lavandería de un chino de apellido Sing Loo en Hollywood, un pequeño suburbio de Los Angeles, de apenas cinco mil habitantes y que había recibido ese nombre por la abundancia de acebos* que allí había. Y al año siguiente, instaló un precario estudio de filmación sin luces eléctricas ni escenarios de ningún tipo, razón por la cual los actores debían cambiarse de ropa en unas estrechas casetas al aire libre y, vestidos de indios o cowboys, se iban al parque para filmar intrépidas acciones. Sólo unos meses después, los hermanos Horsley, también disgustados con las condiciones climáticas de Nueva Jersey, en un acto de desesperación, subieron a un tren cargados de bultos hacia la ciudad de Los Angeles, famosa por el sol y las temperaturas moderadas durante todo el año. De inmediato, arrendaron en Hollywood la taberna Blondeau y allí, en un set también precario, empezaron a filmar películas bajo el sello de la Nestor Film Company, que muy pronto se unió a Universal, otra compañía que había emigrado de Nueva York no sólo en busca de un clima más propicio sino también porque en California no existían los sindicatos y se podían pagar salarios más bajos.

Siguiendo aquella ola de bonanza, en 1913 arribaron Jesse L. Lasky, Cecil B. de Mille, Samuel Goldwyn y Dustin Farnum, quienes arrendaron un granero en el pacífico pueblo de Hollywood y terminaron instalando los estudios permanentes a los cuales llegó Charles Chaplin con un sueldo de cincuenta dólares a la semana, convertidos en diez mil a la vuelta de dos años.

Los tranquilos días de Hollywood terminaron abruptamente bajo las voces nuevas que ordenaban acción y nada más que acción. Directores, productores y camarógrafos acarreaban tras de sí una numerosa cohorte de actores, costureras y decoradores, guionistas y editores, músicos, carpinteros, secretarias, contadores, maestros de esgrima, de baile y natación, agentes artísticos, empresarios, peluqueros, coreógrafos y cocineros. Hollywood se había transformado en la Meca del cine y, como templo que discrimina a los paganos, recibía a algunos con brazos generosos y a otros les cerraba las puertas.

Al llegar a Hollywood, Carmen confirmó que todo era idéntico a lo imaginado desde la adolescencia. Los lechos y divanes sensuales

* holly: acebo; wood: bosque.

para tenderse junto al rostro apasionado de Rodolfo Valentino y las escaleras de mármol y las columnas blancas de la entrada de aquella casa donde Mary Pickford esperaba a su novio, desataban en ella un torbellino de imágenes sumado a lo que captaban las cámaras. Y habían sido muchas las veces, cuando de pie en la tienda de sombreros o en un tranvía atestado de gente, Carmen huía a aquellos lugares exóticos vistos en el ecrán, desiertos extensos que iban a dar a una ciudad llena de cúpulas, canales venecianos en cuyas riberas se elevaban hermosos puentes y palacios. En las revistas de cine, compradas sagradamente cada semana, veía a aquellas mujeres de dentaduras muy blancas y perfectas extendiendo una bella sonrisa junto a un galán de frac en una fiesta para la cual, según contaba la crónica, se habían gastado sumas fabulosas. Desde allí Carmen atisbaba otro mundo, diferente al de ella, un mundo que convertía lo pedestre en fastuoso, como si la riqueza hubiera arrojado sobre él un aura mágica que hacía brillar glamorosamente a la gente y las cosas.

En el trayecto desde la Union Station hasta el edificio de departamentos en el Hollywood Boulevard, reservado para ellos, Carmen se dio cuenta de que ése era un universo que corría en los márgenes del mundo real, deliberadamente destinado a evadir lo humilde y lo prosaico. A diferencia de Nueva York, la ciudad de Los Angeles no poseía altos edificios ni impresionantes puentes. El centro cívico funcionaba en casas antiguas y despintadas y a su alrededor las calles y las casas eran interrumpidas por pequeños naranjales. Los Angeles era, en realidad, la fachada modesta de ese otro mundo de fantasía disperso entre las colinas y valles estrechos que corrían por terrenos calizos. Allí estaban situadas las mansiones que habían magnificado la vieja arquitectura española de una manera elegante y ostentosa y, en los patios de cada una, se destacaba una piscina de verdor azulado en medio de extensos jardines. Por las calles, guarnecidas de palmeras altas y de esbeltos troncos, transitaban modernos automóviles manejados por hombres y mujeres de apariencia exitosa y en los escaparates de las tiendas lucían lámparas de cristal fino, lujosos cortinajes, muebles de caoba y una profusión de ropas deportivas y trajes de fiesta.

Al día siguiente, Carmen y sus músicos fueron a saludar a Darryl F. Zanuck, el vicepresidente de la Fox quien se puso de pie para salir a recibirlos.

—¡Bienvenidos a Hollywood! —exclamó con un gesto intencionadamente teatral.

Y Carmen, feliz con aquel recibimiento, le dio un largo abrazo y un beso en cada mejilla. (La verdad es que con la emoción, ¡por la pucha!, se me olvidó que en Estados Unidos la gente se limita a estrechar la mano de manera muy breve y sólo en ocasiones muy especiales... Y por ese bendito abrazo que le di tan espontáneamente, este tipo me persiguió durante años... ¡Qué me iba a imaginar yo que un hombre tan feo y tan chico, parecía un vulgar enano, se las daba de donjuán con todas las estrellas!)

Brindándoles una atención muy especial, Zanuck los acompañó hasta el set para mostrarles él mismo los avances de la producción de *Esa noche en Río*. Carmen, con ojos deslumbrados, vio los escenarios de cartón piedra construidos por paisajistas que habían utilizado como modelo una docena de postales. Sin embargo, habían logrado crear una ilusión perfecta de la ciudad carioca. Por otra parte, los diseñadores tenían los bocetos de todo el vestuario de bahiana que ella usaría en aquella película de título tan evocador y provocativo. Un par de camarógrafos se puso de inmediato a estudiar los ángulos de su rostro haciéndola adoptar diferentes poses y los especialistas en cosméticos decidieron elegir, de inmediato, la línea de tonos de aquel nuevo maquillaje líquido que Max Factor había inventado especialmente para la industria del cine. (No sé si lo sabrán, pero Max Factor había nacido en Rusia y nada menos que la dinastía de los Romanoff lo había contratado para que hermoseara a las mujeres de la nobleza. Él hacía un trabajo tan extraordinario, figúrense ustedes, que el zar le prohibió que se casara y... teniendo que hacerlo en secreto, cansado del maltrato que recibía por ser judío, empezó a maquillarse la cara con una tonalidad amarilla para producir la impresión de que tenía una enfermedad contagiosa; sólo así lo dejaron emigrar a los Estados Unidos... Max Factor era un verdadero artista. Fue él quien inventó las pestañas postizas, usadas por primera vez por Greta Garbo... creó el lápiz labial sólido para reemplazar la antigua pasta roja que se corría por las comisuras de los labios y gracias a él, también, existe el polvo compacto... En realidad, este señor de anteojos y con el aspecto de un abuelo bondadoso reinventó, literalmente reinventó, los rostros de Marlene Dietrich, la Garbo y Joan Crawford, a quien por puro capricho, le dibujó esa enorme boca de labios sensuales y, por ingenio suyo también el pelo de Jean Harlow y muchas otras se tiñó de ese famoso rubio platinado... Max Factor era uno de los tantos magos detrás de la cámara y yo sentí una profunda emoción al saber que en mi propio rostro ahora revolotearían sus manos hechiceras.)

Después, dos ayudantes de Zanuck los hicieron recorrer todo el estudio de filmación y para Carmen fue como si, de pronto, hubiera entrado a una ciudadela en la cual diversos tiempos y lugares se yuxtapusieran burlándose de las distancias y los calendarios del mundo de la realidad. En un radio de no más de veinte cuadras, se extendía un pueblo de vaqueros, una moderna calle neoyorkina, los impresionantes desfiladeros del Cañón del Colorado, un barrio parisino y otro mexicano, un castillo medieval y un imponente circo romano. Carmen se sintió maravillada, con la impresión de que estaba pasando por un enorme caleidoscopio en el cual tiempos y cartografías giraban vertiginosamente. (Todo era mágico, fabuloso... Me sentía tan deslumbrada como una niña leyendo, por primera vez un cuento de hadas... Pero, más que todo, claro, me invadía una sensación de profunda admiración hacia la inteligencia humana que era capaz de crear tantas cosas, de confundir los tiempos y reinventar realidades extinguidas... ¡Y qué privilegio, Dios mío, que yo sólo en unas horas fuera a formar parte de ese mundo tan fascinante!...)

Después de ese día, Carmen no pudo nunca más divisar aquel despliegue de utilería. Bajo un estricto horario, la artista cayó en las fauces de un trabajo arduo y agotador. Con la ayuda de Zacarelli, el maestro de inglés que había tenido en Nueva York y que ahora la Fox le había contratado para Hollywood, Carmen pasaba toda la mañana ensayando la pronunciación de parlamentos del guión porque quería estar preparada antes de iniciar los ensayos formales en el estudio. Después de un almuerzo ligero, se iba a trabajar con los coreógrafos, quienes transformaban la pista en un tablero de ajedrez en el cual cada cuadrado asignado se iba desplazando de un punto a otro en movimientos simétricos que hacían que ella, el coro y las bailarinas, se movieran armoniosamente en un flujo de cuerpos. Después, a la salida, debía pasar a probarse el vestuario que las costureras, en largas sesiones, le ajustaban con hilvanes y alfileres mientras ella, agotada, cerraba los ojos y ahogaba los bostezos.

Cuando volvía a su departamento, se dedicaba a escuchar las canciones de *Esa noche en Río* en la voz de una mujer desconocida que las había grabado para que ella pudiera afinar la pronunciación del inglés hasta el más mínimo detalle. (Nunca conocí en persona a esa mujer y figúrense que ni siquiera supe su nombre, lo que, por lo demás, no era necesario puesto que había hecho esas grabaciones sólo para que me sirviera de modelo... ¡pero, ustedes no se imaginan cuánto llegué a odiar esa voz, me repicaba en los oídos noche y día como una verdadera pesadilla!... Sabía la letra requete de memoria y habría podido recitarla de corrido aun dormida... Pero el inglés es totalmente imprevisible, ¡si ustedes supieran lo endemoniado que se pone el alfabeto!... una simple "e", a veces se pronuncia... ¡como "iii"!... o como una "a", dicha en forma tan débil como si uno se estuviera desvaneciendo o a punto de morir... y hay otras ocasiones en que ¡no se pronuncia en absoluto!... ¡Para qué hablar de otros líos que crean los gringos!... imagínense que juntan la "o" con la "u", con la "g", con la "h" y toda esa ensalada de letras, se pierde porque al final deciden reducir todo a una "u"... "¡Caramba! ¡Por la mierda!", exclamaba enfadada porque, en medio de un verso, volvía a salir otra palabra que no podía imitar bien... ¡Cómo me costaba imitar toda esa jerigonza sin saber realmente qué estaba cantando, qué era lo que estaba diciendo en realidad!... ¿Se dan cuenta qué tortura?... De este modo, de a poco, las canciones... mis canciones, las que darían la vuelta al mundo, se me transformaban en algo hueco, sin sentido y tenía la impresión aterradora de que mi garganta se había convertido en una trompeta de cartón...

Y por pasar tan ocupada, empecé a perder a Aloysio...)

Durante la filmación de *Esa noche en Río*, Carmen estableció una relación muy amistosa con Don Ameche, quien hacía el doble papel de un rico empresario brasileño y de cantante norteamericano en un club nocturno en Río de Janeiro. De paso, una tarde Carmen le mencionó el porcentaje que ganaba Shubert con todas sus actuaciones y Don, escandalizado con el injusto cincuenta por ciento, de inmediato la contactó con su agente artístico quien, tras largas negociaciones, logró que Shubert anulara el contrato aunque el empresario exigió, como condición inmodificable, que Carmen le pagara sesenta mil dólares.

—¡Ya estás libre como un pájaro! —le dijo Don felicitándola, sin saber aún, que esa misma mañana, la Fox la había hecho firmar un contrato por siete años. Carmen, sin conocer exactamente las verdaderas implicancias del mismo, se sintió eufórica de felicidad y, después de esperar por más de una hora la conexión, pudo hablar por teléfono con Aurora.

—¡Vénganse! ¡Vénganse todos! —dijo en voz alta tratando de apagar esa ola de ruidos que se oían a través de la línea. Compraré una enorme casa en Beverly Hills y tú también harás una estupenda carrera.

Oyó a Aurora titubear.

—¡Sí, hermanita mía, tengo a mi agente moviendo hilos muy importantes y te estaremos esperando con un suculento contrato!…

—No creo que Cecilia ni Oscar ni Mario quieran irse para allá —afirmó Aurora.

Y Carmen, en medio de su entusiasmo, replicó rápidamente:

—¡Ya vendrán! ¡Ya vendrán!… Lo importante es que tú, Gabriel y mamá se vengan inmediatamente… ¡Aaah! y Luiza, tráiganse a Luiza para que se haga cargo de las compras y la limpieza en nuestra nueva casa. Será la casa más grande que pueda encontrar a la venta aquí, Aurorita querida, y tendremos nuestra nueva familia… No se te olvide decirle a Gabriel que él será el hombre de la casa… ¡Seremos una familia carioca en el corazón mismo de Hollywood!

Diez días antes de que llegara su familia a Hollywood, Carmen debió asistir a una cena de honor que se realizaría en el Ciro's, también llamado el restaurante de las estrellas. La habían hecho sentar entre las esposas de dos grandes productores quienes, ubicados en el otro extremo de la mesa, se dedicaban a brindar atenciones a unos empresarios franceses. De mala gana, ella trataba de seguir la conversación de esas dos mujeres con sonrisas y breves exclamaciones aunque poco entendía de qué estaban hablando. El mozo recién había puesto la entrada de langosta cuando una de ellas, con estola al cuello pese al calor, le comentó con un brillo perspicaz en la mirada:

—Su guitarrista, Aloysio, en muy, pero muy poco tiempo ha demostrado ser un verdadero latin lover…

—Y tan increíblemente exitoso que Joe me ha dicho que hasta las muchachas a cargo del aseo en el set están muertas de amor por él —agregó la otra lanzando una carcajada.

—Es muy buenmozo —dijo Carmen por decir algo.

—¡Mucho más que eso! —replicó la que estaba a la derecha abanicándose con una punta de la estola. ¡Aloysio es un seductor de pura cepa!… Dicen que se ha acostado con varias ya… Dicen… pero lo que yo sí sé, con toda seguridad, es que ha estado en amores muy fogosos con Marylee, una de las bailarinas de la primera fila… Usted debe conocerla, es una rubia de cuerpo escultural que se destaca entre todas.

—No —murmuró Carmen con un nudo en la garganta que le impedía hablar.

—Está viviendo por un tiempo en la casa de huéspedes de nuestros vecinos que andan de vacaciones en Europa y allí Aloysio se pasa largas horas con ella.

—¡Uuuh! ¡No quiero ni imaginarme las escenas tumultuosas que ocurrirán allí!… —exclamó la otra frunciendo los labios en un ademán de candor y reprimida lujuria.

Alejando el plato que acababan de servirle, Carmen se puso de pie, inventó una excusa y salió rápidamente del restaurante. Manejando a toda velocidad, llegó al departamento de Aloysio, quien la saludó con un dejo de asombro.

—¿Tan corta resultó la cena? —preguntó haciéndola pasar.

—¡Por qué me haces esto, Aloysio, por Dios! —lo increpó dándole un puñetazo en el brazo.

—¿De qué estás hablando? —replicó él, atónito—. ¿Qué te he hecho yo?

–Te estás acostando con otra mujer, ¡cabrón! –gritó ella y agarrando un florero, lo lanzó con fuerza contra la pared. Quédate, quédate con tu famosa Marylee porque nunca más, nunca más, ¿me entiendes?, habrá nada entre tú y yo, excepto lo estrictamente pro-fe-sio-nal y sólo porque tienes contrato... ¡Basura! ¡Traidor de mierda! –exclamó indignada y salió dejando a Aloysio pensativo.

("Siempre fue igual... Nunca pude convencer a Carmen de que ella era muy pero muy especial para mí y que si yo tenía otros romances era porque los necesitaba... Gritaba, rompía cosas y me decía blasfemias tremendas, pero nunca logró comprenderme...")

(Y no sé por qué hacía tanto escándalo si pasados unos días, como una imbécil, volvía a caer en sus brazos y él me hacía el amor llenándome de murmullos...)

("Carmen era como una enredadera que invadía todos mis espacios y ¡yo necesitaba uno propio! Ella me quería siempre a su lado y en un segundo plano, como un subalterno, como un satélite que no dejara nunca de girar alrededor de su carrera y de sus éxitos... Y sí que la amaba mucho, muchísimo, pero también amaba a otras, siempre las amé por el mero hecho de ser mujeres...")

En el libro donde cuenta sus memorias, Aloysio, con intenso regocijo, desgrana las cuentas de innumerables amores. Recuerda nostálgico a Irene, la muchacha que lo hizo cruzar el umbral de su larga y apasionada vida sexual. Había llegado a Lisboa como parte de un grupo de estudiantes que llevaba la misión de servir de embajadores culturales del Brasil. Los portugueses los habían recibido con gran boato y esa misma noche, en su palacio presidencial, Salazar les había ofrecido un banquete en su honor. Ése sólo había sido el comienzo de interminables festejos en los cuales abundaba el vino, la ginjinha* y los interminables discursos. Diariamente, les daban cuarenta mil reales para gastos personales y, sin tener en qué gastar esos billetes, que se les iban acumulando en los bolsillos, una noche se fueron en grupo a un elegante burdel.

* Licor de guindas.

En un amplio salón protegido por la penumbra, Aloysio y sus compañeros de escuela estaban bebiendo vermouth cuando, de pronto, el palco que rodeaba el salón se iluminó de rojo y empezaron a desfilar unas hermosas mujeres desnudas... Solazándose en ese espectáculo tan sensual, Aloysio empezó a sentir un cosquilleo en el estómago e, inquieto, se cruzó de piernas para que los amigos no notaran la erección. Las luces ahora arrojaban sobre los cuerpos desnudos un reflejo azul que ponía una sombra erótica en los vientres y en los muslos de aquellas mujeres de senos tan bellos y turgentes... Tratando de despegar la vista de esos pubis rubios, negros y castaños que lo hacían arder de deseo, miró todos los rostros que ahora avanzaban bajo luces de intenso color verde y le llamó la atención una muchacha que llevaba una guarda plateada en el pelo ensortijado y se paseaba cadenciosamente por el palco con una sonrisa muy dulce e inocente.

—Y a usted, señor, ¿cuál le agrada? —le preguntó una mujer de edad quien había estado yendo de mesa en mesa.

—¿Cuál me agrada? —repitió tímidamente sin contestar la pregunta.

—Sí, ¿cuál? —insistió ella pasándose la mano por el escote lleno de lentejuelas negras. Estoy segura de que el señor ya sabe a cuál de todas esas muchachas tan lindas le brindará su amor esta noche...

Irene lo había hecho pasar a una habitación cubierta de espejos por todas partes. Echándole los brazos al cuello, lo besó apasionadamente y él se internó en un blando vuelo de nubes. Con los labios prendidos a su boca, acarició la espalda desnuda de la joven y sus caderas redondeadas regocijándose en aquella piel tan suave que ponía en la palma de sus manos una placentera sensación de seda tibia. Ella se retiró unos centímetros para que él admirara su cuerpo y entonces Aloysio posó el rostro entre esos senos que lo acogían generosos y besó largamente los pezones como frutas que le dejaban en la lengua un sabor grato y agridulce. Irene lo hizo avanzar hasta el lecho y él, recostado sobre ella, no sabía qué hacer con el apremio del falo erecto que ya empezaba a producirle dolor mientras le latía el corazón muy fuerte. Entonces ella, amorosamente lo guió haciéndolo entrar a aquella gruta húmeda como algas que le producía un placer intenso y desconocido hasta entonces por él, que lo recorría entero y se transformaba en un ardiente escalofrío cuando le llegaba a la nuca… Entre mimos, Irene lo embarcó sobre su cuerpo y con sus muslos lo hizo mecerse en un movimiento vertical hasta que Aloysio descubrió por sí mismo, al ritmo de aquella cabalgata de placer entre un hombre y una mujer.

Con las piernas enlazadas, se quedaron por un rato adormecidos. De pronto, Irene, con la rapidez de una gacela, se levantó, encendió la lámpara que disminuía la luz con largos flecos rosados y, después de tirarle un beso, corrió desnuda hasta la cómoda y del primer cajón sacó una hermosa budinera de loza ornamentada por franjas azules y flores de color carmesí. Con una sonrisa voluptuosa, la llevó hasta la cama y, después de ponerla sobre una servilleta, sacó del velador dos tenedores de plata.

—¡Comamos, mi amor! —exclamó levantando la tapa, como si estuviera haciendo un acto de magia.

La budinera estaba llena de codornices escabechadas que impregnaron el cuarto de un aroma paradisíaco en el cual se mezclaban los olores a vino blanco, pimentón rojo, ajo macerado y hojas de laurel.

Ella, riendo con intenso placer y un viso infantil en la mirada, masticaba con voracidad y luego, muy seria, se puso a chupar los huesos diminutos y los dejaba abandonados en la tapa de la budinera formando una complicada flor de extraños pétalos calcinados. Con eficiencia, levantó todo y volviéndole a sonreír desde la cómoda, se llenó las manos de bombones y pequeños pasteles empolvados.

Sensualmente recostada sobre los almohadones, saboreaba los chocolates rellenos de ginjinha y los pasteles que le dejaban los labios impregnados de azúcar y, viéndola reflejada en el espejo que cubría todo el cielo de la habitación, Aloysio se dijo que Irene sería la mujer que amaría por el resto de su vida y hasta después de la muerte.

Escapándose de las ceremonias oficiales, pasó la mayor parte de aquella estadía con ella que, también enamorada, a la vuelta de unos días no le quiso cobrar. Y cuando llegó el momento en que debía partir de regreso a Brasil, ambos lloraron mucho y se hicieron la promesa de volver a verse muy pronto. Sin que Irene se diera cuenta, antes de irse, Aloysio puso sobre la cómoda todo aquel enorme fajo de billetes que el dictador Salazar le había dado como viático y aunque era una suma destinada a los estudiantes para ostentar riqueza y prosperidad ante las autoridades brasileñas, esa pequeña fortuna terminó en el burdel donde Irene, con aquellos dientes tan blancos que Aloysio nunca olvidó, siguió tronchando presas de codorniz después de hacerle el amor a los demás clientes.

Había sido su sonrisa y ese modo voraz y pueril de comer lo que había producido en Aloysio un profundo amor. Y siempre sería igual porque cualquier detalle en una mujer lo hacía enamorarse perdidamente. Una voz de leve diapasón sensual, el movimiento de las caderas al cruzar una calle, el color terso y aceitunado de la piel o, simplemente, el destello fugaz de un par de ojos lo fascinaba tanto que no necesitaba palabras para expresarle a ella lo que sentía. Y bastaba una noche para que él amara intensamente a esa mujer, ya que la experiencia sexual era, para Aloysio, una dulce y ardiente red que le encadenaba el corazón…

("Pero no me encadenaba para siempre, no… Yo amaba más mi libertad y, tal vez, por eso de repente sentía que la mujer amada estaba asfixiándome con su amor… Con Carmen ocurrió algo insólito porque mi amor por ella era tan grande que no tuve la sensación de estar atado por fuertes lianas hasta que regresamos a Río, después de nuestra primera gira a Nueva York… entonces, con el pretexto de que tenía que visitar a mi tía abuela en Recife, o a un primo lejano en Salvador, me escapaba y en mis viajes, siempre, igual que los astros en la noche, aparecía una mujer que me inundaba de luz, de una luz siempre nueva.")

Carmen compró una elegante casa de dos pisos y amplios balcones españoles en Beverly Hills, sector que durante los tranquilos días de los primeros colonos, se había llamado el Rodeo del Agua. La casa tenía varias habitaciones, un departamento de huéspedes en el cual vivió Aloysio por un tiempo y una amplia piscina rodeada de rosales y eucaliptos. Allí, la cantante instaló aquel hogar donde se conservaron intactas las costumbres brasileñas, como si el entorno californiano sólo fuera la otra ribera de un río a la cual cruzaba sólo por unas horas. En el caso de doña María Emilia, ese entorno siempre fue un mundo desconocido, un espacio gris que a ella no le interesaba comprender. Desde aquel otro territorio maternal, no escindido en naciones y diversas culturas, únicamente le preocupaba el bienestar de sus hijas. ("Ése era mi deber y a eso había venido… para que comieran bien, para que encontraran la ropa lista a cualquier hora y la casa estuviera siempre limpia y ordenada… ¡Estas hijas mías trabajaban tanto!… Cuando llegué, me alarmó mucho ver a Carminha tan delgada… y a las dos semanas ya Aurora estaba grabando y preparándose para actuar en una película… Fue Luiza quien se encargó de ir al mercado y de lidiar con ese idioma, tan ácido a los oídos… Aunque Carmen y Aurora hablaban de mucha gente, de estudios y directores, la verdad es que yo nunca quise enterarme de nada… Ahí había algo que se me olía a cuerno quemado, a aliento del demonio, pero nunca dije nada porque eran puras imaginaciones mías y no se debe opinar sobre lo que no se conoce… Además, las hijas estaban muy felices y yo no tenía por qué andar poniendo una nota agria, nada más que por corazonadas… Ellas estaban disfrutando plenamente de la estrella de la fama que a las dos les ponía un brillo tan lindo en los ojos, sobre todo a Carmen, quien antes de partir al trabajo en la mañana tocaba la bocina y me hacía señas festivas con las manos… Pero era pensando en ese aliento del demonio que todos los días rezaba el rosario…")

La película *Esa noche en Río* fue el engarce que fijó la imagen de Carmen Miranda de una manera definitiva e irrevocable. Para los productores y Jack Whitney, el jefe de la Sección de Películas de la CIA, la cantante era el símbolo de la imagen pública de la política norteamericana que, con grandes aspavientos, hablaba de la fraternidad entre todos los países del continente americano. Su tez clara y su elegancia en el vestir ocultaban con glamour los problemas raciales, las dictaduras y las injusticias del imperialismo en la América de habla española. En esa época, Carmen creía ingenuamente que el lugar que se le estaba dando en Hollywood a Brasil y Cuba era una contribución significativa para la política de buena vecindad propiciada por el gobierno. Es más, estaba convencida de que, a través de sus actuaciones, los estadounidenses por fin llegarían a conocer y valorar la cultura de aquellos pueblos, hasta entonces totalmente ignorados.

Carmen aún no se había dado cuenta de que las imágenes de lo latinoamericano pasaban por un proceso de reciclaje que lo distorsionaba todo y lo convertía en algo exótico y espectacular. Trajes, canciones y ritmos eran transfigurados por la imaginación mercantil de un grupo de guionistas, diseñadores y músicos quienes, sin abandonar jamás el horizonte estadounidense de su mirada, exacerbaban lo vendible, mutilando y desfigurando todo aquello que provenía de las regiones al sur de la frontera. En *Esa noche en Río*, una de las versiones del traje de bahiana se confeccionó en un brillante lamé dorado el cual hacía juego con un turbante en forma de pedestal que simulaba el oro macizo. Vestida en este nuevo estilo aparecía Carmen, en un escenario recargado de palmeras, y cantaba composiciones de lo que el director pomposamente llamaba "el repertorio étnico". "Chica, Chica, Boom, Chic" y "I, ayayayay, Like You Very Much" incrementaban, de manera considerable, la atmósfera jocosa de toda la película y el personaje, estudiado con tanta seriedad, no era más que una prolongación de la cantante quien, entre pasos de samba y guiños amistosos, entregaba rítmicas melodías en una jerigonza que hacía reír al público. Según el guión, en contraste con la elegante baronesa rubia interpretada por Alice Faye, Carmen era una chica latina alegre y despreocupada, siempre envuelta en líos y malentendidos muy propicios para el desarrollo de la comedia, asimismo su enamoramiento era presentado como algo trivial. El propósito del filme y de muchos otros era demostrar que los estadounidenses podían compartir amistosamente y en tecnicolor con "señoritas" que vivían la vida como si fuera una jocosa y ligera farándula. Por otra parte, la sensualidad de los cuerpos latinoamericanos en atavíos de brillante colorido, no era nada más que una superficie vistosa, una fachada, porque todas las "señoritas" que representó Carmen Miranda eran mujeres con mente y corazón ingenuos e infantiles. Doritas, Chiquitas y Rositas parloteaban en un inglés teñido de acento español y, nunca faltaba la situación que las hacía recurrir a la jerga nativa que aceleraba el ritmo de las palabras, recalcando las erres y siempre moviendo las manos como una divertida marioneta.

Y fue esta abundancia de trivialidad la que provocó el éxito abrumador de Carmen Miranda. Los espectadores se divertían a más no poder con esa nueva luminaria de la taquilla. Fue entonces cuando Hollywood, aprovechando el impacto, decidió inmortalizarla en un pastelón de cemento a la entrada del Teatro Chino. El 23 de marzo de 1941 llegó allí la estrella carioca luciendo una versión estilizada del traje bahiano en un sobrio plateado. Rodeada de periodistas, se arrodilló frente al cemento fresco, posó con una amplia sonrisa durante varios minutos y enseguida escribió: "To Sid. Viva! In the South American Way". Entre gritos y risas, procedió entonces a estampar la huella de sus pies en los zapatos de altas plataformas y volviendo a posar, hizo bromas que los periodistas anotaban en sus libretas para aquella crónica que al otro día anunciaría en letras de molde, que la "bomba brasileña" había entrado definitivamente en el estrellato.

De regreso a su casa, donde celebraría el evento con la familia y algunos amigos íntimos, Carmen se arrepintió de no haber escrito algo más significativo. Pensó que, a diferencia de las imágenes en el ecrán, siempre tan efímeras, sus palabras durante años permanecerían en el cemento y a vista y paciencia de quienes transitaban constantemente por el Teatro Chino. (Podría haber dejado otro mensaje, ¿no creen? Unas palabras acerca de la vida, el amor, la muerte, podría incluso haber escrito la palabra Dios... pero, en ese código del cine y de la prensa, sólo correspondía escribir algo alegre e informal... aunque en Europa hubiera estallado la guerra y, sólo unos meses después, Estados Unidos se viera forzado a enviar a miles de jóvenes a los campos de batalla.

Recuerdo que era el 7 de diciembre de 1941, un día cualquiera y como tantos otros... ¿Se han dado cuenta de que la desgracia llega siempre en un día como cualquier otro?... De pronto, las emisoras radiales empezaron a dar la noticia de que los aviones japoneses habían bombardeado Pearl Harbor en Hawai... Inmediatamente, a todos nos invadió un intenso pavor porque temíamos que el próximo lugar de ataque fuera la ciudad de Los Angeles. ¡Éramos los que estábamos más cerca de Hawai! Y efectivamente, los locutores repetían una y otra vez que San Francisco y Los Angeles eran las ciudades más susceptibles de ser atacadas... ¡No hay palabras para describir el pánico que sentíamos!... Mi mamá muy nerviosa nos hizo hincarnos y a coro le pedimos a Dios que no permitiera que ocurriera una desgracia semejante... "Dios no ha de querer que muramos en tierra extraña", afirmó ella poniéndose de pie y muy seria se fue a la cocina... Al otro día, Melvyn Le Roy me llamó por teléfono para decirme que en su casa se reuniría toda la colonia del cine para escuchar por radio el discurso del Presidente de la República en el cual oficialmente declararía la guerra a Japón, Italia y Alemania. Fíjense que prácticamente estábamos todos allí. La mayoría de las actrices, no se había preocupado de ponerse maquillaje y Lana Turner, Claudette Colbert y Ginger Rogers se veían pálidas y enfermas. A Joan Crawford le temblaban las manos y se veía desencajada, a su lado estaba Bette Davis, quien le ordenaba con un tono sarcástico que se tranquilizara aunque lucía unas enormes ojeras. Los hombres se habían olvidado de los elegantes puros y fumaban un cigarrillo tras otro llenando los ceniceros. En un rincón estaba Spencer Tracy, muy serio, y con un aire de tragedia tan grande que a mí me entraron ganas de ponerme a llorar ahí mismo, y Tyrone Power, con su rostro tan varonil, no decía ni una palabra y se limitaba a observarnos apretando las mandíbulas.

En un silencio de muerte, escuchamos el discurso del Presidente. Habló con la determinación de un verdadero líder y me pareció otro, distinto de aquel ser afable que había conocido en la Casa Blanca. Por unos segundos, todos nos quedamos con la cabeza baja... "¡Qué desastre más grande, Dios mío!", exclamó Greer Garson y se largó a llorar... Entonces Le Roy se levantó y dirigiéndose a mí, dijo con una voz fuerte que nunca olvidaré: "¡Canta, Carmen, canta! En estos momentos, únicamente el ritmo de la samba nos puede hacer olvidar esta situación tan tremenda"... Me disculpé aduciendo la falta de mis músicos, con excepción de Aloysio, pero insistió... A falta de instrumentos, éste tomó dos cucharas y se puso a entonar la orquestación mientras seguía el ritmo golpeando las cucharas entre sí y dando las percusiones altas sobre una copa de cristal. Como ustedes comprenderán, yo no tenía ánimo alguno para cantar, pero canté y bailé siguiendo el mandato de uno de los directores más importantes de Hollywood.)

El país entero entró en estado de emergencia. Por la radio se impartían las instrucciones de apagar de inmediato todas las luces en caso de que sonara la alarma de ataque aéreo. También se impuso un estricto racionamiento de agua y alimentos. Durante los primeros días después del ataque a Pearl Harbor, la gente no se atrevía a salir a la calle y rondaba por sus casas con la sensación espeluznante de que, en cualquier minuto, se oiría el sonido ensordecedor de una flota de aviones dispuesta a arrasar con todo. Pero, pasada una semana, el Presidente Roosevelt instó a los norteamericanos a considerar que la guerra no debía ser sinónimo de temor sino de infatigable actividad. Y entonces el país se llenó de ruidos propios de los quehaceres de la guerra. Las emisoras radiales transmitían fogosos discursos seguidos por los acordes del himno nacional y los galpones de diversas industrias, entre ellas el estudio de Walt Disney, se habilitaron rápidamente para servir como fábricas de armamentos.

Largas filas de jóvenes esperaban en los cuarteles militares y, después de un rápido examen médico, eran alistados para un entrenamiento intensivo bajo las rudas voces de cabos y tenientes que los forzaban a exigentes ejercicios físicos y a una rigurosa práctica de tiro. Jóvenes y sanos partían a la guerra con el corazón encendido por los ideales de la democracia y la libertad, sin saber que sus cuerpos caerían en el fango de un país desconocido o que, dentro de un avión de bombardeo, se consumirían en el fuego antes de que sus cenizas se derrumbaran en aquel mar que sólo conocían por haberlo visto en un mapa.

Y las calles también se llenaron de mujeres que abandonaron las tareas del hogar para salir a trabajar en enormes talleres de costura donde se confeccionaban, sin tregua, camisas, pantalones y ropa interior para los soldados. Otras se dedicaban a otros oficios más meticulosos relacionados con la fabricación de armas y, a los seis meses, eran tantos los hombres que habían partido a la guerra, que fueron ellas las que se encargaron de las gasolineras, de la limpieza de las calles y del cultivo de la tierra.

El mundo, como en una vulgar película de horror, se había dividido sin matices entre buenos y malos. En los periódicos, se imprimían fotografías de Adolf Hitler. Sus bigotes, tan parecidos a los de Chaplin, se convertían, bajo esos ojos duros, en dos moscardones rondando el cuerpo yerto de los muertos. Y su brazo extendido con tanta arrogancia era una siniestra batuta que comandaba tanto los rígidos desfiladeros creados por los soldados germanos como la multitud aterrada de judíos, gitanos y homosexuales. En la otra ribera, brillaban los ojos dulces e inteligentes de Frank Delano Roosevelt y las palabras sagaces y llenas de heroísmo de Winston Churchill quien, con su puro y su obesidad habría sido, en cualquier filme de Hollywood, un personaje cómico.

El país se envolvió en un vendaval de patriotismo. Miles de banderas flameaban noche y día en todos los rincones. Y junto con el patriotismo apareció el odio hacia el enemigo. No obstante muchos de los ciudadanos de los Estados Unidos provenían de inmigrantes alemanes e italianos, el dardo cayó de lleno sobre los japoneses, despectivamente llamados "japs". Fácilmente identificables por los ojos rasgados y el color de la piel, muy pronto fueron víctimas de una encarnizada persecución. Hombres uniformados los detenían en la calle o llegaban hasta sus casas para apresar a familias enteras. Como si fueran insectos detestables, les ordenaban subir a determinados vehículos y los transportaban hasta centros de detención en medio del desierto de Mojave o en las tierras también desérticas de Arizona. Muchos años antes habían llegado japoneses al país con la pacífica intención de trabajar, y la mayoría de ellos se había instalado en California para dedicarse al cultivo de frutas y hortalizas. Algunos, integrantes de una segunda generación, se consideraban legítimos estadounidenses y les era imposible comprender por qué ahora se los había apiñado en aquellos barracones de madera y eran privados de libertad. Con angustia veían pasar los días vacíos en esa aridez que se extendía por millas y millas, sin nada de verdor. Temprano en la madrugada, el sol empezaba a pegar fuerte en las espaldas, brillaba durante largas horas con un fulgor implacable que dejaba llagas en la piel, y cuando por fin se ocultaba entre las montañas, hombres, mujeres y niños se sentaban en el suelo para contemplar ese cielo tan profundamente azul que parecía prodigarles consuelo desde la lejanía.

La guerra también dio gran impulso a la industria del cine, cuyos mejores clientes llegaron a ser el gobierno y el ejército, los cuales mandaron a hacer documentales y películas de corto metraje de un claro color político. Pero la nación, en esas circunstancias tan difíciles que ahora añadían lágrimas al arduo trabajo, necesitaba también entretenerse, olvidarse del dolor de ver partir a novios, hijos y esposos a los campos de batalla, desviar la mente de aquellos lugares lejanos para meterse en escenarios de color y alegría. Por esa razón, Carmen Miranda continuó filmando. Fue Rosita Rivas en *Fin de semana en La Habana* junto a César Romero quien, en una situación cliché, poseía dos identidades, la de un hombre de negocios norteamericano y la de un cubano virilmente seductor de apellido Monte Blanca. Entre risas y malentendidos, surge una de las escenas del film a cargo de Carmen que aparece con una amplia banda llena de pedrerías en el torso y una falda de dos largos tajos en los costados que dejan ver sus piernas y parte de las caderas. En un verdadero carnaval de la imaginación y de la hipérbole, los diseñadores siguieron degenerando el traje típico de las mujeres en Bahía, recargando la blusa con esferas plateadas, añadiendo visos relucientes entre las largas hojas de plátano en el turbante el cual semejaba ahora una especie de absurdo árbol de Navidad. En otra ocasión, decidieron agregarle al atuendo pelotas de ping pong en blanco y rojo que caían del cuello hasta la falda y ataron a las muñecas de Carmen largos pañuelos de gasa para poner una nota etérea a sus bailes.

Acababa de filmar *Primavera en las Montañas Rocosas* cuando empezó a sentir un profundo descontento por sí misma. (¡Y cómo no iba a estar descontenta! Cientos, por no decir miles de horas de mi vida las había pasado estudiando inglés, pero en cuanto abría la boca, la gente se reía de mí, o me escuchaba con una actitud paternalista, como si fuera una pobre retardada... ¡Y yo estaba hablando en serio, estaba dando una opinión inteligente sobre algo!... pero ese lenguaje, de un zarpazo, me transformaba, usurpaba mi yo para proyectar una versión que nada tenía que ver con mi propio ser. ¿Pueden imaginarse lo terrible que era eso?... Y no sólo cuando estaba hablando en serio, no... ¡Pasaba lo mismo cuando intencionadamente decía una broma, porque estos gringos aburridos —bien tontos para decir la verdad claramente—, en vez de reírse, se quedaban mirándome callados!... Y resultaba tan humillante cuando, a veces, notaba que el director o cualquier otro tipo, a propósito, me hablaba en un inglés complicado y yo empezaba a decir "yes, yes" y los otros se contenían para no reírse en mi propia cara porque seguro que, sin saberlo, estaba diciendo que sí a quizás qué cosas. No. Nadie que no haya vivido la horrenda situación de superponer a la propia lengua otra diferente o desconocida, puede imaginar lo humillante y hasta doloroso que resulta tener que lidiar con un idioma extranjero... Seguro que la mayoría de ustedes han pasado la vida entera hablando el mismo idioma, el propio, y ni siquiera sospechan la buenaventura que eso significa... es como ser un pez en aguas tan conocidas y amadas que ni siquiera se siente que uno está nadando... En cambio, cuando se trata de un lenguaje ajeno, se debe hacer un gran esfuerzo, se tropieza, se cae y, más que nada, se mete la pata a cada rato. Ay, si supieran qué sensación tan espantosa de estar haciendo el ridículo cuando uno entra a una tienda y en vez de pedir una sábana blanca, está pidiendo mierda, mierda blanca más encima, por no haber puesto atención al mínimo detalle de una vocal, ¡la "i"! que en sábana, "sheet", se pronuncia larga mientras en mierda, "shit", es súper corta, casi una "e", por la mismísima mierda... y así se desahoga uno, con palabrotas de grueso calibre... Figúrense que yo con este inglés que no me pertenecía, aunque pusiera toda mi atención antes de abrir la boca, no decía que iba a ir a la playa, a la "biiich", sino donde una puta, bruja, zorra, o sea, "bitch". Tampoco me salía "shop" con una shshsh muy suave para indicar que iba a una tienda, porque sin darme cuenta, apoyaba la lengua en el paladar y la famosa tienda se transformaba en "chop", o sea, ¡en chuleta!... Díganme ustedes si no era para andar echando maldiciones al viento... Nunca me olvidaré de la tremenda vergüenza que pasé en el Mocambo cuando recién acababa de llegar a Hollywood. No sé por qué razón se les había olvidado ponerme un tenedor y yo, muy seria y digna, le hice una seña al mozo y le dije en un tono elegante: "I need a fuck", "Pardon me, madam?", preguntó él con los ojos atónitos, "I need a fuck", insistí y Aloysio, rojo, se apresuró a corregir con la mejor pronunciación del mundo, "The lady needs a fork"... ¡La madre que me parió!... en vez de pedir un tenedor, estaba pidiendo que me culiaran o me follaran, como dicen los españoles, ¡así de fuerte!... ¡así de cómico para los gringos! No es simplemente el hecho de que un idioma extraño sea extraño, ¡no!, ¡muchísimo peor que eso!... Un idioma extranjero la vuelve extranjera a una misma, la desconecta de todo lo que se es para convertirla en una caricatura infantil e ignorante... Para colmo, me olvidé de ¡algo fundamental!, ¡de una verdad que mi madre me había inculcado desde niña!... "no todo lo que brilla es oro", decía siempre, pero yo, con un candor casi idiota, me dejé influenciar por todos los brillos y fulgores de Hollywood...)

La rodeaban muchachas jóvenes de cuerpos altos, bellamente esbeltos y rostros de facciones muy finas. Ella, pequeña, sentía en las fiestas y cócteles que desaparecía entre esas figuras semejantes a estatuas griegas envueltas en visones y abundantes tafetanes. La fama, sin embargo, siempre se encargaba de darle el lugar que le correspondía y no fue la estatura la que empezó a atormentarla sino la nariz. Frente al espejo, Carmen empezó a observarse la nariz desde todos los ángulos, acosada por una sensación de disgusto, de rabia y casi odio hacia ese trozo de sí misma, demasiado ancho y voluminoso en comparación con aquellas narices tan hermosamente breves y perfiladas de las otras actrices de cine. En escena, inconscientemente levantaba el mentón para que la nariz frente a la cámara apareciera más pequeña y en las noches, antes de dormirse, se apretaba con fuerza las fosas nasales. "¡Achícate, desgraciada!", decía como si su nariz no fuera parte de ella misma sino un apéndice odioso y enemigo.

—¡No tolero más esta maldita nariz! —exclamó una noche en que estaban todos cenando en casa.

—¡Por Dios, hermana, te he dicho tanto que tu nariz es perfectamente normal! —la regañó Aurora—. Eres linda, siempre has sido linda y la nariz es parte de tu belleza tan especial.

Aloysio le brindó una sonrisa llena de amor y, pasándole el pan, exclamó:

—¡Más bella que todas las mujeres juntas de todo Hollywood y en cualquier parte del mundo!

—¡Qué va! Debería hacer lo que hacen todas las mujeres aquí… que algún cirujano estético me la arregle…

—¡Cómo se te ocurre que te vas a operar la nariz! —gritó Aurora escandalizada.

—Hay que tener mucho cuidado con las operaciones —afirmó Gabriel en ese tono bajo que siempre usaba cuando se refería a situaciones peligrosas.

Doña María Emilia había permanecido en silencio mientras miraba a Carmen con desaprobación. Dejó, por unos minutos, que la discusión entre ellos continuara y de pronto se puso de pie y le hizo con el dedo índice la misma seña autoritaria con la cual imponía prohibiciones cuando sus hijas eran niñas.

—¡Caaarmen! Te ordeno que te saques de inmediato esa idea tan pagana de la cabeza. De dónde sino del infierno tiene que haber venido esa ocurrencia de meter cuchillo en el cuerpo con que nacimos… ¡Eso está mal, muy mal!… ¡No se cambia lo que hizo Dios!

Doña María Emilia, por pudor, no había querido decir exactamente lo que estaba pensando. Mientras ellos hablaban, había venido a su mente el recuerdo de una noche en Marco de Canavezes… Ella le estaba dando de mamar a Olinda y José María la contemplaba cubriendo todo su cuerpo de un deseo intenso… Respiraba profundo mientras yacía recostado de espaldas en el lecho e inquieto carraspeaba esperando que la beba se quedara dormida. Ella, aparentando no darse cuenta, miraba a la niña aunque en el fondo estaba disfrutando ser deseada de esa manera. Sintiéndose como una fruta de jugos espesos, se levantó y cuando estaba acomodando a

Olinda en la cuna, los brazos de José María la cogieron por la cintura como dos troncos encendidos… Ésa había sido para los dos una noche de fuego, eso se había dicho ella muchas veces al evocar las caricias de su esposo, el aliento cálido y enfebrecido cuando se dejó caer en ella como una caldera… Habían sido inmensamente felices y, cuando veinte días después, aún no le bajaba la regla, ella muy contenta se dijo que aquella criatura que habían engendrado, vendría al mundo para mantener siempre vivo el recuerdo de aquella noche tan hermosa. Era esto lo que hubiera querido decirle a Carmen quien, a pesar de ser tan inteligente y talentosa, se estaba dejando llevar por lo que hacían esas otras mujeres… Sí que era un sacrilegio meter mano y cuchillo en la obra de Dios y un gran pecado también que Carmen, por esa disparatada obsesión por su nariz, arruinara ese cuerpo que ella y José María habían hecho juntos en una noche de tanto amor.

Pero, a pesar del mandato de la madre, Carmen se empeñó en hacerse la cirugía estética. Diciéndose a sí misma que doña María Emilia no sabía absolutamente nada de Hollywood ni de las carreras artísticas, buscó a un cirujano en Los Angeles que le aseguró que la operación no tomaría más de tres horas. Durante varios días, le imploró a Aloysio con lágrimas en los ojos que la acompañara.

—Me tienes que jurar por todo lo bendito en el cielo y en la tierra que nunca más vas a pisar las puertas de uno de esos consultorios —le dijo convencido de que si no estaba a su lado, ella igual se iba a someter a esa operación de la cual nadie más en la casa sabía—. Cuando algo se te pone entre ceja y ceja, no hay quién te detenga…

—¡Gracias, mi amor! —exclamó besándolo.

Y Aloysio haciéndole cariño en las mejillas, le dijo en un tono aparentemente severo.

—Y no se te vaya a ocurrir después que tus dientes no están parejos porque no se ha inventado todavía la cirugía dental y te va a pasar lo mismo que a muchas de las actrices de Hollywood.

—¿Qué, qué es lo que me va a pasar? —preguntó.

—Que te van a sacar todos los dientes y las muelas para que uses una flamante dentadura postiza —respondió muy serio.

—¡Aloysio, por Dios! ¡Estás bromeando! —reclamó Carmen.

—No. No es ninguna broma. Joe Randall ha conseguido los datos del dentista que trabaja para la Fox y tiene una lista completa de las estrellas sin dientes... ¡uuuf!, qué asco debe ser besar a una mujer con dentadura postiza —añadió haciendo un gesto de repugnancia.

—¡Claro! ¡Claro! Y por eso tú te hiciste tan amigo de Joe —comentó ella riendo porque, con los años, se había acostumbrado a que a Aloysio le gustaran tanto las mujeres.

La operación que le hizo el doctor Holden resultó un rotundo fracaso. Después de varios días en que pasó encerrada en la casa y tolerando que su madre no le dirigiera la palabra, fue con Aurora y Aloysio para que el médico le retirara el vendaje.

—¿Cómo me veo? ¿Quedó bien? —preguntó Carmen con ansiedad porque había notado preocupación en la cara de la enfermera.

Holden dio un largo suspiro, tosió y adoptando una actitud de absoluta sabiduría, le explicó que el corte del tabique nasal había resultado muy bien, pero que la textura de los cartílagos no había permitido lograr la forma adecuada.

—¡No! ¡No puede ser! ¡Déme el espejo! —gritó arrebatándoselo a la enfermera.

El cirujano había extirpado demasiado tejido de las aletas de la nariz y, al ver el resultado, Carmen con horror recordó la nariz de una mujer que pasaba vendiendo flores por el barrio de Lapa. Uno de los niños había dicho que, dormida, los ratones le habían comido parte de la nariz y Maysa refutándolo, había contado que eso le había pasado por viciosa y que San Judas Tadeo la había castigado.

(No lloré... ¡aullééé! A gritos increpé a ese doctor imbécil que había transformado mi nariz en un mamarracho... Aloysio y Aurora me abrazaron tratando de calmarme y entonces el médico, por no decir el carnicero o el matarife, manteniendo su tono sobrio y científico, declaró que sería muy fácil y sencillo corregir el defecto y que podía hacerlo de inmediato, si lo deseaba. "Se trata simplemente de un pequeño injerto", declaró sin inmutarse el muy desgraciado, "se saca una mínima porción del brazo y se la pone a ambos lados de la nariz"... Yo había firmado contrato para *Toda la pandilla* está aquí y la película empezaría a rodarse en diez días más. Sollozando y en un desborde de impotencia, no tuve otra alternativa que aceptar. Y, mientras Aloysio y Aurora me decían que todo iba a resultar muy bien, fui cayendo en el sopor de la anestesia...)

William Le Baron, productor de *Toda la pandilla está aquí* emprendió una fuerte campaña decidido a dar un golpe magistral en la cancha competitiva de Hollywood. Contrató como director y coreógrafo a Busby Berkeley, un verdadero genio en lo suyo, a quien le dio absoluta libertad para que gastara en la producción todo el dinero que estimara necesario. En el archivo de las películas que filmó Carmen Miranda, *Toda la pandilla está aquí* es el exponente más claro de la exacerbación de lo tropical y del interés de Berkeley por lucirse a través de lo visual en desmedro de lo humano. En un ángulo de la pantalla, la cámara muestra el rostro de Aloysio dentro de una especie de camafeo de bambúes mientras canta "Brasil" y al compás de esa melodía nostálgica para tantos brasileños, se ve un barco arribando al puerto de Nueva York; en primer plano, aparecen entonces enormes sacos llenos de frutas tropicales y granos de café y, como parte del cargamento, baja Carmen protagonizando a Dorita. Adelantándose a la estética del kitsch, Berkeley ideó la escena inolvidable en la cual Carmen Miranda canta "La dama del sombrero tuttifrutti". En medio de un escenario exageradamente tropical, entra una carreta de bueyes cargada de plátanos confeccionados en papel maché y es desde ese amarillo excesivo que surge la figura de Carmen, dentro de un ajustado vestido negro que moldea todo su cuerpo. La carreta se detiene frente a un grupo de bailarinas en pantalón corto y blusa, ropa en la cual también se combina el negro con el amarillo. Una tras otra se retiran ordenadamente, con un movimiento del cuerpo que simula el de la cáscara de un plátano cuando es quitada del fruto. Ahora la cámara toma toda la figura de Carmen en un close-up en el cual lo que parecía una pequeña tiara amarilla contrastando con el vestido negro pasa a ser un turbante lleno de enormes plátanos, de donde cae una guirnalda de fresas muy brillantes que se transforma en un collar de pesadas cuencas. Después de cantar y bailar graciosamente entre las bailarinas de negro y amarillo, a ambos costados de ella, semejando dos cercos de plantas, la cámara empieza a alejarse y los plátanos, hechos para la filmación con nada menos que cinco pies de altura, se extienden ahora en el celuloide hasta el infinito.

(En esa película, Berkeley también me hizo vestir un atuendo en el cual se combinaba el blanco con un rojo muy oscuro y el turbante llevaba adelante, en la frente, un círculo hecho con cientos de largos filamentos que configuraban una especie de moño descomunal, muy parecido al de los petirrojos... Fue entonces cuando, por primera vez, me di cuenta de que se les estaba pasando la mano, sólo faltaba, pensé, que en la próxima película se les ocurriera vestirme con los colores de un papagayo... Y era muy poco lo que les faltaba, créanme, pero en esos momentos no tenía fuerzas para reclamar porque Aloysio, después de tantos años de amor y de pasión, decidió casarse con otra...)

("Hizo mal, muy mal. Aloysio debió haberse casado con mi hermana, más que nada porque ambos se amaban tanto... Y con Gabriel nunca pudimos comprender exactamente por qué no lo hizo. Juntos habían compartido tantas cosas, no sólo el arte de la música que ya era bastante, sino también el modo en que ambos concebían el mundo... Si era un gusto verlos reírse o juguetear en la piscina... Y Aloysio no era un hombre cualquiera, al contrario, tenía una dulzura extraordinaria y hasta mi madre lo quería como si fuera de la familia. Con Gabriel jugaba largas partidas de ajedrez y eran muy buenos amigos... Es muy posible, creo, que lo que él llamaba su libertad fuera simplemente un rezago de ese tipo de hombría que él detestaba... Recuerdo que cuando empezó a salir con Nora, una de las secretarias de Walt Disney, y Carmen se enteró, ella se preocupó... 'Aurora', me dijo, 'creo que esta nueva aventura de Aloysio va en serio, muy en serio' y abrazándome se largó a llorar... Yo traté de disuadirla alegando que ya sabíamos que él, de vez en cuando, se embarcaba con otra mujer... 'pero siempre vuelve a ti', le repetí varias veces. Entonces ella, con la tristeza más amarga que jamás le vi, me contó que antes de viajar a Hollywood, había quedado esperando un hijo de Aloysio y se había visto forzada a hacerse un aborto porque él insistía en que era demasiado joven y no estaba aún preparado para el matrimonio… 'Hermana, ¡cómo es posible que hayas vivido todo esto sola!', le dije enfadada, '¿Por qué diablos nunca me lo contaste?… ¡Eres demasiado reservada con tus cosas, Carmen! ¡Te lo he repetido tantas veces!', protesté impotente porque aunque Carmen parecía tan extrovertida y no guardar secreto alguno, ya desde niña, existía en ella esta otra zona hermética, inaccesible. 'Perdóname, Aurora', musitó esbozando una sonrisa triste, 'no sé por qué hay cosas mías que no puedo contar, ni aun a ti; es como si ciertas experiencias me sellaran los labios… Aloysio nunca ha sabido esto y más vale que nunca lo sepa… Ya ves, acaba de cumplir los treinta años y yo sigo esperando… Me late, me late aquí en el corazón, que esta vez no va a volver con sus ruegos y arrumacos.' Mi pobre hermana estaba en lo cierto y, por esos misterios que nadie puede explicar, Aloysio se casó con Nora y juntos se fueron a vivir a Tejas dejando a Carmen sumida en un gran dolor aunque, sacando fuerzas de la nada, seguía actuando y proyectando sólo alegría…")

("Ni yo mismo puedo explicar por qué me casé con Nora… Había en ella un deseo de protección que desde el primer momento me conmovió profundamente… y nunca protestaba por nada ni exigía nada. Toda ella era como el contrasello de Carmen y tal vez por eso la hice mi esposa… no sé, quién sabe… lo único que sé es que Nora me hacía sentir otro, una persona muy distinta a lo que creía que yo era y, cuando partimos a Brasil en nuestra luna de miel, muchas veces me quedaba mirándola emocionado porque de ella irradiaba para mí otra vida, una vida muy distinta… Cuando en Tejas nació nuestra hija, sus grandes ojos azules me confirmaron que estaba bajo un nuevo firmamento".)

Aunque la bomba había sido la metáfora preferida en Hollywood para referirse a sus estrellas despampanantes, a nadie se le ocurrió que algún día existiría una atómica. Con la excepción de Albert Einstein, quien envió una carta a Roosevelt diciéndole que los alemanes ya estaban haciendo experimentos para construir una y que era absolutamente imperativo que los científicos estadounidenses se les adelataran. De inmediato, se inició el proyecto Manhattan y, en un laboratorio secreto bajo las tribunas del estadio de la Universidad de Chicago, Enrico Fermi logró dividir el átomo. A prisa entonces se inició el proyecto Trinidad bajo la dirección de Julius Robert Oppenheimer, quien partió con un grupo de físicos, químicos y otros científicos a un remoto lugar de Nuevo México llamado Los Álamos. Y allí, en el más absoluto de los secretos, desarrollaron, en alrededor de un año, dos bombas atómicas a las cuales les dieron los nombres que un niño podría haber dado a un par de juguetes... El 6 de agosto de 1945 se lanzó Little Boy sobre el territorio de Hiroshima y, tres días después, Fat Man arrasó con Nagasaki.

Al oír la noticia de que los bombardeos atómicos habían puesto fin a la guerra, Carmen y Aurora se abrazaron entre grandes exclamaciones de alegría y, formando una ronda con Gabriel, se pusieron a bailar en medio de la sala.

−¡Quizás cuántos muertos habrán dejado esas bombas! −exclamó doña María Emilia con los ojos humedecidos por las lágrimas.

−Es verdad −dijo Aurora haciendo la señal de la cruz−. Está mal que celebremos.

−Pareciera la única alternativa que nos ofrece este mundo −agregó Carmen recordando el gran dolor que le había causado Aloysio−. Es necesario que unos sufran para que otros sean felices.

−¡Pero era la única manera! −alegó Gabriel−. Estados Unidos tenía que lanzar la bomba atómica antes de que los japoneses nos invadieran o los secuaces de Hitler nos tiraran una bomba a nosotros... Según dicen, los alemanes estaban a punto de concluir la fabricación de una mucho más potente.

−La vida es siempre vida, no importa a qué nacionalidad pertenezca −protestó doña María Emilia.

−De acuerdo. Pero alégrate aunque sea un poquito, mamá −le dijo Carmen dándole un beso en la frente−. Tengo el presentimiento de que ahora que ha terminado la guerra, empezarán a ofrecerme guiones muy distintos y quién dice que no me convertiré en una gran actriz, ¡en una fabulosa Greta Garbo oriunda del Brasil!

V

"La máscara ya estaba hecha y no quedaba más que reír o morir"

Ese año de 1945, Carmen Miranda era la mujer mejor pagada en todos los Estados Unidos y su lugar, según los datos estadísticos, se ubicaba inmediatamente después del director de la General Motors. No obstante, empezaba a sentir el hastío provocado por esa imagen que Hollywood había creado y duplicado interminablemente, como si estuviera deslizándose por un estrecho corredor de espejos enfrentados. Su renta anual superaba los salarios de Bob Hope, Bing Crosby y Humphrey Bogart, pero, a diferencia de ellos, privilegiados al punto de poder elegir y hasta modificar los guiones, Carmen, detenida o paralizada dentro del estereotipo, recibía un limitado número de ofrecimientos y, una vez firmado el contrato, debía acatar, al pie de la letra, las decisiones del director, de los productores, de los coreógrafos y de otra gente que, como abejorros fastidiosos, supervisaba hasta el más mínimo detalle de su imagen frente a la cámara, e incluso interrumpía la filmación por una gota de sudor en la frente o porque había pronunciado una palabra de manera demasiado correcta y ella no debía perder jamás ese marcado acento latino que ponía chispa y aderezo a todo lo que dijera. Las tres últimas películas que había filmado la tenían profundamente insatisfecha. (Y no era para menos... Los genios de la sección vestuarios simple y sencillamente no sabían qué más inventar... lo espectacular, como cualquier otra cosa, se agotaba y mi traje de bahiana cada día se degradaba más y créanme que no estoy exagerando cuando digo esto porque la blusa blanca y la amplia falda, tan alba como la luz del amanecer, se habían ido transformando en un adefesio, en algo ridículo y extravagante... Figúrense que como no les quedaba artefacto posible para poner en mi turbante, a última hora salieron con la "luminosa" idea de llenarlo de luces por todas partes y tuve que actuar conectada a una batería metida en mi cabellera con un cable alrededor de la cabeza para que las luces no se apagaran... Triste, muy triste fue el día en que me hicieron probar un traje de plástico iridiscente, como el colmo de la novedad. Imagínense que ésta era la primera vez que los diseñadores utilizaban este material sintético y yo, la primera artista que se lo ponía junto con collares y pulseras, también de plástico, de esa substancia sin la textura y el peso de la piedra ni la sonoridad del metal, tibio y opaco, liviano, casi sin volumen... servil, por la facilidad con que se adhería a mi piel. Ésta es la única palabra que se me ocurre para describir la sensación que tuve al probarme esa tenida confeccionada en plástico. De pie, frente a los grandes espejos de tres cuerpos, y con la desagradable sensación de que llevaba un vestido hecho de cuero de víbora, me vi como un fantoche. ¡Eso era yo! Un fantoche, un cuerpo que se vestía y desvestía al compás de los caprichos de un grupo de gente para quien yo no tenía ni mente ni alma... ¡Era un monigote cualquiera! ¡Así lo sentí! Y en ese momento, por primera vez en mi vida, tambaleó el orgullo de siempre por mi carrera artística y pensé que el dinero y la fama no significaban nada cuando se debía pagar tan alto precio... eso me dije mientras, desde el espejo, miraba a esa mujer de traje iridiscente y ojos turbiamente sorprendidos.)

Cuando se iba a la cama, Carmen pasaba largas horas reflexionando acerca de su carrera. Una noche evocó vívidamente a aquellos cómicos que la habían imitado obteniendo del público grandes carcajadas y muchos aplausos. Mickey Rooney, de estatura pequeña y aspecto por siempre adolescente, había aparecido vestido de bahiana y mostrando dientes de niño travieso, se había puesto a cantar "Mamá yo quiero" mientras movía las caderas con torpeza, dando burdos pasos de samba con sus piernas desnudas, enclenques y peludas. En otra ocasión, Bob Hope, alto y macizo, había entrado a escena en traje de bahiana y adelantándose a la actuación de ella, se había puesto a entonar en falsete "Brasil", mientras movía los brazos con afectación, parodiando los gestos que se asocian con los homosexuales. Nunca había tomado demasiado en cuenta esas imitaciones, pero esa noche, en medio de la oscuridad, sintió una profunda congoja al darse cuenta de que tras el humor, se estaba expresando también el desprecio soterrado que está casi siempre detrás de lo caricaturesco.

Sin poder quedarse dormida, se levantó de un salto y se dirigió al dormitorio de Aurora.

—Perdona que te despierte, hermana, pero tengo que decirte algo importante —le dijo, y Aurora, restregándose los ojos y en puntas de pie se fue con ella para no despertar a Gabriel.

—He estado pensando mucho, mucho —le confió Carmen en cuanto se sentaron en la cama a conversar, como lo hacían desde la niñez—. Y he llegado a la conclusión, Aurora, de que Hollywood me ha transformado en un carnaval sin sentido, en ese tipo de "jubilee" o exaltación hueca de la alegría que tanto practican en este país y que nada tiene que ver con la felicidad verdadera. ¿Te acuerdas del último número que me hicieron hacer en la película *Primavera en las Montañas Rocosas*? Ahí cantaba "The Panamericana Jubilee", un tutti- frutti en el cual se mezclaba la rumba con la samba, la milonga y la conga... Eso soy yo ahora, un vacío "jubilee", una celebración ruidosa sin ton ni son... Qué mierda, ¿no?

—No pienses más en eso —le respondió Aurora acariciándole la mano—. En unos pocos meses expirará el contrato con la Century Fox y podrás poner las condiciones que más te convengan para seguir trabajando con ellos. No te preocupes, hermana, con tu talento verás qué fácil va a resultar reencaminar tu carrera.

Sin embargo, Carmen temía que no fuera tan fácil. Ahora que empezaban a regresar los soldados de la guerra, habían surgido otros intereses en los estudios cinematográficos y la imagen de Carmen Miranda ya no ofrecía la perspectiva de cuantiosas ganancias. Esa Segunda Guerra Mundial en la cual se habían involucrado todos los ciudadanos del país estaba pidiendo ahora que le contaran otras historias, historias que lentamente se iban apartando de las comedias con sabor y ambiente latinoamericanos. Lo importante entonces era demostrar que ella también poseía talento para el arte dramático, para protagonizar otros roles y no limitarse a ser la cantante exótica que con apenas un breve parlamento divertía a espectadores poco exigentes. Pero cómo iba a ser posible demostrarlo, se preguntaba, si ningún estudio le daba la oportunidad de realizar otros papeles. Carmen sospechaba que había entrado en un callejón sin salida.

(Si todo esto hubiera ocurrido allá en el Brasil y cuando tenía veinticinco años, lo más seguro es que, con un guiño jovial y divertido, porque así era yo entonces, me hubiera despedido de mi carrera artística... y aprovechando mi nombre y fama habría instalado una tienda de ropa elegante para convertirme en una exitosa diseñadora... pero ahora todo era tan distinto, Hollywood me había transformado en otra, en una persona otra, incluso para mí misma... ¡Vaya Dios a entender esta contradicción de ser alguien sabiendo que se es otra!... y entonces, por estas cosas raras que tiene la imaginación, muchas noches me imaginaba a mí misma como una flor machacada, presa de una farándula ajena, girando todo el tiempo entre el bullicio y las luces artificiales de un enorme carrusel llamado Hollywood... Pero igual seguía narcotizándome con la esperanza de que algún director me tomara en serio y me diera un papel donde pudiera demostrar que era una actriz verdadera... y sepan ustedes que también yo me dopaba con drogas de verdad porque Hollywood, para mantener su carnaval, se había encargado ya de tentarme y proveerme con los brebajes encapsulados en modernas píldoras... El Nembutal y el Seconal eran los barbitúricos que, como ángeles de pesadas alas, me hundían en el sueño, después de pasar por la tortura del insomnio que mantenía rígido y tenso cada nervio de mi cuerpo, mientras el cerebro se me llenaba de ideas descabelladas que me hacían temer estar volviéndome loca. Y, desde la otra cara de esta moneda endemoniada, la dexedrina me permitía permanecer despierta durante los ensayos, las filmaciones, los cócteles, las entrevistas, las sesiones de vestuario... De esas pastillas dependía yo y, después de la operación en Saint Louis, empecé a beber alcohol para olvidarme de todo lo que me estaba pasando y, sobre todo, para tratar de aniquilar la presencia de la muerte. Porque el alcohol, como cualquier otra droga, zurce el alma rota por unas horas y yo ahora me había convertido en un ser trizado para siempre...)

Obsesionada por la forma de su nariz que, según ella, le daba un rasgo imperfecto a su perfil, Carmen se había sometido a una tercera operación de cirugía estética. Siguiendo los consejos de una de las expertas en maquillaje, había viajado a Saint Louis donde un cirujano de gran renombre había vuelto a operarla. Esta vez, Aurora se ofreció para acompañarla y doña María Emilia, por puro presentimiento, insistió asimismo en ir. La operación había durado cinco horas y, sin que ningún médico hubiera podido explicar por qué, Carmen había sufrido serias complicaciones hepáticas. (Eso de "serias complicaciones hepáticas" resulta un eufemismo absurdo... ¡Estuve en el borde mismo de la muerte!... ¡Noche y día, la muerte estuvo allí, al pie de mi cama!... ¡Aaah!... ¡Qué saben, qué pueden saber los que siempre han tenido un cuerpo sano!... No sé cuántas horas me duró el efecto de la anestesia, pero de pronto empecé a recobrar la conciencia y me vi tendida en un lugar muy extraño, con algo muy pesado, parecido a enormes rocas, que oprimía mi cuerpo como si ya estuviera enterrada... inútilmente trataba de abrir los ojos, de mover los dedos de la mano derecha... en vano luchaba con ese peso asfixiante... hasta que, de repente, todo se volvió viscoso como un lecho de grandes flores carnívoras que intentaban succionarme con sus pétalos negros y morados. Lo más terrible es que las flores respiraban de una manera sorda y a mí me parecía que cada vez que exhalaba aire, ellas se llevaban la sangre que iba saliendo de mis poros para alimentar sus pétalos voraces, debilitándome más y más... después sentía que de la corola, llena de sangre, salían horrendas sanguijuelas que se me introducían en todo el cuerpo, causándome un dolor intenso desde la cabeza hasta los pies... Aurora y mi mamá me contaron que estaban aterradas porque me quejaba mucho y los médicos se veían muy asustados... recuerdo, como si hubiera sido hoy, que una terrible puntada en el costado izquierdo me sacó de ese estado de semiconciencia y empecé a vomitar... era algo verde y bilioso que me producía arcadas cada vez más fuertes y el dolor era tan grande que estaba más allá de todo lo que uno puede describir... y aunque lo lograron controlar con inyecciones de morfina, el dolor siguió allí agazapado... y fue entonces cuando empecé a sentir que la muerte me estaba contemplando desde los pies de la cama... era una mujer de facciones fantasmales y sus ojos tenían un brillo extraño, como si en él se mezclaran la maldad y la ingenuidad, no sé cómo explicarlo, sus ojos eran muy luminosos y daban la impresión de que detrás de ellos también se entretejía un viso de poder y superioridad, de arrogancia y absoluta libertad al tiempo que evocaban la mirada de una niña a punto de robarse un dulce o escaparse a escondidas... incluso, de repente, pensé que esa luz se asemejaba a la de la pincelada del pintor que da el toque final a su obra maestra... no sé ni nunca sabré cómo describir el brillo de los ojos de la muerte y mucho menos podría definir la sensación de maldad que irradiaba esa mujer porque parecía estar en un ámbito muy pero muy diferente al que nosotros concebimos para el mal... lo único que sé y puedo decirles con certeza es que me producía un espantoso pavor... "no, no, no", le decía yo, y ella, sin despegarme la vista, me miraba como un tigre a punto de atacar a su presa antes de desplegar ese movimiento elástico y hermoso propio de todos los felinos... "no, no, no", repetía yo con el corazón agitado y a punto de salírseme por la boca... la muerte tampoco tenía cuerpo, era más bien una silueta gris, pero lo extraño es que sabía que era una mujer y lo más terrible es que, de pronto, se sentó en mi cama y se hizo patente el peso de su cuerpo hundiendo levemente el colchón a mis pies... "¡No! ¡No! ¡Nooo!", empecé a gritar y entonces me encontré llorando en los brazos de Aurora mientras mi madre me acariciaba la frente... "¡Que se vaya! ¡Pídanle, por el amor de Dios, que se vaya! ¡Supliquenle, por todos los santos del cielo y de la tierra que se vaya de una vez!", gritaba yo y ellas, sin saber de quién estaba hablando, trataban de tranquilizarme, pero la muerte no dejaba de mirarme desde un rincón de la pieza con ojos malignos pero también insólitamente compasivos... allí se quedó durante muchos pero muchos días, y aunque la enfermera, una señora mexicana muy sabia, me decía que la muerte verdadera nunca se deja ver, yo seguí sintiendo esa presencia incorpórea, ahora tras las cortinas del ventanal... Desde la calle, llegaban los ruidos de los automóviles y sobre mi velador, Aurora había puesto un enorme jarrón lleno de flores, pero la presencia de la muerte acechándome tras las cortinas aunque estuvieran corridas, me llenaba de espanto y bastaba un leve movimiento de la tela para saber que ella aún estaba allí... se los juro, ni un solo segundo dejó de espiarme hasta que salí del hospital y desde entonces, empecé a tropezarme con el viso de sus ojos en los lugares más inesperados... De pronto y vaya uno a saber por qué, la veía en la nuca del conductor de un automóvil delante mío frente a un semáforo en Rodeo Drive, entre una multitud que me aplaudía en Europa o escondida entre las alas del flamenco luminoso a la entrada de un hotel allá en Las Vegas... Y en tantas, pero tantas otras partes...)

("Mi pobre hermana sufrió mucho y todos pensamos que no volvería a ser la misma... Después de esa operación en Saint Louis, quedó nerviosa y perdió esa aura de alegría por la vida que siempre había tenido, como si algo muy dentro de ella se hubiera apagado. Desde niña Carmen tuvo una energía maravillosa que la hacía divertida, siempre pronta a ser feliz por cualquier cosa y a reírse de todo y de nada... la verdad es que todo era motivo de risa para ella... '¡Vamos!', decía allá en Río, tomándome de la mano para cruzar una calle e ir a ver la vitrina de una tienda o mirar, más de cerca, una estatua, un letrero, el nido de un pájaro en el alero de alguna casa... y lo hacía como si estuviéramos embarcándonos en una increíble aventura... así había vivido siempre, disfrutando cada detalle de la vida y el mundo, pero después de esa operación se puso temerosa de todo, especialmente de su salud... y cuando viajaba, ahora llenaba de remedios un bolso negro que traía y llevaba a todas partes... Carmen nunca en su vida había bebido alcohol, nunca tomaba ni siquiera cuando teníamos visitas... a pesar de que le encantaba preparar tragos para los demás... Fue sólo después de esa operación que empezó a beber.")

Los dos cubos de hielo tintineando contra el cristal del vaso lleno de whisky o de jugo de naranja con vodka le evocaban, sin saber por qué, las campanillas de los monaguillos en el momento en que el sacerdote está a punto de elevar la hostia. A propósito movía el vaso entre sorbo y sorbo a la espera de ese pequeño torbellino de alegría que penetraba su cuerpo haciéndolo grácil y ligero mientras el tiempo milagrosamente se estancaba en el presente y ella ya no pensaba más ni en el pasado ni en el futuro y, para prolongar ese goce postizo, volvía a llenar el vaso una y otra vez, hasta que los brazos se le adormecían y su mente caía en un grato sopor.

Aurora tenía mucha fe en mí y estaba segura de que la Century Fox iba a renovar mi contrato. Pero eran otros los rumores que circulaban y hasta yo misma tenía la sospecha de que ya habían perdido interés en Carmen Miranda porque toda esa gente que me adulaba en cuanto entraba a un set, ahora me trataba con cierta indiferencia y yo sentía que me había transformado en la novedad que de un día para otro pasa de moda... Y por esto del inconsciente, de la telepatía o del más allá porque, como ustedes saben muy bien, nunca nadie logrará dilucidar las fronteras entre esta vida y la muerte, entre magia y realidad, una noche se me apareció Arminda toda vestida de blanco y con una expresión de reproche en el rostro. Al parecer y sólo al parecer, yo estaba soñando, pero ¡vaya a saber Dios si no ocurrió de verdad!... Yo estaba sentada en la cama ordenando mis collares para ponerlos en el joyero grande de caoba que acababa de comprar cuando la vi aparecer a mi lado. El color mate de su piel resaltaba con el albor de la gasa de su vestido. Inmóvil como una estatua, me miraba con sus grandes ojos negros y la cabeza ligeramente ladeada hacia el hombro izquierdo donde caía su trenza de ébano... entonces, como si su imagen hubiera estado bajo el lente de un camarógrafo en un close-up, su rostro se acercó tanto al mío que llegué a sentir su respiración sobre mis mejillas y en una voz ronca teñida de reprobación me dijo, antes de desaparecer: "Vana es la alegría cuando proviene de artificios" y también como si fuera una película, vi, aunque las cuatro puertas del clóset estaban cerradas, que todas mis prendas de bahiana resbalaban de sus perchas y caían al suelo... Fue entonces cuando me transformé en una yegua que galopaba veloz por una pradera muy verde... en mi nariz sentía el fuerte aroma del pasto mojado, de la tierra recién sembrada, olores que me hacían correr a todo galope hacia un amplio horizonte de montañas mientras mi corazón latía con mucha fuerza... Sin embargo, de repente, todo se oscurecía bajo una niebla espesa y tenía que frenar el trote y quedar en medio de la bruma relinchando adolorida...

No sé qué pasó después. Si me quedé dormida tras esta visión conjurada por Arminda o si seguí durmiendo y esta escena era solamente parte de los sueños que uno tiene cada noche aunque después ni los recuerde. La verdad es que, para serles franca, no tenía ninguna importancia si todo esto había venido de mi inconsciente o si era un mensaje enviado por Arminda desde Estocolmo o desde la región de los muertos... ¡Para mí era un aviso! Así lo viví y, por eso, a la mañana siguiente, desperté decidida a no continuar con la Century Fox ni con ningún otro estudio que me atara... Levantándome de la cama, avancé hasta el clóset, abrí todas sus puertas y vi mi vestuario ordenado, como siempre, de acuerdo a sus diferentes colores porque, desde que empecé a actuar en los teatros de Brasil, me gustaba acomodarlos en un arcoiris, no sólo cuando iba uniendo las piezas de tela con largas puntadas sino también cuando ya estaban alineados en sus colgadores. Entonces, me quedé largo rato mirando todos esos trajes y recordando mis actuaciones en muchos lugares... tanto los geográficos como los inventados en el set... Y decidí con alivio y alegría que, libre de todo contrato, esta vez, con mucho tino e inteligencia, elegiría solamente las propuestas que valieran la pena... no me importaba, en realidad, cuánto tiempo podía pasar sin trabajar en una película, total, sabía que nunca iba a faltar un ofrecimiento de Reno, Las Vegas o cualquier otro lugar con sus casinos donde Carmen Miranda seguía siendo una atracción para el público.

Respiré hondo y me dije que ya era hora de disfrutar de ese retazo de libertad que nos merecemos todos los seres humanos. Como ven, había tomado una decisión muy importante: romper las cadenas endulzadas de los contratos fabulosos para vivir con independencia, como un santo y sagrado derecho... Porque eso es la libertad... ¡un derecho!)

En enero de 1946 caducó el contrato con la Century Fox cuando Carmen acababa de terminar su última película para esa empresa cuyo emblema sigue aún vigente. Se abren las cortinas y resuenan en el ecrán los acordes de una melodía que semeja la de un circo anunciando el número más espectacular de todo el repertorio. Al compás de trompetas, tambores y trombones, aparece, ante los espectadores, y en letras magnificadas, el signo **20th** en una tonalidad similar a la del oro mismo y se ubica sobre CENTURY FOX mientras los reflectores, a izquierda y derecha, no cesan de arrojar haces luminosos que se van desplazando rápidamente por los costados de las letras. Esa película se llamaba *Si tengo suerte* y Carmen, fuera del set repetía las palabras de dicho título en inglés mientras entraba a la cocina a buscar hielo y exclamaba "If I'm Lucky… If I'm Lucky" y doña María Emilia, preocupada, la contemplaba en silencio.

A las pocas semanas, Carmen supo que United Artists estaba considerándola para actuar en un film con Groucho Marx por quien ella sentía una profunda admiración.

Efectivamente, el director y el productor estaban de acuerdo en que Carmen Miranda era la figura más adecuada para esa nueva película que tendría como escenario el club nocturno Copacabana en Nueva York, lo que iba a asegurar una buena afluencia de público.

–Deberíamos cerciorarnos sí de que la Miranda no es como esas artistas temperamentales y neuróticas que, sin más ni más, no se aparecen en el set porque les dolió una uña, se les cruzó un gato negro, rompieron con el amante de turno o se levantaron deprimidas sin causa alguna o porque les bajó la famosa menstruación. No quiero problemas ni atrasos en la filmación, Sam, porque me pongo de mal humor y no puedo hacer bien mi trabajo de director que requiere tanta atención y tanta, pero tanta creatividad.

–¡Sí! Por ningún motivo debemos correr ese riesgo… los gastos de producción están exactamente calculados y un solo día de atraso significaría una pérdida muy grande de dinero –afirmó el productor–. Pero ¿tú has oído algo al respecto?

–Nunca he trabajado con ella ni tampoco he oído ningún comentario. Pero, por si acaso, habría que averiguar, ¿no crees? Además, los artistas latinoamericanos son caprichosos, mira nomás a Xavier Cougat o a Dezi Arnaz…

–Sí, claro que sí –respondió el productor pensativo. Por supuesto que no se saca nada con averiguar entre la gente de la Fox porque, de puro mal intencionados que son, pueden mentir nada más que para que no la contratemos…

184

—Tal vez, tú podrías invitarla un par de veces a almorzar y son-dearla un poco —sugirió el director.

—¡Sí! Buena idea, aunque tú sabes que me molesta infinitamente tener que lidiar con las artistas a nivel personal… además, entre lla-mar a la Miranda, llevarla a almorzar y sentarse a conversar con ella que, según me han dicho, es bastante habladora, voy a perder un montón de horas, justo cuando estoy más ocupado… para colmo, no tengo pasta para andar sondeando a la gente, menos si son muje-res… ¡Qué laaata! —exclamó en el momento en que llegaba su cuña-do, Dave Sebastian, un tipo buena gente aunque un poco torpe como para encaminarse en algún buen trabajo, por eso él le había dado la oportunidad de ser su ayudante.

—¡Solucionado el problema! —dijo dando un breve golpe en la mesa. Dave es la persona ideal para este trabajo… cordial, buenmozo a pesar de estar acercándose a los cuarenta y con un ojo clínico para auscultar el temperamento de la gente.

Dave aceptó la misión encantado pues la expectativa de salir con la conocida cantante, le producía orgullo, sentimiento que bo-rraba el resquemor que le habían dejado los innumerables oficios en los cuales no había logrado triunfar.

Llamó a Carmen por teléfono y con el tono cordial y eficiente de todo un ejecutivo, la invitó. Al día siguiente, pasó a buscarla a su casa donde ella lo recibió elegantemente vestida. Mientras, con ade-manes galantes, le abría la puerta del automóvil. Dave, por primera vez en su vida, se sintió un hombre importante porque, en esos mo-mentos, estaba representando nada menos que a la United Artists con todo su poder y todos sus millones.

—¡Qué maravilloso es almorzar con una mujer tan hermosa y deslumbrante como usted! —exclamó cuando estaban por elegir el postre luego de una conversación muy amena.

Y Carmen se sintió gratamente halagada. En los ojos de ese hombre de baja estatura y canas prematuras, había percibido, desde el minuto en que se habían saludado, un destello de asombro y admi-ración que la hacía sentirse tan seductora como en aquellos días en que trabajaba en la tienda de corbatas allá en Río… además, durante todo el almuerzo, no había hecho otra cosa que mostrarse interesado en la vida de ella y después de hacerle breves preguntas, se quedaba escuchándola con mucha atención y sin despegarle la vista como si ella fuese el centro del mundo. (Los hombres nunca han sido muy buenos para escuchar... lo que ellos realmente disfrutan, creo yo, es que una mujer los escuche a ellos. Por eso, me agradó tanto conversar con Dave, y la segunda vez que salimos a almorzar, apenas dos días después, sentí que su presencia me entregaba dulzura, paz, tal vez, porque él no tenía ningún afán de lucimiento, a diferencia de tantos otros que, por alardear, terminaban monopolizando cualquier conversación... Y la actitud de Dave a mí me permitía sentirme cómoda, tal vez por eso he usado la palabra "paz" aludiendo a ese espacio y a esa atmósfera que permiten hablar y explayarse sobre cualquier cosa, desde los ingredientes del vatapá, guiso bahiano que a él le pareció fabuloso, hasta mis opiniones sobre el comunismo... Con Dave todo parecía natural, de manera que también naturalmente dejé que me besara y a las dos semanas de habernos conocido, iniciamos una relación amorosa...)

Carmen firmó el contrato para actuar en la película *Copacabana* sintiendo que se abría un nuevo horizonte para su carrera. No obstante el guión le exigía, como en tantos otros filmes, hacer el rol de una cantante en el ambiente de un club nocturno, esta vez debía mostrar su versatilidad en el doble papel de Carmen Novarro, latina que cantaba sambas, y Madame Fifí, mujer fatal de cabellos rubios que entonaba melodías con un bello acento francés. También la satisfacía enormemente la perspectiva de actuar junto a Groucho Marx porque eso indicaba, para ella, que su capacidad artística era valorada.

Y como reflejo de ese horizonte, el romance con Dave Sebastian la llenaba de ilusiones. Era la primera vez que no mantenía un idilio en absoluto secreto y él, como un amante solícito, le acariciaba la mano o le daba un beso en la mejilla antes de que enfrentara la cámara y, al final de cada escena, se adelantaba con una sonrisa y la abrazaba llenándola de elogios. Ni un solo día dejaba de demostrarle su profundo amor y ahora Carmen revolucionaba la casa con aquella risa que le evocaba a doña María Emilia su adolescencia, cuando estaba perdidamente enamorada de Mario.

—Carminha ha renacido. Se me figura un árbol que vuelve a recuperar su follaje bullicioso —le dijo a Aurora.

—Así es, mamá y ojalá que ahora sea para siempre…

La alegría de Carmen, sin embargo, no era sencillamente el reflejo o retorno de esa fe y ese ímpetu primordial que había experimentado hacia Mario. Su idilio con Dave poseía otros visos pues la pasión entre ellos dos le parecía a Carmen sobria y calculada, un itinerario creado por la voluntad de Dave que, a los pocos meses, se le hizo previsible. Pasada la exaltación de las primeras semanas, los encuentros sexuales con Dave tenían un rumbo conocido y rutinario… Él, omitiendo todo preámbulo amoroso, en cuanto entraban al departamento, la llevaba abrazada hasta la cama, la desnudaba rápidamente y la penetraba con una pasión que, según la impresión de Carmen, se aislaba en sí misma y la dejaba afuera, siempre en los bordes y ansiosa, no por el orgasmo sino por la nostalgia de aquella cópula de dos cuerpos y dos almas en un solo vuelo. Y cuando ella intentaba cambiar ese rumbo dirigido únicamente por Dave, él, de manera cariñosa pero firme, la reencaminaba…

Carmen trató de no prestar atención a ese espacio en blanco que emergía entre su cuerpo y el de Dave cuando se enlazaban en el lecho. Pero una noche en su casa despertó sobresaltada e invadida por el escozor de la ira. "¡Es Aloysio el que me dejó marcada para siempre!", repitió varias veces. "Son sus manos, susurros, pausas e infinitos bemoles los que ahora se interponen para malograr mi relación con Dave… ¡Infame!… Es como si hubiera dejado escrito en mi cuerpo todos los signos del placer… Sí. Dejó marcada mi sexualidad para después casarse con otra…" Con furia dio un golpe en la almohada y no volvió a conciliar el sueño.

La imagen de Carmen Miranda desataba siempre rumores sobre su vida amorosa, no obstante haber sido muy pocos los hombres con los cuales había tenido una relación carnal. Aunque las caricias de Mario en el último año de noviazgo se habían hecho muy ínti-

187

mas, todo había quedado a nivel de un fogoso simulacro del acto sexual y con todos los hombres conocidos inmediatamente después no había llegado a mucho, y nunca habían dejado de girar en la esfera del flirteo o del breve romance. Pero, contradiciendo la realidad, los periodistas creaban catálogos amorosos en los que aparecían como el futuro cónyugue de la Reina de la Samba, los nombres de Assis Valente, Ary Barroso, César Ladeira y tantos otros. Y en Estados Unidos no cesaban de atribuirle novios y amantes a la Bomba Brasileña inflamada por esa increíble pasión tropical que se evidenciaba, incluso, en ese trino de erres que tanto divertía los oídos… Don Ameche, John Payne, Arturo de Córdova y hasta John Wayne circulaban como posibles candidatos de un escándalo de amores ilícitos o de la noticia que en una primicia anunciaría el próximo matrimonio de la estrella. Durante todo este tiempo, ella y Aloysio mantenían su relación en absoluto secreto y sólo por satisfacer la demanda del público y de la prensa, Carmen inventaba que tenía un novio en Brasil, que estaba por casarse con un oficial de la Marina de los Estados Unidos o que dos hombres la amaban perdidamente y ella aún no había decidido a cuál de los dos elegiría.

Si bien por despecho hacia Aloysio, constantemente embarcado en alguna aventura amorosa, tres o cuatro veces había tenido algún affaire pasajero, Dave era, en realidad, el tercer hombre con quien mantenía una relación prolongada. "Lo sexual se debe hacer también un hábito", reflexionó una tarde en que Dave llegó a la casa con un enorme ramo de rosas blancas y Carmen dándole un largo abrazo, se dijo que su cuerpo ya se acostumbraría al de este otro hombre que tanto la amaba…

Estaba por terminar la filmación de *Copacabana* cuando Dave, una noche en el departamento, se dirigió a la cocina y volvió con una copa de champaña. Carmen, aún riendo por el estampido del corcho que, según él, había salido volando por la ventana abierta, se aprestaba a beber un primer sorbo cuando, entre las burbujas, divisó el brillo de un diamante.

—Dios mío, ¿qué es esto? —preguntó sorprendida.

—Un anillo de compromiso —respondió Dave muy serio—. ¿Te gustaría casarte conmigo?

—Pero Dave, mi amor, tú practicas la religión judía y todos en mi familia somos católicos, tú lo sabes. Has visto a mamá que no deja ni un solo día de ir a misa.

—Te amo tanto —afirmó él entrecerrando los ojos— que estoy dispuesto a renunciar a mi religión… Nos casaremos por la Iglesia Católica, si aceptas casarte conmigo.

Entonces Carmen le echó los brazos al cuello y, entre muchos besos, le respondió que sí, que se casaría con él, que ambos crearían un hogar muy hermoso, lleno de hijos y de verdadera alegría.

Se casaron durante la Semana Santa de 1947 en la iglesia del Buen Pastor en Beverly Hills. Carmen vestía un traje blanco de dos piezas, un sombrero de encajes también blancos y, como único adorno, llevaba en la mano derecha una orquídea de idéntico color que resaltaba la sobriedad de todo el conjunto. En el abultado archivo de fotografías donde ha perdurado su imagen, las tomadas el día de su boda son las únicas donde no se percibe la intención de posar para el público y proyectar una alegría desbordante y teñida de sensualidad. El rostro maquillado en tonos y líneas tenues y el cuerpo vestido en traje formal de una finísima tela transmiten, por el contrario, un aura de inocencia, de seriedad y la expresión de sus ojos es la de una niña que acaba de recibir su primera comunión entre incienso y azucenas.

"Mi hija era inmensamente feliz. En cuanto se pusieron los anillos de compromiso, Carmen hizo a Dave su agente y empresario y, por lo que ella decía, él estaba administrando su carrera en forma muy seria y muy eficiente. Después de la boda, se fueron a San Francisco a pasar la luna de miel y dos o tres semanas después, partieron a Nueva York para cumplir con un contrato en un club nocturno que le iba a pagar a Carmen un sueldo muy alto. Más de siete mil dólares a la semana y ella le decía a los amigos que llegaban a la casa que ese dineral que iba a ganar se lo debía a él… '¡Él es el mago, no yo!', exclamaba riendo y corría a abrazarlo y besarlo delante de todos mientras Dave miraba con una expresión de sorpresa porque no sabía portugués y no había entendido qué estaba diciendo. En esos días, mi hija andaba como iluminada por una energía que parecía venir del mismísimo cielo y yo, al terminar de rezar mi rosario, todas las noches le daba infinitas gracias a Dios por su felicidad que para mí, como madre, era una verdadera bendición. '¡Un hijo! ¡Que llegue pronto un hijo a esta casa!', repetía Carmen y yo estaba tan ilusionada que varias noches soñé a mi nieto... lo divisaba desde mi dormitorio, sentado en el borde de la piscina y aunque lo veía de espaldas, sabía que tenía los ojos tan verdes como la turmalina, esa piedra de la gargantilla favorita de Carmen, y que cuando me sonreía o me alargaba su mano con piel de niño, a mí se me esponjaba el corazón de tanta ternura...

Pero la felicidad no es nunca completa, no. A pesar de que mi hija había vuelto a ser la Carminha que revoloteaba llena de alegría por la casa, empecé a notar que Dave no estaba siendo querido por todos, como correspondía, por ser él ahora el dueño de casa. Al principio no me preocupó que Aloysio lo mirara con malos ojos... después de todo había sido el enamorado de Carmen durante tantos años y vaya a saber Dios, si después de divorciarse de la americana en Tejas hubiera pensado al regresar para trabajar en el grupo musical que la podría reconquistar... al principio miraba a Dave de arriba a abajo, como si lo estuviera inspeccionando y ya nunca más dejó de expresar un leve gesto de disgusto, cada vez que le dirigía la palabra... Creo que ni el mismo Dave lo notaba, pero yo sí porque de tanto venir a esta casa, conocía a Aloysio como si hubiera sido otro hijo mío y entonces fue cuando empecé a preocuparme porque pasaban los meses y él no cambiaba de actitud... Y a pesar de que se callaban o pasaban a otro tema cuando me veían cerca, bien pronto me di cuenta de que Aloysio, Aurora y Gabriel, los tres juntos, criticaban al esposo de Carmen. No lo querían, eso era tan evidente como que Dios es uno solo y decidí no preguntarles por qué no lo querían para no agrandar más las cosas... ya se irían acostumbrando todos al nuevo jefe del hogar... eso creía yo... había que darle tiempo al tiempo, como decía siempre mi padre. Además, conmigo Dave era muy respetuoso, pese a que no podíamos intercambiar más que dos palabras... 'good morning', 'thank you' era lo único que yo le entendía cuando me hablaba y a mí se me ocurría que éramos dos planetas separados por leguas y leguas de distancia. Me daba pena verlo al pobre, como pájaro despistado, cuando nos poníamos a hablar en la mesa y era peor todavía si Carmen le traducía porque nos quedábamos todos callados y se producía una pausa muy incómoda que interrumpía el hilo de la conversación, que nos frenaba, pues, y cuando queríamos seguir hablando, nos costaba tomar el hilo de la conversación y yo me imaginaba que estábamos igual que las carretas cuando allá en Marco de Canavezes, se pegaban en el barro y no podían seguir andando... Más pena me daba aún cuando llegaban visitas, todas brasileñas, y se largaban a decir bromas. Dave, por no parecer mal educado, sonreía sin saber a qué se debía tanta carcajada y daba la impresión de ser, Dios me perdone, un hombre tonto, un retardado que se ríe sin saber por qué... Y después de tantísimos años, se me vino a la memoria el cuento que nos relataba mi bisabuela, cuando era muy anciana y muy pocas fuerzas le quedaban ya, pero haciendo una carraspera para aclararse la garganta, sacaba una voz muy sentenciosa y decía 'la lengua es la raíz del corazón'. Entonces, se ponía a contarnos que un doncel, por desobedecer a su señor, se había internado con su caballo en el bosque y había llegado a un castillo muy imponente... apenas había entrado, se cerraron de golpe todas las puertas y adentro se congregaba un montón de brujos que hablaban un idioma muy extraño y espeluznante, aquí mi abuela hacía con la boca unos ruidos que nos llenaban de susto y después nos relataba con mucho detalle todas las penurias del pobre doncel que, en su desesperación, se había echado aceite caliente en los oídos para quedar sordo y no pasar por la tortura de que esa gente tuviera un corazón tan diferente al suyo. Y yo creo que era eso lo que estaba pasando con Dave, su corazón era muy distinto al nuestro y por esa razón, él hablaba otra lengua...

Al año y medio de casados, Carmen anunció que estaba embarazada y todos fuimos a la iglesia para dar gracias por ese bebé que nos enviaba Dios y la mismísima Virgen… a Ella, le prendí un cirio en su altar y le envié el reconocimiento y la gratitud más grandes que he sentido en mi vida."

Fueron otras las noches que empezó a vivir Carmen mientras silenciosamente germinaban nuevos flujos en su cuerpo de mujer.

Tantas canciones de amor que había oído y cantado desde que era niña y no encontraba ni un solo verso sobre la mujer embarazada, sobre su útero que aloja un milagro, sobre sus senos que, desde la primera semana, empiezan a hincharse… esto a ustedes también les habrá pasado muchas veces, porque no es simplemente que falten las palabras sino que también faltan las imágenes, las melodías donde uno pueda encajar esa experiencia… Cuando no me bajó la menstruación, sentí que entraba en otra esfera, en otra comarca, que todo lo que me rodeaba, cámaras, automóviles, refrigeradores, ropa, sartenes, todo ese tumulto de cosas "civilizadas", por decirlo de algún modo, desaparecían de mi existencia, que mi yo en ese mundo "civilizado" (es la única expresión que se me ocurre), se retiraba como una marea y quedaba mi cuerpo desnudo ahora anudado a los árboles cuando se llenan de brotes, a las gaviotas y a las arañas preñadas… a todo ese mundo natural donde la vida se gesta exactamente de la misma manera, en un ritmo de la Carne y no del Verbo aunque también sólo pudo haber sido inventado por Dios… No sé si me entienden… Yo ahora era parte de todo eso y nada me diferenciaba de cualquiera otra hembra… preñadas… todas iguales por el hecho de llevar dentro, el germen de otra vida y otro cuerpo… allá en la Escuela de Santa Teresa, la Madre Superiora nos hacía recitar de memoria una lista que se llamaba Las Jerarquías del Universo o algo por el estilo y después de nombrar a Dios, teníamos que decir que a Él lo seguía el hombre por ser racional y que el hombre estaba por encima de las bestias, de los animales domésticos, de las aves, de los insectos… todo eso ahora me pareció la mentira más grande que se le pudo ocurrir a la mente humana… porque todos, absolutamente todos, giramos en el mismo círculo de la gestación… Ahora díganme ustedes porqué a la Virgen María nunca se la muestra con su vientre henchido o sus pechos manando leche… Ésa fue la pregunta que empecé a hacerme porque Ella, yo y todas las hembras preñadas en

este mundo, pensé, éramos, desde la creación misma, cuerpos flore-
cidos... y por qué, entonces, no se había escrito ni una sola canción
que cantara a este canto de la naturaleza... Hacía unos años, había
visto un breve documental sobre los animales de África y allí aparecía
una leona echada sobre la tierra mientras con los ojos entrecerrados,
amamantaba a sus cachorros... Así daría yo de mamar a mi hijo, con
ese mismo sopor cargado de paciencia y de placer...

Tenía dos meses y medio de embarazo cuando Carmen viajó a
Nueva York para aparecer en el programa de Milton Berle... Dor-
mitaba en el avión con ambas manos apoyadas sobre el vientre en ese
gesto que tan naturalmente había surgido como la primera expresión
de su instinto maternal cuando sintió que, por las paredes de la vagina, descendía un flujo, casi imperceptible. No prestándole mayor atención, se reacomodó en el asiento y siguió dormitando. De pronto
sintió, a la altura de los ovarios, un espasmo breve, abrupto y cortante y, aferrándose al brazo de Dave, se enderezó sobresaltada y de
inmediato notó que su calzón estaba húmedo y que de entre sus muslos
resbalaba una materia espesa y pegajosa. Dave y dos azafatas la hicieron recostarse en dos asientos cubiertos con toallas y allí se quedó
implorándole a Dios que nada le estuviera pasando a su hijo... "Pí-
deme el sacrificio más grande que puedas imaginar, Dios mío, y lo
haré...", dijo en voz alta entre los tumbos y el ruido de las turbinas
cuando el avión estaba aterrizando. Ahí mismo en la pista, la esperaba una ambulancia y ella, débil por la pérdida de sangre, imperiosa
musitaba que se apresuraran en llevarla al hospital.

(Contradiciendo los designios de Dios, mi memoria sí que fue
piadosa y es muy poco lo que recuerdo... la cara de una de las enfer-
meras, el vidrio de una jeringa que relumbraba bajo los focos de luz,
mi cuerpo aletargado... Sí, la memoria fue piadosa y nunca me ha
permitido recordar en qué preciso minuto se me fue mi hijo para
siempre.)

Dave la consolaba diciéndole que no se preocupara, que a muchas mujeres les ocurría lo mismo en el primer embarazo y que, muy
pronto, tendrían otro hijo. Pero el ginecólogo fue terminante, era

normal hasta cierto punto, que una mujer a los treinta y nueve años abortara y, en su caso específico, el útero estaba dañado.

Un día que pasó el médico a visitarla y ella estaba sola, Carmen le preguntó a qué se debía exactamente ese daño y él, con una mirada compasiva, le respondió:

—Puede deberse a muchas cosas, señora. Es posible que esta condición sea congénita o que los movimientos del avión hayan causado un desgarro o que usted cuando niña haya tenido alguno de esos accidentes que, por no dejar huella visible, no se recuerdan ni se toman en cuenta.

(El doctor era un hombre joven y por eso mismo, creo yo, no pudo disimular la verdad, tan patente en la mirada, en el tono de la voz y en las vagas explicaciones... él tuvo que haber visto que ese daño en el útero había sido causado por un aborto mal hecho, por ese instrumento en forma de cuchara que me introdujo aquella mujer en Río, nada más que porque Aloysio sentía que era muy joven y no estaba mentalmente preparado para casarse...)

Ella había dudado e incluso había pensado desafiar la rígida moral de la época y convertirse en madre soltera aunque todo el país se convulsionara con el escándalo. Mas ésos fueron precisamente los días en los cuales Aloysio viajaba mucho fuera de Río, cada vez con más frecuencia, como si hubiera estado buscando siempre un nuevo pretexto y ella no veía ningún horizonte para su carrera artística en esa patria que ahora se le había vuelto pequeña y asfixiante, que la oprimía con su provincialismo, sus chismes, sus aspiraciones de buen tono y la farsa siempre presente de que Brasil era el país más grandioso del mundo. Por todas esas razones, dos días después de recibir el telegrama de Shubert anunciándole el contrato para trabajar en Hollywood, Carmen, acompañada por Luiza, fue a la casa de esa mujer de ojos maliciosos y mueca de muerte en el rostro.

(A esa edad y en esas circunstancias, porque son las circunstancias las que mandan, no hay duda de eso, lo más sensato era el aborto. Hollywood, de ninguna manera, iba a contratar a una artista embarazada... era lo práctico... era lo práctico... y por Dios que fermentan y proliferan los demonios en "todo lo práctico"... Decir dolor, mutilación, vejación, profanación, todo es poco para explicar lo que sentí en ese aborto y Luiza, tal vez porque ella también había vivido una experiencia semejante, fue capaz de comprenderme y nunca hizo ni una sola alusión a este hecho, mantenido por ambas en estricto secreto. Pero allá en Urca y después en Beverly Hills, cuando ella ordenaba mi ropa interior, me servía el desayuno o nos cruzábamos en la escalera, sentía que me miraba con la misma compasión de aquella tarde... Cuando uno es joven, no sé por qué es tan fácil conformarse, olvidarse de cualquier tragedia y seguir adelante. Yo me conformé, sepan ustedes, pensando que le había ahorrado un dolor a mi madre quien, por ser tan católica y tan devota, no podía siquiera imaginar que sus hijas no fueran vírgenes antes de casarse porque el sexo, sin el sagrado sacramento del matrimonio, era el peor pecado que podía cometer una mujer. Y también me resignó la certeza de que Aloysio volvería a ser tan mío como cuando habíamos estado en Nueva York.)

En el jardín de la casa de Carmen crecía un enorme eucaliptus que, al atardecer, arrojaba sombra sobre el agua cristalina de la alberca. Bajo aquel árbol, de espaldas en una silla reclinable, ella pasaba días enteros sin querer hablar ni escuchar a nadie. Y aquel lugar, lejos de ser un refugio, se fue convirtiendo en el espacio donde rumiaba toda aquella resaca de sentimientos y preocupaciones que mantenía ocultos en lo íntimo. Obsesionada por la culpa, se sentía la única causante de la muerte prematura de su hijo, al tiempo que crecía el rencor hacia Aloysio quien se había vuelto a casar con una mujer muy alta y voluptuosa, de abundante cabellera roja y un inglés ordinario y desenfadado. En ese estado de introspección absoluta, reflexionaba asimismo acerca de su matrimonio ahora convertido en campos minados, en una zona en la cual bastaba un gesto o una palabra para que ambos se agredieran con ofensas de grueso calibre. Era, pensaba Carmen, como si la imposibilidad de tener hijos hubiera desatado en ambos aquella barca que habían mantenido detenida por la voluntad de hacer del lazo conyugal un sinónimo de felicidad. Cada uno, desde su propia ladera, se había propuesto ignorar los detalles fastidiosos del otro, las manías, los exabruptos, el mal humor y, más que nada, los muros y alambradas levantados por pertenecer ambos a culturas tan diferentes. Después de la pérdida de ese hijo, empezó entonces a fermentar lo que a Carmen le parecía la borra de un enorme charco de resquemores sofocados y reprimidos. Dave ahora no le sugería sino que le ordenaba, y en tono cada vez más enfadado, que no siguiera enviando dinero a sus hermanos en Brasil y ponía cara agria cuando llegaban visitas a la casa. Incluso tenía la osadía de no bajar a cenar con el pretexto de que debía atender importantes asuntos de su carrera y finanzas. "¡Es miii carrera!", protestaba ella, "y te ordeno que bajes y te portes como persona decente con mis amigos." Era entonces cuando él la miraba con desdén, silbaba sin hacerle caso o, con paternalismo corregía su inglés llamándola "dear", en un tono sarcástico. Ese hombre sabía muy bien cómo humillarla, cómo hacerla sentir parte de todos aquellos latinoamericanos que llegaban al país en busca de trabajos con modestos salarios y sufrían terribles discriminaciones por ser pobres y no hablar bien el inglés. Y cuando, enojado, se iba a dormir a la habitación de huéspedes, ese fuerte portazo que clausuraba toda comunicación se le incrustaba a Carmen en medio del pecho. Ese hombre sabía que ése era el modo más efectivo de castigarla. Para empeorar las cosas, Dave trataba mal al marido de su hermana, no dirigiéndole la palabra o trenzándose en largas discusiones sobre política o cualquier tema, por insignificante que fuera, incluyendo siempre en sus argumentaciones la despectiva frase "You're not an American. You don't know"* y entonces Aurora, ofendida, se levantaba de la mesa. Demasiadas discordias había traído Dave a esa casa, y una noche en que los dos disgustados habían estado a punto de golpearse, Carmen decidió separarse de él. Lo vio empacar sus cosas con una sensación de tristeza, pero también con alivio porque ella se había dado cuenta, sobre todo en esta discusión, de que ambos compartían una dosis de odio, de ese miasma que los transformaba en perros rabiosos.

Doña María Emilia lloraba a mares y le suplicaba a Carmen que no se divorciara. "Es un pecado muy grande, hija, y serás excomulga-

* Tú no eres americano. No entiendes.

da", repetía entre sollozos. Y ella, aunque solía hacer bromas sobre la devoción religiosa de su madre, tenía serias dudas de que fuera a ser capaz de ir contra las regulaciones de la Iglesia. Con el paso de los días, peor que la excomunión fue el vacío que experimentaba junto con la sensación de estar sola y desprotegida. Desde la partida de Dave, andaba nerviosa e irritable, insegura respecto de su carrera y temerosa del desamparo porque, a los cuarenta años, ninguna mujer en aquella época, ni mucho menos en Hollywood, iba a ser capaz de encontrar un hombre con quien compartir la vida... Ellos podían darse el lujo de casarse con una mujer mucho más joven aunque anduvieran bordeando los cincuenta o sesenta años, pero ellas, como le había dicho Lana Turner una vez, eran mercancía perecedera, igual que las lechugas y las chuletas de cordero, agregando con tono amargo que la diferencia estaba en que no se las podía meter en una hielera.

A instancias de su madre había ido, varias veces, a hablar con el sacerdote amigo de la familia quien se explayaba en argumentos sobre el vínculo matrimonial −indisoluble, por supuesto−, el perdón y la convivencia humana. También visitó a Vinicius de Moraes, el poeta que había llegado a Los Angeles en 1946 a realizar funciones protocolares en el consulado de Brasil. Desde el primer momento había surgido entre ellos una gran amistad y Carmen intuía que él era el único ser capaz de leer todas aquellas corrientes profundas y soterradas que ella ocultaba tras su apariencia extrovertida. Durante la ceremonia de la boda, a Carmen le había parecido ver en el rostro de Vinicius un ligero tinte de preocupación y, ahora que se sentía tan desorientada, fue a visitarlo a su casa de paredes rosadas que él y su esposa habían transformado en un típico hogar brasileño.

−Cuéntame, Carmen, ahora que tu madre no puede oírnos, ¿amas a Dave? −le preguntó Vinicius mirándola a los ojos.

−Amarlo locamente, no. Le tengo cariño, mucho cariño... y él también me quiere, a pesar de todo... por eso me asusta que hayamos llegado a momentos de tanta agresividad, de odio casi...

−Un hombre y una mujer que se aman también pueden odiarse como verdaderos enemigos en medio de una discusión... Eso, Carmen, amiga, se llama "crisis matrimonial", crisis... qué lindo suena esta palabra ¿verdad?, a pesar de significar, a veces, profundo dolor, conmoción dolorosa... Pero debes saber que un hombre y una mujer son, en su constante atracción y rechazo, la imagen misma de la vida en movimiento. Tú no mereces pasar por estas conmociones dolorosas, bastante coraje y valentía has tenido para enfrentar este millonario purgatorio de Hollywood.

–El problema, Vinicius, es que la vida y los años me han hecho perder esa fuerza... ya no la tengo...

Vinicius sentía una profunda admiración por Carmen Miranda quien, a diferencia de otras artistas que había conocido en Hollywood, tenía una sensibilidad que no le permitía vivir la vida trivialmente y siendo, a pesar de ello, para los estudios cinematográficos y su cohorte codiciosa, la imagen misma de lo trivial, de aquella veta exótica que se comercializaba tan fácilmente. Para Vinicius, el rostro sonriente de Carmen Miranda en los periódicos y los anuncios de las películas le hacía evocar la sonrisa del payaso, en aquel antiguo poema que contaba la historia de un hombre que así ocultaba el dolor y la impotencia de no poder encontrar el verdadero sentido de la vida... Muchas veces había visto cómo sus grandes ojos verdes se opacaban de "tedio", había escrito Vinicius de Moraes en su diario, después de haber estado con Carmen Miranda, Howard Hughes, Ella Raines y otros en una boîte en Sunset Boulevard. Esa noche, Carmen, muy quieta, casi no hablaba y a él le transmitía, sin saber por qué, una sensación de algo trágico que intentaba liberarse, de aguas debatiéndose en el fondo de un pozo. De pronto, se había abierto una cortina para dar paso a una mujer de belleza deslumbrante que se puso a bailar sola y con una actitud de desafío y de desdén. Era Ava Gardner quien avanzando hasta él, le había preguntado directamente "Do you think I'm beautiful?"*; Vinicius, tartamudeando, le había respondido que sí y ella, largando una carcajada, había replicado: "You're right. I'm very beautiful. But morally I stink!".** Una belleza que moralmente apesta, reflexionaba él mientras escribía sus notas, el deca-

* -¿Me encuentras bella?
** - Tienes razón. Soy muy hermosa. Pero, moralmente apesto.

dentismo mismo, ya añejo en toda la literatura de fines de siglo. En cambio, Carmen, en esa inadecuación entre el Ser y el Parecer, entre la máscara y la carne viva, era en sí un ser humano trágico. Había escrito la palabra "tedio" para describir esa sombra de cansancio en sus ojos y al deletrearla, recordó el verso de Rimbaud, "tedio de todo aquello ya tan tenido, tan visto, tan conocido". Pero en contraste con el hastío del poeta francés, amasijo de repugnancia, fatiga y tristeza, el tedio de Carmen distaba mucho de provenir de un estado de saciedad y hartura sino que, por el contrario, nacía de la carencia y la búsqueda incansable de lo espiritual en el laberinto de un mundo donde sólo el dinero y la fama tenían primacía.

Esa tarde en su casa, Vinicius, antes de hablarle, le sonrió dulcemente porque, en el fondo, sentía mucha compasión hacia ella.

—Sólo el amor da fuerza, Carmen. Y el amor debe ser siempre un despliegue de la imaginación. No se trata simplemente de esperar que el otro nos demuestre su amor o de amarlo "en lo que ese otro es" porque estamos condenados a conocer apenas unos retazos de cada persona aunque compartamos con ella toda una vida. Por eso, debemos inventar generosamente a quien amamos... Si sientes cariño por Dave y él te ofrece la posibilidad de sentirte segura y protegida en este mundo...

—¡Sí, exactamente! —exclamó ella. Si supieras qué sola me siento, nunca antes la soledad me había pegado tan fuerte.

—Entonces, ámalo e invéntalo constantemente —declaró él—. Mi corazón me dice que serás más feliz viviendo con él...

Y, medio en serio, medio en broma, Vinicius se había puesto a recitarle una larga receta de cómo vivir un gran amor y luego, besándole la mano con gentileza e intenso cariño, afirmó a modo de conclusión:

—Para vivir un gran amor es muy pero muy importante vivir siempre juntos y llegar a ser, en lo posible, un solo difunto para no morir de dolor... Júntate con Dave y trata de cultivar un gran amor...

Louella O. Parsons, una de las expertas en la chismografía de Hollywood, comentó en su columna: "La fogosa artista sudamericana y su esposo han tirado lejos la botella de Tabasco llena de salsa picante y empiezan a condimentar sus temperamentos con una dosis de miel, vuelven a San Francisco para pasar otra luna de miel".

Pero la reconciliación no había sido un mero cambio de condimentos. Por el contrario, era el retorno a ellos mismos, a las alegrías y enfados, encuentros y desencuentros sin ninguna certidumbre de ser felices.

Cuando no estaba de gira o filmando, Carmen siguió pasando gran parte de su tiempo recostada bajo el eucaliptus centenario. Ése era, para ella, el único lugar propicio para esa extraña meditación agitada y compulsiva que le producía todo lo que la perturbaba. Y, cuando los rayos del sol, al caer de la tarde, le entibiaban la piel, le parecía una paradoja estar a plena luz del día y al mismo tiempo viviendo la noche oscura de los deseos no satisfechos. Era y sería hasta la muerte una mujer que desconocería el ser madre y tener los pechos llenos y no yermos como los suyos. Tampoco lograba convertir su relación con Dave en un "gran amor". Constantemente fracasaba porque mientras ella concebía la pasión como un ímpetu inagotable, él la restringía con esos movimientos concisos que hacían de la experiencia sexual un sendero fijo y opaco. Es más, pese al cariño que le demostraba Dave, Carmen no se sentía deseada por él y, después del paso de varios días y hasta semanas en las cuales él se iba al cuarto de huéspedes alegando que ella dormida se daba demasiadas vueltas en la cama y no lo dejaba dormir, cuando por fin él se acercaba para hacerle el amor, ella, en un inexplicable impulso de venganza, generalmente se negaba. Y, en las raras ocasiones en que lo aceptaba, se mantenía tan distante que le parecía estar cumpliendo las acotaciones de un guión. (En público, dábamos la impresión de ser una pareja feliz; en la casa, la mayoría de las veces, también, sobre todo en los primeros meses después del regreso de Dave, pero en la región más oculta y trascendental de nuestro matrimonio, creo yo, fermentaba el desamor y era muy posible, pensaba yo, que después de todo en todas las parejas casadas ocurriera lo mismo...).

Bajo la luz del sol y despojada de la sombra del eucaliptus que ahora empezaba a trasladarse hacia el agua de la piscina, Carmen se sentía una mujer varada, tanto en su matrimonio como en su carrera artística. Durante días, después del estreno de *Una cita con Judy*, había recordado con ira y temor las palabras de un crítico que despiadadamente había comentado en una reseña: "No sé, en realidad, por qué Carmen Miranda, en sus filmes, insiste en vestirse como si fuera la mujer que se le aparece en una pesadilla a un curandero del África" y otro, en un diarucho de mala muerte, había calificado su apariencia de "grotesca". (En Hollywood siempre se decía que las duras críticas y los comentarios mal intencionados eran parte de nuestro oficio y todos, desde los directores hasta el técnico que trabajaba en efectos especiales, aprendíamos muy pronto este otro arte de endurecer la piel para salvaguardar nuestro ego con pies de lodo y siempre a punto de desmoronarse... Pero al leer y releer esas frases de tono tan despectivo que se referían a mí como un símbolo bárbaro y grotesco, me fue imposible mantenerme indiferente... "¡Hijos de puta!", repetí furiosa toda una tarde bajo el eucaliptus y, tras la rabia hacia esos comentarios que me parecían tan injustos, se agazapaba también la duda que, como un vino muy agrio, me hacía pensar que tal vez allí se estaba escondiendo una verdad... Algo estaba ocurriendo, algo que permitía que los elogios de hacía unos años hubieran dado un giro tan abrupto... Imagínense ustedes qué extraño era todo esto, mi "sensualidad chispeante" y el movimiento de mis manos "tan gráciles como las alas de las mariposas" se habían transformado, para algunos, en sinónimo de mal gusto y mi vestuario que sólo unos años atrás había invadido las más lujosas tiendas de Nueva York, ahora resultaba ser parte de la pesadilla de un curandero africano... Después de haber vivido tanto tiempo en los Estados Unidos, "el país más avanzado del mundo", sabía muy bien que esa imagen no era otra cosa que la saña de la elite blanca que menosprecia todo lo que aparezca asociado con lo primitivo, con lo salvaje... No sé si me entienden, pero el hecho mismo de que fuera posible pensar y publicar estos juicios tan despiadados era para mí una señal de alarma que hervía y me requemaba... la señal de que algo totalmente fuera de mi control estaba ocurriendo... ¿Pero qué era, por todos los demonios?, esa pregunta no dejaba de rondarme obsesivamente. ¿Cómo descifrar el enigma (porque eso era para mí), de que todo aquello que había causado mi éxito empezaba ahora a producir críticas tan horrendas? Durante varios días no hice otra cosa que rumiar y reflexionar veinte mil veces sobre lo mismo... hasta que un día, cuando el sol ya estaba bajando, logré encontrar respuesta a ese enigma... Hollywood no era, como yo había creído, simplemente un carrusel que daba vueltas en círculo, también allí ¡el torbellino del tiempo, la vertiginosa corriente de la historia exigía otras historias, otros guiones, otras imágenes!... entonces fue cuando ese mundo me pareció una fantasía cruel y feroz, pérfida, desleal, en un constante oleaje de nuevas actrices con gestos, trajes y maquillajes también nuevos que desplazaban a las que, de un día para otro, dejaban de ser famosas... Yo me había quedado estancada en mi traje de bahiana y mis pasos de baile, mientras el carrusel seguía girando y creando otros hervideros de imágenes siempre diferentes.)

—El tiempo cambia todas las cosas —le dijo una noche a Dave, abatida—. Y no creo que exista presente ni futuro para mis actuaciones.

—Eso no es cierto, Carmen —protestó él mostrándole un alto de papeles—. Mira, toda esta correspondencia es potencial de excelentes contratos.

—Pero es que ya no gusto ni entretengo como antes —musitó volviendo a sentir ese miedo de estar a punto de perder una carrera, lo único que realmente poseía, para caer en el vacío y en la nada.

—¡Qué va! Acuérdate nomás de cómo todo el público en el Palladium allá en Londres se puso de pie para aplaudirte en cuanto se abrieron las cortinas y apareciste tú con los muchachos de la banda... Carmen Miranda hay una sola en este mundo —dijo él, enfático.

—¡Pero el público y lo que es peor aún, los críticos, Dave, se están aburriendo, por la misma mierda, de verme siempre con mis collares y mi turbante cantando las mismas canciones de hace diez años! Porque tú has visto que aunque incluya algo nuevo, los contratos piden que siga cantando lo de siempre... "Mamãe Eu Quero", "Chica Chica Boom Chic", "When I Love I Love", "Rebola, Bola", "I want My Mama", "Bamboo, Bamboo"... "E olha o bambo de bambu, bambu /

E olha o bambo de bambu, bambu-le-lé / E olha o bambo de bambu, bambu-la-lá"* –entonó en falsete mientras hacía flamear el ruedo de la bata de levantarse.

–No exageres, no exageres –la interrumpió Dave–. Nunca he entendido por qué te gusta tanto exagerar. Por muy latina que seas, se te pasa la mano…

–¡No estoy exagerando, Dave! Esto es terrible… el tiempo va pasando, los gustos van cambiando y sigo estancada en lo mismo. Para colmo, aquí en Hollywood está visto que nadie, absolutamente nadie me dará la oportunidad de realizar otros roles…

–Es porque lo haces demasiado bien –afirmó Dave pensando para sí que todos los caminos en Hollywood estaban cerrados para Carmen por la estatura pequeña, los cuarenta años y el fuerte acento brasileño en ese ambiente artístico donde empezaban a deslumbrar otras estrellas, como la hermosísima Elizabeth Taylor que hablaba inglés con una leve entonación británica que la hacía aún más atrayente. Se las llamaba "estrellas" precisamente porque, de pronto, se apagaban y desaparecían para siempre del firmamento creado por el celuloide.

–Mientras sigan llegando ofrecimientos de contratos, Carmen Miranda seguirá brillando y tu deber es responder a la demanda del público, a él y sólo a él, te debes –agregó con la certeza de que había que aprovechar al máximo cualquier posibilidad de ganar dinero, antes de que el interés en ella declinara para siempre.

Y aceptó seguir con las actuaciones de siempre porque no tenía otra alternativa. Mas la siguió acosando, de manera persistente, la idea de que se había convertido en una mujer varada, encallada para siempre en su traje de bahiana y en los rasgos estereotípicos atribuidos a "la mujer latina", a "la mujer sudamericana" –simplificaciones que, de un solo brochazo grueso y burdo, la caracterizaban con un corazón apasionado y una mente candorosa que rayaba en la estupidez. (Y ya nunca más dejé de pensar y con mucha razón, como ustedes

---

* Y mira el tambor de bambú, bambú/ y mira el tambor de bambú, bambú-le-le/ y mira el tambor de bambú, bambú-la-la.

comprenderán, que me habían encarcelado en un escenario de papel maché y allí debería permanecer clavada, como una mariposa de vistosos colores...)

Esa noche le tocaba actuar en Las Vegas y se había puesto un traje lleno de resplandecientes mostacillas en el cual el diseño de orquídeas, en un fucsia intenso, se destacaba sobre un fondo que combinaba el rojo y el negro. En ese lugar que aún no alcanzaba a ser una ciudad sino, más bien, una mancha de luces artificiales en el medio del desierto, predominaba una atmósfera colorida y chabacana, muy afín con ese grupo de gente que, en sus automóviles, cruzaba el Mojave de arenas calcinantes y cerros de diversas tonalidades bajo un sol implacable, con el afán de divertirse y hacer fortuna en la ruleta, el póker, el bacará... Las Vegas era, así, el verdadero oasis del Sueño Americano en el cual el trabajo y el tesón daban paso al azar del juego y la diversión. Lista para aparecer en escena, Carmen se ajustaba, por enésima vez, el turbante adornado de plátanos color fucsia entre pequeñas cerezas de un rojo iridiscente. En eso vio aparecer al maestro de ceremonias y, siguiendo el ritual, se persignó tres veces y las pulseras que le llegaban hasta el codo sonaron en forma inusual, discordante y destemplada. El maestro de ceremonias la saludó desde lejos con un gesto amistoso antes de entrar al escenario y entonces Carmen, que nunca prestaba mayor atención a las palabras grandilocuentes de esos hombres siempre de etiqueta y modales formales, esta vez lo escuchó atentamente.

"¡Señoras y señores, bienvenidos a Las Vegas y a nuestro esplendoroso casino! El Flamingo tiene el gran, pero el gran honor, de presentarles a la estrella más sensacional de todos los tiempos... A la Bomba Latina con sus caderas tan cálidas y cimbreantes como las palmeras del trópico y su increíble voz, más sensual que la samba, la rumba y la conga... todas juntas en una noche de amor, esa noche de amor que todos y cada uno de nosotros habrá vivido alguna vez aunque sólo con la imaginación y la fantasía... El Flamingo, señoras y señores, esta noche hará de toda fantasía una realidad, porque detrás de esta cortina está la Pasión hecha mujer, la tremendamente sexy y exuberante Reina que lleva como majestuosa corona real, su turbante lleno de sabrosos plátanos y otras frutas que abren el apetito de nuestros sentidos, como el aperitivo azucarado y jugoso para un banquete inolvidable y singularmente rítmico... Esta noche el Flamingo, respetable público, los hará experimentar todos los regocijos posibles porque les ha traído en vivo a la ardiente, a la bellamente impetuosa y apasionada artista, al huracán de fuego, porque eso es ella, señoras y señores... ¡Con ustedes, este verdadero prodigio de la música y de la naturaleza que la ha dotado tan generosamente!... ¡¡¡La despampanante, la increíble de todas las increíbles, Caaarmen Miraaanda!!!"

Con la sensación de haber escuchado una sarta de mentiras, Carmen avanzó hasta el proscenio, giró sobre sus talones para lucir su traje esplendoroso y desde el público llegó una ola de ovaciones. Hizo una breve pausa, avanzó tres pasos y haciendo un arabesco con las manos, dio la señal para iniciar su primera canción... "O tico-tico tá, tá outra vez aqui/ O tico-tico tá comendo o meu fubá/ Se o tico-tico tem que se alimentar/ que vá comer umas minhocas no pomar",* infundiendo un ritmo acelerado que le daba a la letra un carácter de jerigonza, Carmen guiñaba un ojo y bailaba creando una atmósfera de gran alborozo, pero mientras hacía este número, sentía la voz y los versos que estaba enunciando muy distantes, como si de pronto estuviera haciendo un doblaje que le sonaba hueco y sin significado. En el mismo estado oyó los aplausos de esa multitud ajena y desconocida y moviendo las caderas a la par que sonreía, dijo aquel típico "Thank you! Thank you!" con la inflexión y el énfasis que tanto inflamaban el entusiasmo del público. Entonces, siguiendo con el repertorio programado para esa noche, se puso a cantar "Mamãe eu quero, mamãe eu quero, mamãe eu quero mamar, dã-me a chupeta, dã-me a chupeta...". La modulación de la voz y de todo el cuerpo expresaba, como siempre, una jubilosa alegría, casi eufórica, pero dentro suyo crecía el hastío, la angustia y un feroz aburrimiento...

* El tico-tico (pájaro de Brasil) está/ está otra vez aquí./ El tico-tico está comiendo mi harina. Si el tico-tico tiene que alimentarse/ que se vaya a comer gusanos al frutal.

"mamãe, mamãe, mamãe". "¡Paren, muchachos, paren!", le indicó a los músicos dándose vuelta para mirarlos y, por una décima de segundo, fijó la vista en Aloysio... aunque aún conservaba su bigotillo de hombre seductor, había perdido definitivamente la esbeltez de la juventud y en su rostro, los pómulos y el mentón que años atrás ella acariciaba con devoción porque le evocaban los rasgos afilados de un adolescente en una estatua griega, ahora se perdían entre la redondez de sus mejillas y aquella pequeña papada... Chasqueó los dedos pidiendo un relleno musical y, de espaldas al público, siguió el ritmo con las manos en alto mientras hacía un breve zapateo que acompañaba el movimiento de sus caderas. "Si Aloysio, cinco años menor que yo, ha perdido la juventud, ¿qué será de mí, Dios mio?", se preguntó con una inquietud que la devastaba. Lo miró a los ojos y él le sonrió de vuelta con ese cariño tranquilo que había suplantado al diálogo de pasión que intercambiaban en las actuaciones cuando eran amantes... faltaba ahora en esos ojos el fulgor del deseo, el estremecimiento gozoso que producía el recuerdo del encuentro sexual la noche anterior y, como si el tiempo real hubiera elegido extenderse insólitamente, Carmen aún taconeando sobre la madera cuyo sonido era una percusión más para toda la semblanza rítmica, se sintió invadida por preguntas que afloraron casi simultáneamente. "¿Qué se hizo la juventud? ¿Adónde fue a parar nuestra pasión? Los labios unidos mientras nuestras lenguas entraban en un dulce duelo amoroso, nuestros muslos enlazados ardientemente, nuestras manos recorriendo la piel como una suave llama, ¿qué se hicieron? ¿Dónde están? ¿En qué órbita se perdió para siempre la aureola sagrada de la samba, de la verdadera samba? ¿Y qué estoy haciendo aquí? ¿Qué estoy haciendo, por la mierda?"... Todo le pareció triste y absurdo, carente de sentido, y de pie allí, frente a las siluetas inmóviles del público que semejaban grises maniquíes, se sintió espantosamente ridícula... "¡Paren, muchachos, paren!", ordenó dándose media vuelta y dirigió la vista hacia los espectadores de la primera fila, obviamente turistas tejanos, que la miraban sonrientes... "Yo era artista y mi arte venía de allá de las alturas, como un don de Dios", se dijo, "pero toda esta gente ha hecho de mí nada más que una mujer que divierte y entretiene… Es lo único que me permiten ser… Que los entretenga, que los haga reír… ¡Reír!", y lanzó una carcajada para reírse de sí misma, de sus zapatos con plataforma alta que le herían el empeine, de las frutas de cartón pintado sobre la cabeza, de esa ropa tan pesada porque no había ni un solo milímetro que no estuviera cubierto por mostacillas. "¡Reír, reír a costa mía", decidió y avanzando hasta el público, exclamó: "¡Ah! Ustedes no saben, no saben que me gano la vida gracias a todos estos plátanos! Síí, pues… Es lo único que he hecho toda mi vida!… ¡Mi negocio son los plátanos!". El público se rió creando un estruendo, ella se sacó un fruto del turbante, lo acercó a sus labios y lo lamió con un gesto sugerentemente sensual que produjo una ola de exclamaciones. "¡Ayayay! Por favor, no se pongan a pensar en otra cosa porque mis plátanos nada tienen que ver con las escenas de las películas pornográficas… ¡Son de cartón!", gritó mientras lo lanzaba a un hombre gordo sentado en una esquina del proscenio. "Así como las maquinitas en el Flamingo les regalan monedas cada vez que aparecen cuatro naranjas, cuatro ciruelas, cuatro cerezas o cuatro campanas, yo ni siquiera tengo que tirar de una palanca porque basta mover las caderas así, música maestro, y empiezan a caer los dólares, basta soltarme un poquito el escote de la blusa, cimbrear los hombros, chacatúm, chacatúm y ¡puuum! vuelven a caer los dólares, tan ruidosos como una lluvia de verano en Washington o un tornado en Kansas City… Uuuuuh… Sí, he hecho una verdadera fortuna con mis plátanos, con estos collares que parecen cuelgas de ajo, ¿quiere uno?… ¡Aquí vaaa!… toda una fortuna con estas pulseritas que pesan como una tonelada y con mi cintura que puedo mover en todas las direcciones posibles acomplejando hasta a la más experta de las odaliscas, ¿veeen?, música, maestro, no se me vaya a cansar"… se iniciaron los arpegios de un dúo de guitarras y el público empezó a lanzar gritos eufóricos al verla mover su cintura desnuda, bamboleando el cuerpo hacia atrás y hacia adelante, en círculos y semicírculos… "¡Muchachos, el próximo número!" y después de los primeros acordes, Carmen se puso a cantar, como si en un vómito hubiera exorcizado todo ese malestar hacia las limitaciones que le habían impuesto a su carrera y que ella cargaba, en silencio, como una cruz de piedra. Interrumpía los versos para reír y el público entusiasmado silbaba con admiración. Ella adrede exageraba la pronunciación para darle una inflexión aún más sensual y cuando al concluir la canción alargó los labios en un beso y onduló el cuerpo agachándose casi hasta el suelo, sintió que le encantaba transgredir la imagen que la había aprisionado porque hacer una parodia de sí misma requería también arte e imaginación y el éxito estruendoso de esa noche demostraba que Carmen Miranda aún no había dejado de estar vigente. Le encantaba, pensó mientras hacía una venia aparatosa y le vino la imagen de Arminda cuando se paseaba por la calle con una flor, en su frondosa mata de pelo tan negro como el azabache, para hacer feliz a un marinero. Algo santo había en toda mujer que, a través de los movimientos armoniosos de su cuerpo desnudo y una inagotable imaginación sexual, brindaba felicidad a un hombre... en cambio ella, frente a esa multitud de desconocidos, no había hecho más que crear una algarabía superficial y fugaz. Y fue entonces cuando la inundó la rabia porque sintió que toda la máquina infernal de Hollywood y el negocio de la entretención había degradado su arte. Indicándole una pausa a los músicos que ya se aprestaban a tocar "The South American Way", dijo en voz muy alta, "¡Aaah! Ustedes no saben que algunas maaalas lenguas dicen que siempre uso turbante, no simplemente porque soy 'The Lady in the Tutti-Frutti Hat' sino porque no tengo ni un pelo y soy tan calva como un loro viejo... ¡pan de huevo! ¡pan de huevo! rrrrrrr... Nada de Lady, no, ni Bomba ni Reina ni Emperatriz de la China... soy pelá, una mujer pelá... Así dicen... Pero esta noche les voy a demostrar cuán equivocadas están todas las arpías de Hollywood...". Esbozando una sonrisa que también era una mueca iracunda, se despojó con movimientos bruscos del turbante y mostró su cabellera teñida de rubio entre los gritos de sorpresa de todo el público. Así cantó la última canción del show programado para esa noche y entre el bullicio del público eufórico y frenético, retornó a su camarín.

Desde entonces, Carmen Miranda añadió a sus actuaciones improvisados parlamentos cómicos en los que mezclaba la ira y la risa, como formas de exorcismo que también le permitían desaho-

garse. (Me convertí o, mejor dicho, me convirtieron en una come-
diante, en un ser hipócrita y fingido que hace de la vida una comedia,
en un bufo que transforma lo trágico en farsa, en una hilarante farsa... pero no se vayan a creer que era tan tonta como para no incluir
el doblez del sarcasmo en todas mis bufonadas... ¡Ah, no! Aprovechaba muy bien esas intervenciones para desenmascarar las mentiras de Hollywood, sus trucos para confeccionar mujeres hermosas,
la ambición desmedida y sobre todo las estafas, porque detrás de
todas estas ficciones predominaban las estafas... y, entre risa y risa,
también, a veces yo misma me mostraba sin máscaras de ninguna
especie... Una noche y no sé por qué, pues para nada lo había planeado, le dije al público: "Créanme, créanme... No es fácil ser al mismo
tiempo Maria do Carmo, Carmen Miranda, la bahiana de Dorival
Caymmi y la latina de Hollywood...". Y podría haber seguido agregando otras cartas a la baraja de mi vida. La baraja de mi vida estaba
dispuesta, no como en un mazo en el que una carta tapa a la otra
sino como un naipe abierto en abanico donde los ases de la gloria y
la felicidad aparecían mezclados y entrecruzados con los malos nai-
pes... Tampoco era fácil ser al mismo tiempo la adolescente llena de
ilusiones, la mujer gozosamente envuelta en las redes pasionales de
Aloysio, la estrella girando en la vorágine del éxito, la luminaria de
cuarenta años a punto de perder la fama, la madre que sólo supo de
abortos, la esposa insatisfecha que incluso aceptaba golpes por horror a la soledad, la mujer neurótica e hipocondríaca que debía con-
sumir anfetaminas para enfrentar cada día.)

Se iniciaba la segunda mitad del siglo veinte y en uno de los
rincones menos visibles del devenir histórico, una mujer que había
batallado durante casi cuarenta años por el control de la natalidad,
veía como posible y cercana la píldora que permitiría a las mujeres
ejercer el derecho a disponer de su propio cuerpo, respecto de la
maternidad. Se llamaba Margaret Sanger y había nacido en 1879.
Su madre había tenido once hijos y, debilitada por tanto parto, había
muerto prematuramente. Sobrecogida por el sufrimiento de las mujeres pobres de Nueva York, cargadas de hijos y sin otro recurso que

pagar cinco dólares por un aborto realizado en condiciones insalubres que ponía en riesgo sus vidas, Margaret fundó en 1914 la revista *The Woman Rebel* que se abría con la frase "No más Dioses ni más Amos" porque para ella el derecho de liberarse de la maternidad no deseada marcaba el inicio de la verdadera autonomía. Muy pronto esta revista fue clausurada gracias a los esfuerzos apostólicos de Anthony Comstock, un puritano que incluso había logrado que se arrestara a todo dueño de tienda que expusiera en vitrina un maniquí desnudo. Pero sin cejar en el empeño por casi cuatro décadas, Margaret estoicamente sufrió las persecuciones en nombre de la moral las buenas costumbres. Sus conferencias eran clausuradas por las autoridades de los condados, la policía la arrestaba a menudo y de un día para otro, encontraba totalmente desmanteladas por grupos anónimos las clínicas que fundaba para ofrecer información gratis. Y a la fuerza de su empeño se agregaban las convicciones y los millones de Katharine McCormick, quien contribuía para todos los proyectos de esa mujer que ella tanto admiraba. En 1950, Margaret conoció a Goody Pincus, un especialista en genética que en esa ocasión le aseguró que era posible crear una píldora que detuviera, de manera infalible, la ovulación. "¡Y entonces una mujer podrá tener hijos nada más que cuando lo desee!", exclamó ella recordando el rostro pálido de su madre. "Ésta es mi hipótesis pero, claro, tomará mucho tiempo y mucho dinero hacer experimentos de laboratorio para determinar si la progesterona, ingerida en forma oral, surte el mismo efecto que aquella otra que naturalmente detiene la ovulación durante el embarazo." De inmediato, Margaret y Katharine contrataron a Pincus, añadiendo así un fuerte eslabón a la cadena que liga la actividad sexual de la mujer al hecho y temor de quedar embarazada.

Pero en los espacios públicos y visibles del tejido de la historia, habitaban mujeres muy diferentes. El período de postguerra en los Estados Unidos había producido una efervescente prosperidad económica. Los ocho millones de mujeres que habían salido a trabajar por la patria, ahora habían regresado al hogar a realizar labores domésticas –verdadera zona de conquista para las nuevas industrias que se especializaban en la producción de electrodomésticos. La mujer en su rol de "reina del hogar" era, según las prolíferas revistas llamadas femeninas, un ser realmente feliz en el nuevo edén de la casa con lavadoras y secadoras, refrigeradores, enceradoras, abridores de latas, ollas a presión y flamantes licuadoras. Y en estas casas de gran confort y llenas de artefactos nuevos, los aparatos de televisión empezaron a proyectar la imagen sonriente de la dueña de casa de cabello corto prolijamente ondulado y coqueto delantal que se movía ágilmente por la cocina, ahora denominada "el espacio mágico de la mujer estadounidense". Y fue así como apareció la "Dama de la Westinghouse", Betty Furness, atractiva sin aspavientos para no provocar la envidia de las mujeres que la miraban desde sus casas, elegante de una manera sobria, inocente y no glamorosa, para que cada una frente a la pantalla se identificara plenamente con ella. En la abundante clase media norteamericana brillaba la pulcritud de estas mujeres hogareñas que dedicaban su vida al marido y a los hijos, que estaban siempre contentas ya que atrapadas en esa imagen, no se atrevían a expresar ningún tipo de insatisfacción.

Hacia 1950, en un estudio fotográfico pequeño, un día una joven posó desnuda por cincuenta dólares porque, como típica aspirante a actriz en Hollywood, pasaba penurias económicas. Como tantas otras muchachas hermosas, actuaba de relleno en escenas que requerían únicamente de su presencia y siempre sin pronunciar ni una sola palabra. No abandonando jamás la idea de que de todos aquellos cuerpos mudos podría surgir una nueva estrella, en el estudio le pintaron el pelo más rubio, le enderezaron los dientes y con la ayuda de la cirugía estética, le afinaron la nariz y el mentón para que resultara más fotogénica. En la película *Amor feliz*, pronunció su primer parlamento y aunque se asemejaba mucho a la rubia boba, tan abundante en Hollywood, la voz, la sonrisa y el modo de caminar transmitían algo sugerente e inexplicablemente fascinador. Por eso, le dieron el papel de novia del abogado en *La jungla de asfalto* y los espectadores quedaron extasiados con aquella actriz llamada Marilyn Monroe porque, aparte de su belleza extraordinaria y embriagante, en ella se conjugaba la voluptuosidad incitante de su cuerpo con gestos felinamente sensuales y voz de niña inocente y vulnerable.

Al iniciarse la segunda mitad del siglo veinte, Carmen Miranda seguía actuando con traje de bahiana como parte de una rueda que seguía girando por inercia. Ese verano de 1950, se fue de gira por el sur de los Estados Unidos en el "Show de Hadacol" orquestado por Dudley J. LeBlanc para promocionar aquel elixir que él había inventado disolviendo en un 12% de alcohol, calcio, fósforo, miel y un complejo vitamínico aunque, tras este brebaje de cualidades milagrosas, se escondiera la ambición política de ganar la reelección como senador de Louisiana. Aparte de las grandes ciudades, llegaban también a pueblos de gente sencilla que, en su honestidad provinciana, no aplaudía a los artistas que no le resultaban entretenidos y, entre ellos, estaba Carmen Miranda quien salía pálida del proscenio y a punto de echarse a llorar. En la televisión, Milton Berle triunfaba con su programa de vaudeville pomposamente titulado el *Texaco Star Theater*, en el cual, durante una temporada, apareció Carmen Miranda al lado del alto y fornido Berle vestido de bahiana y haciendo el papel de su hermana en una imitación burda y jocosa. Por la insistencia de Dave, aceptó filmar una película con Dean Martin y Jerry Lewis en la cual ya no era la juvenil Rosita o Dorita sino "The Enchilada Lady", vendedora de comida mexicana y Jerry Lewis allí, en un número que había dejado de ser gracioso por lo repetido, apareció vestido de bahiana cantando "Mamãe Eu Quero" y al concluir la canción, se sacó un plátano del turbante y se lo comió abriendo desmesuradamente sus redondos ojos de simio.

A Carmen poco le importaban las caricaturas que se hicieran de ella porque en la vida real, aquel hogar brasileño instalado en Beverly Hills, se estaba desmoronando. Un día Luiza le dijo que no quería ver sus huesos enterrados en esa tierra tan extranjera para ella y que había decidido regresar a Brasil. Aurora y Gabriel también se fueron a vivir definitivamente a Río de Janeiro, después de una violenta disputa con Dave, quien se había ido convirtiendo en amo y señor de esa casa. (Con la esperanza de que todo se arreglaría, empecé a tolerar ciertas cosas y sin saber cómo ni cuándo, aquel hombre que parecía tan manso cuando lo conocí, se convirtió en una hiena que, al menor disgusto, pegaba un mordisco; y estaba tan deprimida, tan enferma de aquí del corazón, pese a que el doctor Marxer insistía en que todo provenía de mi propia mente, que perdí todo impulso y vigor para oponerme. Dave se paseaba por la casa como un déspota mientras yo me hartaba de alcohol, de drogas antidepresivas y de somníferos, muchos somníferos para apagar ese zumbido en los oídos que empezaba a sentir en cuanto ponía la cabeza en la almohada y sobre todo para no sentir la presencia de la muerte, en algún rincón del dormitorio vacío, o agazapada y mirándome fijo desde el pasillo que conducía hacia el baño... Mi casa se había transformado en una pesadilla, en el escenario púrpura del duelo entre un hombre y una mujer, en el escenario sombrío del velorio de la felicidad con dos plañideras, mamá y Estela, la muchacha colombiana que había venido a reemplazar a Luiza. En la cocina se la pasaban ambas hablando a media voz y muchas veces sorprendí a mi madre enjugándose las lágrimas. Por eso, cuando surgió la posibilidad de hacer una gira por catorce ciudades distintas en Europa, me dije, de inmediato, que era justo lo que necesitaba, un tiempo fuera de la casa y fuera de Hollywood para rescatar lo poco que quedaba de mí.)

("Ese día que Carmen me llamó por teléfono, me extrañó el tono alegre de su voz. '¡Aloysio! ¡Salió el contrato para Europa! Imagínate, desde ya, paseando por Roma, Estocolmo, Bruselas y no sé cuantas otras ciudades más...', me dijo riendo, 'dile a los muchachos de la banda que tenemos que ponernos a ensayar lo más pronto posible'. Hacía mucho tiempo que no la oía reír llena de entusiasmo, llena de vida porque en esos últimos tres años Carmen había ido perdiendo el ímpetu maravilloso para vivir y la alegría que le salía del corazón... Siempre andaba desanimada, triste, asustada de caer enferma y constantemente abría ese bolso negro que llevaba a todas partes para sacar gotarios, píldoras y tabletas que, según ella, prevenían los resfríos, el reumatismo, la ansiedad, los ataques al corazón y varias otras enfermedades más... Sólo actuando Carmen volvía a ser la mujer dinámica que cantaba, bailaba y fascinaba como una diosa salida del oleaje del mar. Yo, desde atrás, en el acompañamiento musical, contemplaba esa espalda, esa cintura hecha a la par del ritmo de nuestra percusión, la nuca levemente cubierta de sudor y volvía a nacer mi pasión por ella, mis deseos de amarla sobre un lecho blando y bajo la luz de la luna… pero la vida nos había separado, mi tonto orgullo de no querer convertirme en Mister Miranda, mi pasión por otras mujeres o, mejor dicho, mi espíritu aventurero que me hacía creer que cada mujer joven que acababa de conocer era un universo totalmente nuevo e inédito… Yo, con dos divorcios a mi haber, y Carmen casada con un papanatas que se había embarcado en ese matrimonio sólo para usufructuar del dinero de ella porque siempre había sido un don Nadie… gringo desgraciado que nunca sabría comprender a Carmen, eso fue lo primero que me dije cuando lo conocí y todos me fueron dando la razón, incluso doña María Emilia quien, al principio, trató tanto de poner en evidencia lo que ella llamaba 'las cualidades de Dave'. Qué diablos hacía Carmen con ese hombre agrio… ese hombre que al principio y por pura conveniencia, sonreía tan amablemente a todas las visitas para, pasados unos meses, andar con cara de perro, y que cuando se dio cuenta de que Carmen, por la religión y toda esa zona conservadora que había heredado de su madre pese a ser también irreverente, no se divorciaría, empezó a sentirse tan poderoso como un sangriento dictador. Sí, en las actuaciones de Carmen mis dedos acariciaban las cuerdas de la guitarra como si fueran la piel de su espalda mientras mi cuerpo penetraba el suyo, pero en cuanto dejaba de cantar y empezaba a hablarle al público, su risa que ahora parecía estar saliendo de un pantano hacía morir de inmediato mi pasión y yo entonces sentía por ella un profundo cariño, la ternura más grande que he sentido en mi vida, teñida también de lástima, de dolor…

Muchas veces en los ensayos, le dije a Carmen que tenía que aprovechar el viaje a Europa para distraerse y visitar todas esas maravillas arquitectónicas, pero, en realidad, sospechaba que no lo iba a hacer… tomaba demasiado en serio su carrera y desde hacía muchos años, en cada ciudad, no llegaba a ver más que las calles que conducían al hotel y al teatro. Y mientras nosotros aprovechábamos de turistear un poco, ella se quedaba encerrada entre las cuatro paredes de su habitación donde se dedicaba a descansar o a prepararse para su próxima actuación. Lo que ni ninguno de nosotros sospechaba era que en los teatros de esas catorce ciudades iban a recibir a Carmen Miranda con grandes aclamaciones. Bastaba que entrara al proscenio para que el público estallara en aplausos y Carmen, esperando que las ovaciones cesaran, saludaba emocionada y a mí me daba la impresión de que su cuerpo y los movimientos de sus manos irradiaban una luz que la hacía renacer.")

Los periódicos en Europa anunciaban con grandes titulares la llegada de Carmen Miranda, quien era recibida por numerosos periodistas y una multitud que, durante años, había escuchado a través de los discos esa voz de una versatilidad tan increíble que simultáneamente semejaba el dulce canto de la calandria, el melancólico rumor de los bosques, y el llamado de una sirena. Desde la carátula de los discos o en fotografías que aparecían en diarios y revistas, les había llegado la imagen de aquella mujer que ellos, desde su propia tradición cultural, asociaban con una radiante sultana de poderes divinos, una nueva Scherezade capaz de vencer con sólo la voz al más cruel de los emperadores, una ninfa venida de aquel continente que había maravillado a Colón, a Vespucio, a Humboldt y a tantos europeos con sus tierras "muy verdes y fértiles y de aires muy suaves", pletóricas de una flora y una fauna que habían infundido en la pintura y los tapices del viejo mundo, un sobrecogedor hálito fantástico, un soplo carnal para el exilio de San Juan en Patmos rodeado en su sufrimiento por el saimiri y el papagayo entre el follaje espeso del cocotero y la yuca. Como las Tres Gracias, Carmen Miranda era también para ellos, hija de la noche, de una región secreta y recóndita, pero en su mano no portaba la manzana de oro que aseguraba la vida eterna; por el contrario, los suntuosos atavíos tropicales que cubrían su cuerpo hablaban de lo humano y de lo efímero, de la alegría y de la pasión siempre cercadas por la muerte.

Con semanas de anticipación se agotaban las entradas, y en Roma la demanda había sido tal que los empresarios, cinco días antes, trasladaron el show programado para un teatro a la arena de un gran estadio. Allí cantó Carmen con la sensación de que la rodeaba un cardumen de peces bulliciosos y los aplausos le parecían fuegos artificiales celebrando su canto. Después de varios años, volvió a sentir que su canto era también arte, ese impulso que inserta en la realidad algo nuevo y diferente, hermosamente perturbador, que subyuga a través de los sentidos opacando los destellos imperativos del tiempo y la razón.

Tres canciones más tuvo que agregar al repertorio de esa actuación a pedido del público que no la dejaba ir. Y con el corazón henchido de felicidad, agitó las manos despidiéndose después de abandonar el micrófono, cesó la música y cuando se aprestaba a bajar de la plataforma para salir, vio venir hacia ella a una masa de gente que, gritando invadía la arena y en menos de un segundo, estaba rodeándola. "¡Caaarmen! ¡Caaarmen! ¡Caaarmen!", exclamaban como si su nombre fuera un sagrado y a la vez profano lema. Apretujados y dándose codazos, otros daban gritos de fastidio o de dolor y entre ese tumulto de voces, sobresalía el silbido agudo y primitivo de alguien que parecía estar azuzando a la muchedumbre. Sorpresivamente, una mano le golpeó la garganta y con fuerza le arrebató el collar cuyas cuencas fueron a parar al suelo para regocijo de unos cuantos que pudieron recogerlas, otras manos, decenas de manos, le arrancaron las frutas del turbante, los adornos de la blusa, los vuelos de la falda y ella, aterrorizada, vio en ese público a una jauría a punto de matarla para devorar sus despojos. Todo su cuerpo empezó a temblar de miedo y llorando a gritos les suplicó que se fueran, pero los que estaban más cerca persistían en tocarla y sacarle pedazos de ropa para llevarlos como recuerdo de la gran artista mientras Carmen, atónita, veía todos aquellos rostros con la expresión beatífica y bárbara de quienes están a punto de realizar una inmolación.

De regreso al hotel aún le saltaba el corazón de temor, como si hubiera sido una cervatilla que acababa de esquivar los tiros de una partida de cazadores y no podía parar de llorar, a pesar de haber tomado dos calmantes en el momento mismo de sentarse en el automóvil… era un llanto espeso, cargado de miedo y repugnancia porque en la piel de los brazos aún llevaba estampadas las manos sudorosas de los que la habían acosado… Dormitó un rato a sobresaltos. A lo lejos, volvía a oír los gritos, y en su rostro sentía de nuevo el aliento acezante de esa muchedumbre. Despertó con un nudo en la garganta y una sensación de náusea que la hizo correr al baño a vomitar. Y allí en ese inodoro de limpieza impecable fue arrojando trozos de comida a medio digerir, espuma verdosa, amarillenta y luego un líquido claro y escaso con las últimas arcadas… Apoyándose en los sobrios azulejos de la pared, se acercó al lavatorio y se mojó la cara durante un largo rato. Suspiró para ahogar el llanto y secándose con una toalla, se vio en el espejo. Esa mujer de ojos hinchados y rostro congestionado no podía ser Carmen Miranda… fue lo primero que pensó. Bajó los párpados, respiró hondo y entonces decidió que no cancelaría el resto de la gira. Aunque el atropello del público había sido una experiencia horrenda, en el fondo de todo aquello había admiración, una devoción que le recordaba las actuaciones en Brasil antes de viajar a Nueva York… Se tomó cuatro pastillas más de Nembutal y ya en la cama se acordó de las palabras que Vinicius le había dicho una vez… "tú sabes que los héroes griegos, pese a todas sus virtudes y hazañas, siempre tenían una falla, un defecto… eran soberbios, desmesurados, irreverentes con los dioses, obstinados… y yo creo que los artistas tenemos una falla muy similar… contra viento y marea, seguimos cantando y escribiendo poemas, seguimos pintando aunque sea en la celda de los condenados a muerte y no me extrañaría que en el funeral de un músico el difunto estuviera escribiendo las notas de su propio réquiem…" Vinicius tenía razón. Extraña corriente era aquélla, un río que no dejaba nunca de envolverla… "Defecto, falla trágica, Carmen, mas falla grata y sabrosa", le había dicho él con una sonrisa llena de esplendor. Sí, ella seguiría actuando, contra viento y marea, se dijo mientras se iba quedando dormida.

Y seguí cantando aunque estaba nerviosa, irritable y físicamente me sentía muy débil. Entonces Aloysio, quien durante tantos años se quedaba atrás con los otros músicos haciendo un semicírculo a mi alrededor, empezó a adelantarse al final de cada actuación para tomarme de la mano y ayudarme a saludar al público. Bajo la luz brillante de los reflectores y con nuestras manos unidas hacíamos una leve reverencia para después elevar nuestros brazos con una sonrisa, "un saludo más y salimos, Carmen", me indicaba a pesar de que seguían los aplausos entusiastas y podríamos haber hecho unas tres reverencias más, y después, tomándome de la cintura, me ayudaba a caminar hasta el camarín.

"Agotamiento físico que ha intensificado la inestabilidad emocional", dictaminó el médico, "mucho reposo y buena alimentación." Le estaba dando énfasis al agotamiento físico, pero yo sabía que mi mente tampoco andaba muy bien... Un día, cuando estaba entrando al lobby del hotel en Bruselas, sentí que desde el rincón donde se encontraba el ascensor, venía una ventolera hacia mí y casi me hacía caer. No le presté mayor atención aunque no dejaba de ser raro que viniera viento de un rincón cerrado, ¿verdad?, pero al otro día, cuando estaba vistiéndome en mi habitación, volví a sentir lo mismo y esta vez con un ruido de hojas que me quedó resonando en los oídos y por un segundo me hizo perder el equilibrio... pero lo realmente terrible fue cuando esa ventolera trajo hojas de verdad, llenas de tierra, húmedas y enlodadas que se me pegaban al cuerpo... y yo me tapaba la cara con las manos porque me iban a herir y me dejarían las mejillas llenas de cicatrices... Esto pasaba en un tiempo muy breve, pero el recuerdo perduraba el resto del día... era mi cerebro, agotado con tanto viaje y tanta cosa nueva, el que estaba creando esas ventoleras, me decía yo aún tratando de no darle mucha importancia, pero cuando en un cóctel, un mozo me ofreció canapés en una bandeja de plata y la vi cubierta de cucarachas que se estaban frotando las patas con sus antenas, me alarmé... ¡Estaba teniendo alucinaciones! y cómo no iba a ser una alucinación también que la esposa del cónsul de Estados Unidos en Finlandia estuviera a punto de convertirse en una enorme larva repugnante y asquerosa... Estábamos en Helsinki y el embajador del Brasil había hecho traer especialmente de allá, a una cocinera para que preparara una cena de típicos platos bahianos en mi honor. Cuando nos presentaron y estreché la mano de esa señora, tuve un estremecimiento de asco y miedo, la miré y ahí patente, aunque no lo crean, sentí que, de un momento a otro, se iba a convertir en una gigantesca larva blanca, de piel húmeda y viscosa que en un gesto perezoso y horrendo iba a abrir la boca y me iba a devorar... ¿Se imaginan qué sensación más espantosa? Y era larva, no serpiente, o sea, todo blando, asquerosamente blando. Lo peor es que nada, absolutamente nada en esa mujer se asemejaba a un gusano, al contrario, era delgadísima, tenía la nariz ganchuda, ojos pequeños y penetrantes parecidos a los de un águila... y aunque empecé a eludirla, no se me despegaba y con risa cordial no dejaba de conversarme en un inglés muy elegante. Sin saber qué hacer porque tenía el pánico de que, de un momento para otro se transformara en larva, empecé a tomar un trago tras otro para tranquilizarme, para borrar esa imagen tan horrenda y casi me atoraba con los bocados de acarajés, de empanadas de camarones, de croquetas de bacalao que estaban sirviendo en homenaje a mí. Terminé totalmente borracha y cuando abracé a la esposa del embajador para despedirme, tambaleé y las dos fuimos a parar al suelo... ¡Alucinaciones, espantosas alucinaciones! y temí estar volviéndome loca...

"Agotamiento físico que ha intensificado la inestabilidad emocional", había dicho el doctor Marxer que pasaba a verme dos veces al día, pero en esa frase breve y concisa, bullían miles de cosas en un caldo espeso, así me lo imaginaba yo, y no era cierto que la mente anduviera por un lado y el cuerpo por otro, como a la ciencia le gusta estipular. En ese caldo espeso que no cejaba de bullir, cuerpo y mente estaban trenzados en una mescolanza satánica... Y capaz que hasta mi madre hubiera tenido razón... la pobre, muy preocupada, no hacía otra cosa que quedarse a mi lado, acariciándome la frente. "Esto tiene que ser un mal de ojo, hija mía. Pero aquí en este país tan tontamente civilizado a quién puede uno acudir para que saque ese mal", me dijo un día. El doctor Marxer prescribió una revisión médica general y ahí empezó Dave a llevarme a los hospitales para que me examinaran por todos lados con un sinnúmero de aparatos y me sacaran sangre, orina y hasta excrementos sin que apareciera ningún desajuste. Y como me había empezado de nuevo el zumbido en los oídos, fui a parar a la clínica de un otorrino quien, después de auscultarlos, se puso a medirme las mandíbulas y todos los huesos de la cara, a revisar cada detalle de la dentadura por si en algún punto se estuviera ejerciendo una presión indebida. "¿Qué edad tiene?", me preguntó al terminar; él era un hombre de bastante edad y sonrisa afable que transmitía bondad... "Cuarenta y cuatro", le respondí y él exclamó, mirándome a los ojos, "¡Qué joven! Usted es demasiado joven y bonita para sentirse enferma sin estarlo... Pero si sigue así se va a enfermar de verdad... ¡Ánimo y olvídese de las cosas tristes porque son parte de la vida!... Siéntase feliz nada más que con el mero hecho de estar viva. Y sus palabras me ayudaron mucho. Poco a poco empecé a recuperarme, a tener energía y de vuelta, en mi refugio bajo el eucaliptus, no pensé en nada y dejé que el sol, las plantas, los insectos y las bandadas de gorriones me penetraran...

—Anda a ver a tus otros hijos a Brasil, ellos también se merecen tu amor —le dijo un día a doña María Emilia.

—¡Ya estoy bien! Mira, mira—exclamó haciendo pasos de baile. Podría bailarte una samba entera aquí mismo en la cocina.

Pero la partida de la madre le produjo una recaída. Sin ella, esa casa había quedado demasiado vacía y aunque Carmen jamás le hablaba de sus preocupaciones o sentimientos, ahora la ausencia de doña María Emilia la hacía sentirse a la intemperie. Y por primera vez en su vida, perdió el apetito, ella que siempre había disfrutado tanto la comida con sus sabores, aromas y texturas que le daban una sensación de infinito placer. (Muy fácil resulta decir "perdió el apetito" a quienes nunca han pasado por la experiencia de echarse un trozo de carne en la boca y sentir que es un pedazo de cuero que el paladar rechaza y entonces viene una arcada y, en un espasmo de disgusto, uno lo tiene que devolver al plato, o estar a punto de tomar una cucharada de sopa y sentir en la nariz un escozor ácido y quemante por el líquido que huele a amoníaco puro... "Perder el apetito"... y qué es eso, ¿lo han pensado alguna vez? En esos días, a mí se me hizo evidente que la palabra apetito es demasiado corta para describir la larga y profunda melodía que cuenta la manera armoniosa cuando labios, lengua, olfato, paladar y dientes absorben la materia... porque comer, no es otra cosa que la sincronía y los acordes más perfectos y primitivos que un ser viviente, llámese hombre u hormiga, puede producir en este mundo.)

Inútilmente, Estela se afanaba en decorar platos y bandejas para que ella sintiera ganas de comer.

—No me diga, su mercé, que no va a tomar desayuno... No me extrañaría, por esas órbitas en las que usted anda en estos días, que ni siquiera se haya dado cuenta de que hoy le hice pan de buono... ¿ve?... recién salido del horno... Pensar que antes de llegar a esta casa, jamás había amasado ni el más pequeño de los panecillos y por usted, sólo por usted, misiá Carmen, a mi madre le valió una odisea conseguir que el panadero del barrio le escribiera la receta y otra odisea más, pues, para llegar hasta el correo y echármela en una carta... ¡Qué vaina! Andar sin deseos de comer cuando usted es una guayaba tan hermosa... También le puse un plato de piña fresca, abacaxi, como la denomina usted... huela... qué aroma, si parece caída del cielo y de la gloria... y a su mercé no le apetece...

Aquella muchacha colombiana hablaba un español que parecía salido de una cantera de materiales finos, sus palabras adquirían profundos verdores y la entonación de su voz le daba a Carmen una grata sensación de paz, como si su habla, después de pasar por las caídas abruptas de los argentinos y el canto rápido de chilenos y mexicanos, corriera por un valle de lomas muy diáfanas.

Ahora que doña María Emilia no estaba en la casa, Dave se había puesto aún más violento. Gritaba por cualquier cosa y un día, enfadado porque ella le estaba haciendo reproches, la siguió hasta el segundo piso, la remeció de los hombros y la golpeó en la cara, en el pecho, en el estómago, y cuando ella temblando cayó al suelo, le dio dos puntapiés antes de irse a encerrar al cuarto de huéspedes. Ya la había maltratado en otras ocasiones, pero esta vez no lo había hecho como un rápido desahogo sino con saña, y Carmen, tirada en el suelo, decidió que nunca más trataría de ser su esposa... Ni dulzura ni pasión ni enojo porque el enojo en el matrimonio es también una demostración de amor... Desde este preciso minuto, Dave pasa a ser únicamente mi empresario, el hombre que administra mi carrera y que, por cosas del destino que nadie entiende, vive en esta casa. Y llorando en la cama mientras Estela trataba de hacerla beber un vaso de agua, recordó aquel temor mezclado de rabia e impotencia cuando su padre inesperadamente daba un golpe en la mesa o le pegaba a la madre. "Ya no están los tiempos para tratar de ser aguerrida como la Lola Puñales", se dijo pensando en ese desgano que parecía envolverla en una mortaja en cuanto abría los ojos en la mañana y en ese nudo en la garganta que se desataba en un llanto convulsivo, en sollozos que ahogaban un alarido y terminaban convirtiéndose en suspiros sombríos para volver a ascender al grito y al llanto.

—Vamos a hacer un tratamiento a base de choques eléctricos para reactivar las células del cerebro —le comunicó el doctor Marxer.

—¡Choques eléctricos en el cerebro! —exclamó alarmada—. ¡No! Eso debe ser muy peligroso, doctor.

—Al contrario, es beneficioso —replicó él con voz experta—. Figúrate que los romanos, hace ya cientos de años, llevaban a los enfermos, especialmente a los paralíticos, a las lagunas donde había peces que, como la anguila, provocaban descargas eléctricas y los sumergían allí para que las recibieran.

Entonces Carmen imaginó una romería santa de enfermos en el martirio del cuerpo y sus parientes en esa otra santidad del que vive con los enfermos. Porque sí que tenía que ser un acto de santidad esto de olvidarse por completo de uno mismo para levantarse a medianoche y estar pendiente de cómo aliviar el malestar de un ser querido. Quizás cuántos días habrían viajado esos romanos por caminos rurales hasta llegar a aquella laguna, quizás cuánto esfuerzo habrían puesto para llevar al enfermo en brazos hasta las aguas y esos peces de poderes curativos. Mucha fe había en todo aquello y ella también pondría fe en ese tratamiento.

El procedimiento era sencillo. Primero le daban una dosis de suquinilcolina para relajar los músculos y evitar una falla cardiovascular o una fractura en la espina dorsal, luego la anestesiaban y, a través de los electrodos que le habían puesto en las sienes, le aplicaban corriente eléctrica por medio segundo cada vez, dejando un lapso de tiempo para las convulsiones con las cuales reaccionaba todo el cuerpo. Carmen, al salir de la anestesia, quedaba con la mente en blanco, como si recién hubiese nacido y mientras la enfermera le limpiaba las sienes con motas de algodón empapadas en alcohol, empezaba gradualmente a salir de ese estado de amnesia que le había producido un alivio parecido, pensaba ella, al de los que estaban en el limbo.

Nunca los científicos se pusieron de acuerdo con respecto a los efectos de los choques eléctricos, método que dejó de practicarse en los Estados Unidos hacia fines de la década de los cincuenta. Para algunos, las descargas producían una parálisis momentánea de los circuitos del cerebro, para otros, originaban una breve confusión que permitía que el ego recobrara su espacio y volviera a reintegrarse y aún otros postulaban que constituían un castigo y, por lo tanto, los pacientes se liberaban de cualquier sentimiento de culpa. En lo único en que todos estaban de acuerdo era en la pérdida de la memoria y eso, conjeturaba Marxer, beneficiaría el estado mental de Carmen. Sin embargo, al no detectar ningún cambio positivo, decidió que la curación podría estar en la memoria misma, que lo aconsejable en ese punto era que Carmen viajara a Brasil para retornar a su propio ambiente.

–Hermana, parto dentro de dos días a Los Ángeles para traerte a Río, Dave me llamó anoche para decirme que esto es lo que ha recomendado el doctor Marxer –le dijo Aurora por teléfono esa mañana.

–¡No! ¡No te vengas! No quiero ir a Brasil, me trataron demasiado mal...

–¡Carmen, por Dios! Eso fue pura política, te estaban asociando con Getulio Vargas y hace mucho tiempo que él está bajo tierra...

(Aurora no logró convencerme del todo. Y esa noche, cuando pasó Aloysio a verme, yo estaba tirada en el sofá llorando... No lo van a creer, pero hacía cinco horas que estaba llorando sin parar y, lo que es peor, sin saber por qué, eso era lo más devastador de esos llantos tan terribles que me venían... ¡No sabía por qué estaba llorando!... Aloysio se sentó a mi lado, me tomó la mano y se quedó en silencio por un largo rato... después me miró a los ojos y, acariciándome la cabeza, me preguntó en voz muy baja, "¿Por qué, Carmen, por qué?" y yo, en medio del llanto que volvía a arreciar, no pude pronunciar ni una sola palabra... en eso vino Estela a servirle una cerveza y le contó que yo no quería ir a Brasil. "¡Tienes que ir, mi querida, te hará tan bien!", exclamó pasándome un pañuelo y con esa ternura que tanto nos había unido cuando éramos amantes, me ayudó a enjugarme las lágrimas... Haciendo un gesto protector, me hizo recostar la cabeza en su pecho y, susurrando apenas, empezó a decir muchas cosas y a pronunciar esos apelativos amorosos que habían sido tan nuestros. "Brasil te sanará, paloma mía, tus hermanos te devolverán la alegría y allá en Río, el Pan de Azúcar refulgirá sólo para ti y el sol, mi amor, el sol de nuestra tierra va a sanar todas tus heridas... cariño mío, vida de mi vida..." y como envuelta en un arrullo, me dormí.")

Casi en andas la llevaron al avión. Aurora, apoyando la cabeza en la ventanilla, derramaba lágrimas por su hermana, tan frágil y tan débil, con el rostro congestionado y un tic nervioso en el ojo izquierdo, las manos le temblaban y al verla llegar a la casa, haciendo un esfuerzo, se había levantado del sillón y le había sonreído con los ojos humedecidos por el llanto. Ella misma le había puesto una inyección en el brazo para que durmiera en el viaje. "¿Todavía a Óscar le gusta coleccionar monedas?... Tendríamos que haber ido a comprarle algunas...", dijo Carmen modulando con dificultad porque el sedante empezaba a surtir efecto. Dando un hondo suspiro, cerró los ojos y se hundió en el sueño mientras el avión sobrevolaba el Mar de Cortés con sus aguas muy azules bordeando las arenas desérticas de la península.

Luego de detenerse en Ciudad de México, Ciudad de Panamá y Guayaquil, se aproximaban al aeropuerto de Lima donde el avión haría otra escala de dos horas. En ese momento, Carmen empezó lentamente a despertar y sintió muy cerca de sus párpados la imagen de la muerte, de esa mujer de facciones fantasmales que se le aparecía en los lugares más inesperados y, por primera vez, se le ocurrió que no era la muerte sino la vida que, enfadada con ella por no reaccionar con fuerza frente a la fragilidad del cuerpo y de la mente, la amenazaba con el castigo de la muerte.

—¡Ya estamos muy cerca, hermana mía! —le dijo Aurora arreglándole el cabello. De Lima a São Paulo y de São Paulo a Río. Almirante estará esperándote en São Paulo porque dice que quiere abrazarte en el momento mismo en que pises tierra brasileña... "catorce años que Brasil no cobija a nuestra maravillosa Carmen y no quiero perderme este evento que pasará a la historia", así me dijo, es tan divertido…

—Corazón de oro tiene ese hombre, ese amigo tan verdadero —comentó Carmen recordando sus cartas siempre llenas de elogios y palabras cariñosas. Le pareció volver a verlo, siempre riendo mientras ensayaban una nueva canción en los años aquellos cuando ella comenzaba su carrera.

—¡Tengo que vestirme y maquillarme! ¡Yo así no puedo llegar al aeropuerto! —exclamó en ese tono de premura que usaba cuando preparaba las maletas para una gira o estaba a punto de salir a escena.

Y Aurora, feliz con ese tono de voz que tan bien le conocía, abrió la valija de mano y le mostró un vestido rojo que, a última hora antes de salir, Estela había planchado y doblado con tal prolijidad que había quedado impecable.

—¡Qué estupenda idea! —exclamó Carmen entusiasmada. Es el vestido perfecto para la ocasión.

—Y también puse, aunque no lo creas, todo para el maquillaje, todo lo que te gusta usar cuando viajas.

Entre risas y breves interjecciones, como cuando actuaban juntas en Buenos Aires, Aurora la ayudó a vestirse, la peinó y pasó más de media hora delineándole los ojos, las cejas y los labios, extendiendo el polvo compacto y el carmín por sus mejillas muy pálidas, según las instrucciones que le daba Carmen, quien supervisaba cada detalle en el espejo de mano.

Unas pocas horas después, el avión ya empezaba a descender sobre la ciudad de São Paulo y Carmen, al ver las siluetas de casas y edificios que formaban un extenso ajedrez rodeado de campos rojizos y montañas a lo lejos, sintió una extraña mezcla de alegría, ansiedad y profunda emoción. Regresaba, después de catorce años, a su patria, a ese territorio que más allá de todo lema y emblema nacional, albergaba en sí voces y aromas, rostros, lugares y follajes donde había transcurrido su niñez y parte de su juventud. Era allí donde se había iniciado su ser y después de un largo exilio, se reintegraba a sus raíces, a aquel entorno al cual jamás había dejado de pertenecer. Todas las experiencias en Estados Unidos le parecieron, en ese momento, algo fugaz y ajeno.

Eran las seis de la tarde y en la pista de aterrizaje, la esperaba Almirante rodeado de periodistas y otra gente que había logrado burlar los cordones de seguridad. Ansiosa bajó la escalinata mientras en el rostro sentía los rayos del sol a punto de ponerse, y Almirante, lanzando exclamaciones de júbilo, se adelantó a abrazarla. Los periodistas se acercaron portando sus micrófonos y ella sólo atinó a decir: "¡Mi pueblo brasileño, soy feliz! La emoción no me permite decir más… ¡Qué maravilloso es retornar a la patria!". La sonrisa de Almirante y el bullicio alrededor la hacían sentir vibrante y llena de vida, corría una leve brisa y ella aspiraba profundamente aquel aire que la penetraba hasta los huesos y le producía una energía revitalizadora. Carmen reía y hacía bromas con la sensación de que esos catorce años no habían transcurrido y que sólo ayer había estado con Almirante en alguna fiesta en Río y que, en un par de días, se embarcaría en un vapor para iniciar una gira por teatros pequeños y mal iluminados. Revivió, entonces, aquella felicidad sin artificios de ninguna especie que le otorgaban los aplausos de aquel público provinciano que le demostraba tanto éxtasis y fascinación y que la consideraba, como había dicho un periódico de Bahía, un hermoso retazo del cielo que Dios había enviado a la tierra.

Tomándola de la cintura, Almirante empezó a entonar "Boneca de Pixe" y ella se le unió en un dúo que todos escucharon con veneración. Estaban llegando a la última estrofa cuando Carmen sintió que iba a perder el equilibrio, que se le estaba nublando la vista y cayó desmayada. A la ola de exclamaciones siguieron las voces de conmiseración de toda aquella gente que había venido a ver a la Reina de la Samba y los periodistas, frente a sus micrófonos, empezaron a relatar cómo Almirante y dos personas más levantaban a Carmen Miranda del suelo y llevándola en brazos, la volvían a subir al avión.

Antes de viajar a Los Ángeles, Aurora había hablado con el doctor Sales, quien estaba esperándola en el aeropuerto de Río. De inmediato, la examinó.

—Debe evitar emociones y cualquier esfuerzo físico. En este punto, hasta el esfuerzo para contestar la pregunta de un periodista, le hará daño.

Y fue así como debió permanecer por varios días recluida en el hotel sin recibir visitas. Pero qué diferente le parecía a Carmen esa reclusión a aquélla en su casa de Beverly Hills. Las voces de las camareras que estaban pendientes de ella, aquellos jugos de frutas suculentos y de vivos colores, los ruidos que llegaban de la calle y hasta el olor de las sábanas la hacían sentir como un pez que, por fin, retornaba a sus propias aguas. Desde el balcón, contemplaba la playa de Copacabana con el bienestar sano y cálido del peregrino que después de un largo y azaroso viaje retorna a su lar. Mirando a las muchachas que esquivaban las olas y a los niños jugando en la arena, Carmen meditaba sobre su propia vida. "Ni santos ni villanos", se decía al pensar en todos aquellos hombres con quienes había tenido una relación amorosa. Esa bella y efervescente ilusión del amor era sólo el prólogo de una historia condenada, como todas las otras historias, a tener siempre un final. Pensó en Dave y se dio cuenta de que toda esa violencia de él respondía, más que nada, a una sensación de impotencia. Difícil, muy difícil era, para los hombres, aceptar ese margen imprevisto que les hacía perder control sobre todo lo que los rodeaba… Construían puentes y sofisticadas teorías, derribaban árboles y reinos, inventaban ficciones trágicas y fantasías huecas con la fuerza de los que creen poseer el mundo, pero al menor contratiempo, en vez de surgir el llanto, se imponía el enojo que, en el fondo, era una faceta más de la soberbia.

En la calle del Obispo en Río de Janeiro, una mujer de edad, llamada Filomena, hacía dos meses que había estado comunicándose con los muertos. A ella había llegado la noticia de la enfermedad de Carmen a través de una tía de la esposa de Óscar.

–Tenemos que ayudarla, doña Filó, los médicos, a pesar de todos los adelantos allá en Estados Unidos, no han logrado curarla.

–Usted, Rosalía, tiene un corazón tan bueno como el pan para el hambriento, es su espíritu venido de las espigas –afirmó doña Filó, matriarca y maestra del Grupo Amor y Caridad cuyo lema era "Amor a Dios y a las Cosas Creadas por Él".

Durante tres noches buscó entre los muertos la voz que le diera noticias de Carmen Miranda y cuando la luna ya empezaba a palidecer, oyó un recado urgente. Ella no tenía cáncer, como habían empezado a rumorear los periódicos, su cuerpo y alma estaban extenuados y era preciso que regresara a Brasil porque su vida corría peligro y allá, en la región de la vida mecanizada, moriría de tristeza como las aves cautivas.

Desde aquella noche, doña Filó hizo fervientes oraciones para que Carmen regresara a Brasil, para que el hálito de algún espíritu llegara hasta esas tierras del norte e impulsara a los médicos de allá a recetarle un viaje de vuelta a su patria. Con una sonrisa llena de fe, escuchó por la radio el saludo de Carmen desde el aeropuerto en São Paulo y, por intermedio de Rosalía, la invitó a asistir a la próxima sesión que se realizaría en su casa.

(Era una mujer de ojos bondadosos y muy maternales. Estaba toda vestida de blanco y su piel me evocaba la tierra y el agua porque ese color cobrizo emitía la solidez de la tierra, pero también el lustre del flujo de las aguas... Me abrazó y tomándome de ambas manos, me dio un beso en la mejilla y me hizo entrar al patio. "Eres como yo", me dijo, "los espíritus de los muertos se te acercan constantemente, pero no naciste con la responsabilidad de buscar sus mensajes para transmitirlos a los demás"... Nada sabía del espiritismo, pero cuando Rosalía me explicó que la sabiduría y las fuerzas benéficas de los muertos seguían rondando la tierra, vi patentes los rostros de mi padre y de mi hermana Olinda y me vino la certeza de que ellos acudirían a ayudarme si doña Filó, con sus poderes sobrenaturales, les permitía llegar a mí... La primera noche que fui a su casa, me hizo sentar en el centro de la pieza y ella de pie detrás mío, durante toda la sesión, mantuvo sus manos en mi frente. Todos rezaron por mí en ese patio apenas alumbrado por cuatro cirios, después pronunciaron, casi en un susurro, largas letanías mientras esparcían agua y yerbas por todo el piso. Desde un pequeño altar, sacaron fruta, cuencos de farofa* y miel que repartieron entre todos y luego se quedaron en absoluto silencio... Nada parecía estar pasando, pero una fuerza como venida del fondo de la tierra nos unía... De pronto, sentí que Olinda se posaba sobre mi hombro izquierdo y allí se quedaba

* Harina de mandioca.

transmitiéndome su amor callado y quieto de lago muy profundo y, desde un rincón, mi papá me hacía una seña cariñosa y me contaba que, por fin, después de pasar muchos años sufriendo remordimientos por los dolores que le había causado a mi madre, había expiado su culpa y tenía el alma tranquila y limpia. Lo escuchaba con atención, sin despegarle la vista, pero al mismo tiempo veía a Arminda desplazándose de derecha a izquierda y de izquierda a derecha, por todo el patio mientras revoloteaba su falda de ruedo godé... La tercera noche que estuve allí, doña Filó se sentó muy junto a mí y durante toda la ceremonia de oraciones que parecían venir de otro mundo sentí el ritmo acompasado de su respiración como un aliento vigoroso, lleno de vida, pero también intangible y misterioso... Con un gesto solemne, prendió un puro y esparció el humo por todo mi cuerpo. "No necesitas venir más. ¡Ya estás curada!", me dijo y, sosteniendo el cigarro en la boca, volvió a poner las palmas de las manos en mi frente. "Doquiera que estés, te acompañarán nuestros rezos y letanías... el espíritu de tus muertos tejerá la buena ventura para ti y serás feliz, ¡muy feliz!", declaró y tomándome de la mano, me condujo hasta la puerta.

Salí de su casa inundada por la fe, impregnada del hálito vigoroso de doña Filó e iluminada por la convicción de que sería feliz... ¡Había sanado! y, por el resto de mi vida, como había dicho ella, el espíritu de mis muertos tejería para mí horas de mucha felicidad. Y empecé a ser feliz, muy feliz. A fines de enero, a sólo semanas de haber llegado a Río, comencé a visitar a mis hermanos y a disfrutar esa parvada de sobrinos que, en un cariñoso alboroto, salían corriendo a saludarme. Y casi todas las noches, con mis amigos de tantos años, iba al cine, a una fiesta, a un club nocturno sin dejar de sentir, día y noche, que el mundo era esplendoroso. Se acercaba el carnaval de 1955 y en el Hotel Gloria, a tres cuadras del Jardín Botánico y frente a la playa Flamingo, se celebró el Baile de los Artistas, y en una conmovedora ceremonia, me coronaron Reina de la Radio entre abrazos y fervientes aclamaciones. Mis fotos no cesaban de aparecer en los periódicos, pese a que hacía casi dos meses que estaba en Brasil. Por primera vez en mi vida, viví la publicidad y los aplausos dondequiera que llegara, no como ese remolino caprichoso y horrendamente veleidoso que construía y deshacía mi ego a su antojo sino como un recodo apacible. Aurora y Almirante me organizaron, para el 9 de febrero, una gran fiesta de cumpleaños en la boîte Vogue... ¡Cumplía cuarenta y seis años y, entre tanta gente que me quería y admiraba, me sentía llena de un increíble ímpetu juvenil! La vida empezaba de nuevo. Después de mi enfermedad que yo imaginaba como un páramo, renacía... era un árbol cargado de flores... así me sentía... Dejaría que mi carrera siguiera su curso sin culpar a nadie, ni a los productores ni al público que cambiaba de ídolos de la noche a la mañana... la carrera, como la vida misma, seguiría una trayectoria propia, natural... y no me van a creer, pero cuando dije la palabra "natural", ¡se me iluminó la mente!, ¡se me aclaró todo! y me liberé para siempre de las ansiedades y temores que habían nublado tantos de mis días... porque lo natural, como saben, pertenece a otro ámbito, no de nosotros mismos, sino de una fuerza superior que va marcando ciclos, etapas... Y si la vejez se tomaba como lo que es, una etapa que naturalmente llega, no tenía tampoco por qué preocuparme o deprimirme... Cantaría hasta el momento mismo de morir, eso me lo había dicho varias veces y esa noche en la fiesta, al apagar esas cuarenta y seis velas, pensé que era muy posible que un escritor deseara morir en medio de una frase que estaba escribiendo porque el arte, como había dicho Vinicius, era la única falla trágica que otorgaba placer y un sentido para la existencia... ¡Sí! ¡Seguiría cantando! Volvería a Estados Unidos y elegiría un par de contratos por año sin jamás dejar de viajar a Brasil. Porque mi familia, mis amigos, las voces de la calle y hasta los olores en una esquina cualquiera, me daban la sensación de estar en medio de un enjambre del corazón y los sentidos.)

Regresó en paz y armonía con la vida y consigo misma. Dave constantemente la llamaba por teléfono a Río y ahora que ella no le exigía nada, había surgido entre los dos, amistad y camaradería. En julio viajaría a La Habana para actuar en el Tropicana y en agosto grabaría un programa con Jimmy Durante para la televisión.

—Están muy interesados en crear un programa exclusivamente tuyo —le contó Dave entusiasmado—. Esto será una especie de prueba y seguro que inmediatamente después de salir al aire nos llamarán ofreciéndote el contrato que, según Joe, lo tienen incluso redactado.

A Carmen la ilusionó la perspectiva de aparecer en la pantalla de la televisión frente a millones de espectadores que la mirarían desde sus hogares, ese espacio íntimo y familiar tan diferente a la algarabía artificiosa de los casinos. Tan diferente también a la extraña comunidad de los teatros donde cada persona, no obstante estar rodeada de gente que está viendo lo mismo, se mantenía aislada entre sí. Y le fascinó la perspectiva de que las imágenes fueran en blanco y negro, despojadas de toda esa espectacularidad llena de color que la opacaba, que ocultaba gran parte de sí misma.

Doña María Emilia, quien había regresado con ella a la casa en Beverly Hills, insistió en que Estela la acompañara a La Habana.

—Te conozco, hija mía. Te vas a desvivir por cuidar cada detalle y te puedes volver a agotar... Sé lo nerviosa que te pones con la ropa, con tanto adorno y tus famosos tamancos* —así llamaba ella los zapatos de Carmen.

El día en que llegaron a La Habana, el Tropicana les brindó, como una atención especial, un paseo en automóvil por toda la ciudad. En las calles estrechas de La Habana Vieja, refulgían los vitrales entre la piedra y la madera como exuberantes frutos bajo la brisa de aquellas palmas altas y de hojas muy verdes que crecían desde círculos perfectos dando la impresión de ser un enorme manojo. Sobrecogida por la belleza, Carmen contemplaba el hierro forjado de los balcones, las mansiones con escalinatas y columnas de mármol, el edificio de la universidad que semejaba un majestuoso templo romano, la farmacia antigua que aún exhibía viejos morteros de loza y sus etiquetas en las que los nombres de los remedios estaban escritos a mano y adornados por una profusión de hojas y flores... El mar azotaba fuerte en aquella explanada por la cual pasaban autos y carretas mientras la gente, sin preocuparse de ser mojada por las olas, se dedicaba a pescar y a amar... Las parejas se besaban a la luz del día y Carmen, al verlas, sintió un rumor en su corazón, el anhelo de volver a sumergirse en ese vaivén de alegría e incertidumbre, de hacer de un

* Expresión que alude al calzado y que es utilizada por la gente pobre, tanto en Portugal como en Brasil. Suecos, calzados de madera.

cuerpo amado la región del fuego insólito, de ese regocijo tan puro como el éxtasis de los místicos cuando cruzan el umbral de lo divino. Más allá, en la bahía, el mar se transformaba en una llanura de aguas muy quietas cercadas por morros y piedras centenarias.

—No entiendo, Aloysio, no logro entender por qué este lugar tan bendito está plagado de turistas —comentó.

—Porque la política y el poder del dinero están en todas partes —respondió él muy serio—. Éste es también el edén de los gángsters con sus casas de juego y prostitución, de los cubanos ricos que explotan a los pobres...

El Tropicana le pareció a Carmen un lugar especialmente diseñado para los turistas de Estados Unidos. En un enorme jardín tropical que bien para ellos podría ser la selva amazónica por la espesura de la vegetación, se distribuían las mesas y los espectáculos se presentaban al aire libre en un escenario monumental. Allí empezaron a ensayar de día y el calor húmedo del verano la hacía transpirar copiosamente.

—En esta hermosa isla, todas las brisas son impredecibles —exclamó una tarde cuando sentía que la golpeaba un aire frío que le erizaba la piel bajo el vestido empapado de sudor.

Sólo tres días antes de que se iniciaran sus dos semanas de actuaciones en el Tropicana, Carmen Miranda cayó enferma con una leve neumonía que la mantuvo en cama.

(Pero no me sentía enferma, lo juro... Sólo tos y un pequeño malestar en la garganta que, según el médico, se curarían rápidamente con las inyecciones de penicilina... y qué era la penicilina comparada con todas esas otras drogas que había tomado en mi vida y que, después de haber estado con doña Filó, ya no necesitaba, ni siquiera el alcohol... Había dejado totalmente de beber, así es que figúrense ustedes lo bien que yo estaba en cuerpo y alma... Era tarde ese día cuando Estela, por entretenerme, se puso a contarme cuánto la había impresionado La Habana Vieja en esa gira por la ciudad que nos habían dado a nuestra llegada... "Es una réplica perfecta, mi señora, de Cartagena, donde me crié los primeros años de mi vida, antes de que mi padre, en busca de mejores oportunidades de trabajo, emigrara con toda la familia a Bogotá... los mismos murallones de piedra gris para defender la ciudad del ataque de los piratas, las casas con sus balcones tan floridos y hasta el olor del mar, misiá Carmen, es el mismo... Para mí fue como vivir el milagro de retornar a mi niñez", dijo con nostalgia y sentí lástima por ella porque sabiendo que allí muy cerca se encontraba aquel lugar tan parecido al de su infancia, no podía visitarlo... Se ganaba la vida atendiéndome a mí y su voluntad estaba supeditada a la mía... Triste, muy triste debía ser vivir bajo la voluntad de otro, correr conmigo a los ensayos y quedarse sin hacer nada mientras yo descansaba en el hotel, día y noche, como una sierva... "Ahora mismo, Estela, tómate un taxi", le dije pasándole dinero, "y recorre de nuevo todo el sector antiguo de la ciudad." Protestó mucho, pero logré convencerla y salió con un brillo en los ojos que jamás le había visto).

Estela acababa de salir cuando sonó el teléfono.

—Carmen, ¿cómo te sientes? —le preguntó Aloysio.

—¡Perfectamente bien! Esto es sólo un resfrío. No te preocupes que el sábado, sin falta, vamos a inaugurar el show como Dios manda.

—Déjame hablar con Estela —le dijo él porque, a pesar de que la voz de Carmen no sonaba enferma, sabía que ella, muchas veces, era capaz de fingir para no causar preocupaciones en los demás.

—Recién se fue. La convencí para que saliera a recorrer la ciudad un rato porque fíjate que...

—¡Estás sola! Pero qué imprudencia, Carmen, por Dios... Ahora mismo voy para allá...

Y le colgó el teléfono. Ella, preguntándose por qué Aloysio se había puesto tan alarmista en ese último tiempo, se puso la bata de levantarse y unos minutos después, le abrió la puerta.

—¡Cómo se te ocurre quedarte sola cuando estás enferma! —exclamó agitado.

—¡Pero si estoy muy bien, Aloysio! No puedo estar mejor —replicó ella sintiendo que entre ellos dos surgía una corriente de excitación, las ondas silenciosas de un oleaje a punto de ascender en un enorme manto de agua para despeñarse ruidosamente en la arena.

—¡Prométeme que nunca más vas a cometer una imprudencia semejante! —le dijo poniendo las manos sobre sus hombros.

Ella, mirándolo a los ojos, asintió y él, dando un suspiro breve y ronco, la abrazó con una fuerza abrupta y avasalladora. "¡Querido! ¡Querido!", alcanzó a pronunciar ella antes de sentir sus labios unidos a los suyos en un beso enardecido que semejaba el sorbo que bebe el sediento después de una larga caminata. Y allí, apoyados contra esa pared, se siguieron besando con apremio, con desesperación, como si el mundo se fuese a acabar en un segundo y ambos, sin saber por qué, entre beso y beso, proferían gemidos para volver a enlazar sus lenguas que se acariciaban en un impulso frenético. Ésta era la primera vez que estaban solos, absolutamente solos, después de muchos años de pasión adormecida, aletargada por los sucesos de una vida que incluía espejismos y errores, el deseo antojadizo encubierto por los atavíos del amor, el miedo a la soledad y aquella inquietud que producía la presencia constante de la muerte. Cada uno recordaba al otro, en momentos que pasaban por la memoria fugazmente. El abrazo fervoroso al entrar en la habitación de un hotel en Washington, la mirada sombría y luminosa intercambiada cuando ella, montada sobre él, lo hacía llegar al orgasmo mientras, con una caricia apremiante, él apoyaba sus manos contra sus senos, la risa al caerse de la litera estrecha cuando estaban haciendo el amor en aquel barco que los había llevado, por primera vez, a Nueva York. Pero ambos, conscientes de que ese amor era parte del caudal que la vida escondía, habían guiado las mentes hacia otros rumbos para apagar la borrasca de la memoria. Rodeados siempre de otra gente, hablaban y reían con una amistad y cariño fraternal que había dejado al margen todo deseo y toda pasión. De todas maneras, sin que ellos mismos se dieran cuenta, aquella corriente oculta había permanecido latente y ahora se desataba y los envolvía en una marejada donde la emoción y el placer del reencuentro poseía tal intensidad que los hacía gemir y forcejear, ansiosos por recuperar hasta el último resquicio del cuerpo amado.

A Carmen le vino un acceso de tos y Aloysio, tomándola en brazos, la llevó hasta la cama.

—¿Te das cuenta que torpe soy? —dijo desde el baño adonde había ido a buscar un vaso de agua.

Y ella sintió unas ganas inmensas de llorar, aunque todo aquello estuviera asociado a la felicidad.

–Toma, mi amor, bebe un poco de agua. Únicamente a alguien tan torpe como yo se le puede ocurrir agarrar a besos a una mujer que está con neumonía. Y he sido tan torpe en todo, tan cruel, Carmen mía.

Ella recordó entonces el aborto, cuando él se casó y se fue a Tejas, las numerosas aventuras con otras mujeres y la expresión de su rostro cuando volvía a ella. Era entonces cuando Carmen lo amaba con rabia, rabia hacia él y hacia esa pasión que la hacía perder toda noción de dignidad y amor propio. En las reconciliaciones, el furor de su ira imprimía otro ritmo al encuentro sexual que, paradójicamente, se hacía más fuerte y tierno.

–No vale hablar del pasado –le dijo echándole los brazos al cuello–. Bésame, no dejes de besarme, amor.

–Hemos perdido, hemos malgastado tanto tiempo, Dios mío –susurró él mientras con sus labios rozaba su rostro entero como reconociéndolo y suavemente deslizaba los dedos por su garganta para desabotonar la bata. Como un niño, buscó los senos y se quedó prendido allí por un largo rato.

"Ni un solo minuto en Cuba dejamos de amarnos… El chef del Tropicana le arrendó un automóvil a Aloysio y todos los días pasaba a buscarme para almorzar juntos. En la tarde no hacíamos más que amarnos en esas calles donde cada casa parecía una guirnalda caída del cielo, caminábamos riendo, besándonos en alguna esquina y hasta en la cara de la gente parecía reflejarse nuestro amor. Con ansiedad, esperábamos el atardecer y entonces allá en lo alto de la bahía, nos hacíamos el amor albergados entre aquellas construcciones de piedra que parecían decirnos que nuestro amor, como ellas mismas, era imperecedero. Y cuando en la noche llenábamos el Tropicana de música y de alegría, yo cantaba para Aloysio, sólo para él, y en medio de una canción, me daba vuelta para mirarlo, y él, con los dedos en las cuerdas de su guitarra, me sonreía extasiado."

Esa noche uno de los dueños del Tropicana los había invitado a su casa a una cena especial, en homenaje a ellos. Los mozos servían manjares exquisitos, vasos de daiquiris donde el hielo, de una tonalidad levemente celeste, despertaba los sentidos con la misma intensidad de aquellas pinturas de colores muy cálidos que colgaban de las paredes y del amueblado, estilo colonial, con maderas sólidas convertidas en increíbles arabescos. En otros vasos fulguraba el verdor intenso de la yerba buena inmersa en ron y azúcar quemada. Toda aquella gente poseía una bella exuberancia entretejida en gestos de mesurada elegancia, y Carmen hablaba y reía celebrando la vida. Era feliz, inmensamente feliz.

Le pidieron que cantara y mientras el grupo afinaba sus instrumentos, les indicó que harían "Adiós Batucada", "Uva de Caminhão" y "Uma Camisa Listada", la canción que había grabado en 1937 cuando recién se iniciaba como cantante. "Vestiu uma camisa listada e saiu por aí. Em vez de tomar chá com torrada ele bebeu parati", cantó desechando toda teatralidad para retornar a esa voz que, de manera muy clara y como una prolongación de sí misma, la hacía mover las manos en un hermoso gesto de candor. "Levava um canivete no cinto e um pandeiro no mão e e e", tartamudeó porque, de pronto, se le habían olvidado las palabras que seguían... "e sorría cuando o povo dizia", pronunció Aloysio desde atrás y ella, haciendo un gesto divertido y casi pueril, siguió cantando aquella letra que había entonado durante tantos años y en tantísimos lugares que le era tan familiar como decir "buenos días". Pero volvió a olvidarla después de decir "E rompeu minha cortina de veludo para fazer uma saia".* Su mente cayó en un bache blanco, desierto y sólo pudo terminar la canción con la ayuda de toda la banda cantando a coro.

Cuando subieron al automóvil para regresar al hotel, Carmen se puso a llorar.

—No es la primera vez que me falla la memoria, Aloysio —le dijo entre sollozos—. Desde que me sometieron a los choques eléctricos,

* Vestía una camisa listada y salió por ahí... En vez de tomar té con tostadas bebió aguardiente... Llevaba una navaja en el cinturón y un pandero en la mano y y y... y sonreía cuando la gente decía... Y rompió mi cortina de terciopelo para hacer una falda.

olvido fechas, nombres… pero olvidar la letra de una canción es señal de un síntoma serio, muy serio… ¡No podré cantar nunca más!

—¡Cálmate, mi amor, cálmate! —le pidió él acariciándole la mano mientras manejaba. Todos somos olvidadizos, yo a veces subo al escritorio a buscar algo y cuando llego ahí, no me acuerdo qué es lo que había ido a buscar.

—¡No podré cantar más! ¿Sabes lo que significa eso para mí? —gritó desesperada.

Él detuvo el coche, la abrazó muy fuerte y mirándola a los ojos con inmenso amor, le sonrió lleno de optimismo.

—No te alarmes, cariño mío. ¡Claro que seguirás cantando! Aunque sufrieras una amnesia total… ¿No te das cuenta de que en tu programa de televisión todo el tiempo estarán mostrándote un cartel con enormes letras?… Así se estila entre ellos.

—Es cierto —respondió Carmen tranquilizándose y, en ese gesto que había sido siempre tan familiar entre ellos dos, se acercó y le besó los párpados susurrándole que lo amaba.

Después de tantos años juntos en el medio artístico, ambos sabían que Carmen recibiría el contrato para un programa propio y ya tenían una lista de ideas originales y dinámicas que la convertirían en la animadora favorita de todos los espectadores del país.

—Convéncete, mi amor, que nada, absolutamente nada va a enturbiar nuestra felicidad porque ha llegado la hora de ser felices juntos y para siempre… Estoy seguro de que fue San Antonio, el que protege a los enamorados, el que convenció a Dios de que nos merecíamos este premio, no sólo por nuestro amor sino también porque no hemos hecho otra cosa en la vida que darle a la gente un trozo de alegría con nuestra música.

—Dios y tantas otras fuerzas, tantas —dijo Carmen recordando las palabras de doña Filó—. Lo llamamos Dios porque si quisiéramos referirnos a esa multitud infinita de fuerzas, no alcanzaría el lenguaje para designarlas.

Carmen sabía que ese giro en el astrolabio de su vida respondía a energías que estaban mucho más allá de esa historia, después de todo, sencilla, en la cual se sustentaba la religión católica. Historia sencilla si se la comparaba con el cosmos y con la densidad de las almas. Por eso esta vez, sin dudar ni medio segundo, había decidido iniciar los trámites de divorcio en cuanto filmara el programa con Jimmy Durante. Y una vez libre, sin esperar más de dos horas, como había insistido Aloysio, se casarían en privado y partirían a Brasil por unos días.

"Fue una felicidad muy grande volver a ver a mi hija cuando regresó de Cuba… Traía un rubor en todo el cuerpo, no ese rubor que se le pone a uno cuando siente vergüenza, sino el rubor de las rosas que, aunque sean blancas, el primer día que abren todos los pétalos irradian la vida en todo su esplendor y uno no puede dejar de pensar en el color rojo de la sangre que envuelve a los niños cuando acaban de nacer."

Aloysio la llamaba temprano en la mañana.

—¡Necesito verte, necesito besarte ahora mismo! —exclamaba dando un suspiro.

—¡Yo también! Pero no puedo ir ahora —respondía bajando la voz—. Paso por allá a la una, antes del ensayo con Durante. Y cambiaba de tema sintiendo que esa complicidad hacía el deseo aún más vertiginoso.

"Soy una mujer adúltera y para nada me siento en pecado", se decía pasando rápidamente una luz amarilla a punto de convertirse en roja.

Poco le importaba que la Iglesia la excomulgara, todas esas reglas habían sido hechas por los sacerdotes, por hombres que nada sabían del matrimonio, del desamor, de esos odios que hacían de la vida de casados un violento campo de batalla.

Aloysio la recibía con besos ardientes, ella a prisa se desabotonaba el vestido y allí mismo en el pasillo de la entrada, se amaban con frenesí. Luego riendo corrían a la ducha, se jabonaban entre besos y caricias y volvían a hacer el amor mientras el agua corría por sus cuerpos. Él amorosamente la envolvía en una toalla y con pasos rápidos iba a buscarle la ropa para que saliera de inmediato al ensayo.

El día de la filmación, Carmen pasó todo el día inquieta, consultó el santoral que indicaba a Juan Vianney como el santo celebrado ese 4 de agosto y el nombre no le dijo nada. Bajó las escaleras corriendo y fue a preguntarle a su madre, quien tampoco lo conocía.

–Está entre santa Lidia y san Osvaldo. Los tres, aunque no sepamos nada de sus martirios y acciones tan santas, estarán protegiéndome…

–¡Claro que sí, hija! Los santos siempre ayudan. Para eso vinieron a la tierra –respondió doña María Emilia con una profunda convicción.

Carmen se quedó mirándola y sonriéndole con cariño, le pasó la mano por los hombros.

–Mamá, si te dieran a elegir entre la religión y mi felicidad, ¿qué elegirías? Pero antes de constestar, fíjate que dije religión y no Dios.

–Pero, hija, si la religión es el amor a Dios –replicó escandalizada.

–El amor a Dios está regulado por los hombres, madre… También es posible amar a Dios sin atenerse a la religión –afirmó muy seria.

–Ay, Carmen, te estás poniendo demasiado complicada… desde niña que andas siempre buscando la quinta pata al gato… Y no necesito tantas explicaciones, aunque me calificaran de hereje, preferiría tu felicidad… que Dios me perdone. Pero, ¿por qué me estás haciendo una pregunta tan rara, Carmen?

–¡Porque voy a ser feliz! –exclamó–. Voy a seguir otros caminos, mamá, y voy a ser feliz.

–¿Cómo que vas a seguir otros caminos? Cuéntame, hija.

–Mañana te cuento. Por ahora tengo que concentrarme en la grabación del programa con Jimmy Durante… ¡Vale un contrato para que tu hija tenga su propio programa en la televisión y aquí mismo en el living de la casa, la veas en pantalla! –dijo dando una media vuelta y volvió a subir las escaleras corriendo.

Doña María Emilia se quedó pensativa. Esa hija nunca iba a cambiar. Siempre tan sorprendente como esa caja con llave que mantenía su abuela en un rincón del dormitorio, allá en Marco de Canavezes.

La filmación estaba programada para las siete de la tarde en los estudios de la NBC. Allí estaba reunido un grupo de amigos cuando llegó Carmen con Dave y doña María Emilia.

En el programa, que constaba de dos partes, Carmen era una cantante que llegaba a Estados Unidos para trabajar en el club nocturno de Jimmy Durante. Desde que bajaba del barco con un gran baúl, sonaban los mambos bulliciosos de Pérez Prado y los diálogos y situaciones giraban en una órbita humorística que explotaba el típico estereotipo del temperamento latinoamericano, impetuoso y extrovertido. Sin embargo, antes de terminar la primera parte, Carmen había logrado que le permitieran cantar "Delicado", un choro* brasileño de Waldir Azevedo para el cual Aloysio había escrito una letra teñida de nostalgia. "E quando ouco o Delicado. Dá uma dor aqui no lado. Aqui no meu coracão... É só porque o Delicado. Faz lembrar o meu passado...",** cantaba Carmen y los acordes de la guitarra de Aloysio se le deslizaban por la piel como una caricia de compases muy suaves. Aparecía en primer plano y la cámara se detenía subyugada en la expresión del rostro, dulce y melancólico, transmitiendo el desgarro de aquellos que moran lejos de su tierra. Así sería siempre su propio programa, sin perder la ligereza de la entretención, daría también a conocer la más pura música brasileña y compartiría, con millones de hogares dispersos por todo el país, emoción, sentimiento.

Para la segunda parte, Carmen Miranda usó el traje de bahiana y con Jimmy Durante bailó un tango, un mambo y una rumba. Por la pista del Club Durant, ella le enseñaba complicados pasos de baile al compás de la música y, en un momento, estuvo a punto de caer... Jimmy la sujetó con fuerza, improvisó una broma y haciendo adema-

* Nostálgico ritmo musical brasileño.
** Y cuando oigo Delicado/ Me da un dolor en el costado/ Aquí en mi corazón... / Y sólo porque Delicado/ Me hace recordar mi pasado.

nes exagerados, exclamó "Stop the music, stop!" mientras ella movía la cabeza hacia atrás en un gesto teatral. "Lo que pasa, Jimmy, es que tú me dejas sin aliento", bromeó ella. Faltaban tres minutos para que terminara el programa, Jimmy siguió improvisando y, para provocar la risa del público que asistía a la grabación, empezó a despedirse en un español cargado de acento inglés, "bonas noches, bonas noches", le dijo, y Carmen, sin darle la espalda a la cámara y a todo ese público que la estaba mirando y a aquel que la vería dentro de unos días, retrocedió bailando y al llegar a la puerta, movió su pañuelo en señal de adiós.

No prestándole mayor atención a ese incidente, todos se fueron a la casa de ella a celebrar. El programa había sido todo un éxito y pronto empezarían asimismo a brindar por la firma de ese contrato que colocaría a Carmen Miranda en otro peldaño de su carrera. Dave, disculpándose, se fue a acostar al cuarto de los huéspedes y doña María Emilia, después de escucharla cantar "Taí", también se retiró. En el primer piso, se quedaron hasta las dos de la mañana riendo y haciendo bromas y Carmen, de excelente humor, se puso a imitar a otras cantantes.

Cuando se estaban despidiendo, Aloysio, con el pretexto de que necesitaba la partitura de la canción que le acababa de llegar a Carmen de Brasil, subió con ella y en esa alcoba decorada en diversos tonos de rosa, la abrazó con fervor. "Eres la única mujer que he amado en toda mi vida", musitó, "mañana sin falta, le hablarás a Dave." Ella, sin dejar de besarlo en las mejillas, le dijo en un susurro "Primero se lo voy a decir a mi mamá que creo no lo va a tomar tan mal, enseguida a Dave y corro al teléfono para hablar con el abogado". Él, estrechándola, le murmuró al oído "Y juntos para siempre, mi amor. Para eso nacimos, para estar juntos toda la vida...".

Carmen acompañó a las visitas hasta la puerta y desde allí le tiró un beso a Aloysio quien se quedó mirándola con embeleso antes de hacer partir el automóvil. "La única mujer que he amado en toda mi vida", se dijo al doblar la esquina, y le vino a la mente la imagen de un explorador que había viajado por largos senderos y estrechos laberintos en busca de una quimera, que había caído incontables veces en el engaño de muchos espejismos para darse cuenta, cuando la vida empezaba a enviar señales de su fin, de que aquella quimera la había tenido siempre tan cerca…

Carmen subió las escaleras feliz, se desvistió pensando en Aloysio y se puso un negligé para ir al baño a quitarse el maquillaje. En la mano llevaba un espejo de plata antigua labrada. Lo había comprado a los tres días de haber llegado a Hollywood y Aloysio, detrás de un biombo chino que los ocultaba del resto de la gente, le había dado un largo beso mientras le acariciaba las caderas… Iba pasando por el pasillo que unía el baño al dormitorio cuando sintió un dolor en el pecho, como si la garra de un animal monstruoso estuviera oprimiéndole el corazón, se le nubló la vista y cayó al suelo… no intentaría levantarse de inmediato, no, se quedaría allí descansando un rato… entonces se le apareció una imagen que, durante mucho tiempo, no había recordado, era ella muy joven usando un vestido sobrio, muy similar al estilo de los años veinte que a ella tanto la fascinaba, Olinda se lo había diseñado y juntas habían cosido la tela que caía recta hasta las rodillas y moldeaba elegantemente su cuerpo. Ésa había sido la primera vez que la filmaron en una escena que duraba cuatro minutos. El cabello, en una melena corta, se le apegaba a la nuca y los visos negros daban realce a la cara y a los labios pintados en forma de corazón como lo hacían las actrices de la época. El vestido era de un celeste intenso, muy similar al de las flores de lino, pero en la imagen en blanco y negro, parecía gris claro y ella cantaba con una inocencia que también era pureza… ¡había cantado tanto!… ¡Cantar!… Ésa había sido siempre su misión en el mundo. Le habría gustado también contar, pasar muchas horas relatando algunos hechos de su vida y, más que nada, esa corriente de sentimientos e impresiones que no dejaban nunca de fluir y los hombres y las mujeres, muy cerca de ella, la escucharían con el corazón y no con los oídos, la comprenderían desde la ribera compartida de todo lo humano… Les contaría paso a paso su vida, de manera sencilla, como si estuviera conversando con ellos, y cuando se cansara de hablar porque relatar todo sería tarea larga y afanosa, otra mujer seguiría relatando por ella, una mujer parecida a doña Filó, una maezinha,* que con amor, compasión y alegría retomaría el hilo de las palabras para seguir contando hasta que ella la interrumpiera… sí, esa mujer se parecería mucho a doña Filó, amaría el agua y la tierra y, por la piedad de su corazón, sería capaz de rescatar la voz de los muertos… o, tal vez, todo eso ocurriría muchos años después de estar muerta y esa mujer, esa maezinha, escribiría los mensajes de su espíritu para que se supiera que, tras la máscara de los atavíos vistosos, había latido un corazón apasionado, inquieto, lleno de dudas y emociones… Y hasta ella también llegarían las voces de los que tanto la habían amado, su madre, Aloysio, Aurora… Cantar y contar a través de la escritura eran lo mismo. Despejar la bruma espesa de lo visible para entrar a las melodías del corazón, se dijo perdiendo la conciencia.

Su mente volvió a aflorar de la oscuridad y allí estaba de nuevo aquella imagen en blanco y negro, el rostro ahora llevaba la huella de muchas noches y muchos escenarios iluminados por luces artificiales, entreabrió los ojos y, haciendo un esfuerzo, acomodó el espejo para mirarse, pero el espejo se había roto al caer… mañana mismo, después de hablar con el abogado, lo llevaría a la tienda de antigüedades para que lo repararan… Cerró los ojos otra vez y se vio caminando entre árboles cuyo follaje jamás había visto, en la tierra agreste crecían cardos de flores moradas en las cuales se posaban diminutas mariposas blancas y pasaba por allí un río cuyas aguas quietas semejaban un remanso. A la izquierda se elevaba el arco de piedra de un antiguo puente. Ella se acercaba a esas aguas de profundo verdor y veía en la otra orilla una pareja de caballos blancos, uno de ellos estiraba el cuello y se ponía a acariciar al otro, una yegua de vientre abultado que acercaba el cuerpo al hocico de su compañero con los ojos encendidos. "¡Se aman! ¡Se aman!", exclamaba ella tirándose de espalda sobre la yerba en un gesto de júbilo porque no existía nada más hermoso en el mundo que amar.

Y fue entonces cuando vio parado en el puente al Ángel de la Buena Nueva, tal como se lo había descrito su padre tantas veces. La

* Madrecita, en portugués. En grupos espiritistas tiene también la connotación de Maestra.

miraba y empezaba a acercarse a ella portando una paloma blanca entre las manos y el rostro era como el de aquel muchacho portugués que había conocido en Hawai... La colonia de pescadores portugueses que habían emigrado a aquella isla la había invitado a una caleta donde la espuma del mar contrastaba bellamente con el azul profundo del cielo. Era de cabello muy negro y rizado, de facciones finas y cuerpo de espiga. Ella contenta se había puesto a hablarles y muy pronto había notado que ellos no entendían muy bien lo que estaba diciendo. "Perdonen", les había dicho, "pero yo también ignoro algunas de las palabras que ustedes me están diciendo porque, aunque nací en Marco de Canavezes, me crié en Brasil y soy brasileña y no portuguesa." Entonces el joven, clavando la vista en el amplio horizonte, había exclamado: "¡Ah! ¡Las naciones y sus fronteras! ¡Ah! ¡Las naciones que invaden a otras naciones!... Si las armas fueran inútiles y de las banderas naciera el pan...". El Ángel de la Buena Nueva ahora estaba a su lado y en un tono muy dulce, le decía: "Detenidos los barcos, descubiertas todas las rutas del oro y de la hartura, de las lágrimas y de la carencia, es hora de embarcarse en la vida eterna...". Carmen recordó entonces que doña Filó le había dicho: "Debemos navegar en el mar de las otras fuerzas, más allá de las nuestras, porque ellas ayudan a abrir el mundo... Hay más mundos en el mundo...". Y el Ángel, haciendo eco de esas palabras, afirmaba al tomarla de la mano: "La muerte es eterna en el cántico apresurado de la naturaleza y todo lo creado por Dios". Caminó con ella y al hacerla entrar en el río, declaró: "Ahora serás, como tantas otras almas, una carabela de buena madera pulida por el tiempo" y ella se sumergió en las aguas de calor grato y algas espesas que acariciaban su cuerpo.

Carmen entraba en el escenario de otras noches, a aquella región de la muerte donde la música prodiga la armonía de una quietud silenciosa y los itinerarios, por fin, se hacen precisos.

ÍNDICE

Se imprimieron de esta edición:
2.000 ejemplares para La Argentina y 2.000 ejemplares para Chile
en Cosmos Offset S.R.L.,
Cnel. García 442, Avellaneda, Bs. As.,
en el mes de octubre de 2002.